经济管理研究方法丛书

管理运筹学方法

OPERATIONS RESEARCH IN MANAGEMENT

何大义　编著

 WUHAN UNIVERSITY PRESS
武汉大学出版社

经济管理研究方法丛书编委会

主编

刘顺忠

委员（按姓氏笔画排序）

刘顺忠　刘继红　何大义

李亚红　郑承利　荣丽敏

序　言

　　当前，我国经济发展面临既要保持较高的增长速度，又要进行结构调整的问题，因此，政府需要选择更合理的可持续发展道路。什么是更为合理的可持续发展道路？这个问题不是拍拍脑袋就能够明白的，它需要广大经济学和管理学研究工作者，采取科学的研究方法，对我国经济发展和组织运营规律进行科学的分析，以便为政府制定经济政策和企业管理者构建运营战略提供有力的辅助决策建议。经济整体是由各个组织单元构成的，这些单元相互作用，决定了经济发展路径。因此，经济和管理本身就是两个密切相关不可分离的学科。如何从我国经济管理实践出发，提炼具有中国特色的经济管理理论，并以之指导我国经济管理实践成为我国经济发展的必由之路。提高经济管理水平，需要以科学的经济管理理论作为指导。鉴于不同国家体制和文化的差异，不能照搬照抄国外理论来指导我国经济管理的实践。为了科学指导我国经济管理的实践，迫切需要从我国经济管理实践中提炼具有中国特色的经济管理理论。理论的提炼需要以科学的研究方法为基础，科学的研究方法分为以下 4 个类别：（1）从理论到理论的方式；（2）从基本前提出发，通过演绎和数理分析获取理论的数理分析方式；（3）实证研究方式；（4）实验研究方式。客观来讲，国外，特别是西方发达国家，其经济管理研究具有很高的规范性。虽然我国经济管理学界正由原来纯理论和思辨性研究向实证研究和实验研究转变，然而在研究过程中，有关研究方法的使用还存在较多基础性错误。因此，以经济管理研究面临的问题为驱动，整理和构建支撑经济管理研究的科学方法体系，不但有助于促进科学方法在经济管理研究中的应用，也有助于推动我国经济管理研究的科学化和规范化。

　　因此，构建经济管理科学研究方法体系，对于推进从我国经济管理实践中提炼具有中国特色的经济管理理论，并使之一般化及与世界经济管理研究和实践接轨具有重要的意义。基于这样的考虑，从 2005 年开始，刘顺忠和刘继红就商议推出一套能够反映国际经济管理领域最新研究方法的丛书。2010 年，该提议得到武汉大学出版社的积极支持，并以丛书的形式出版一套能够反映经济管理学研究方法的图书；该提议还得到华中师范大学郑承利

1

副教授、中国地质大学（北京）何大义副教授、东北师范大学荣丽敏博士和中南民族大学李亚红博士的积极响应，大家都愿意为此奉献自己的力量。

本丛书的总体目标在于：初步构建起经济管理科学研究的方法论体系，为我国经济管理研究和实践工作提供方法论指导。本丛书包括：管理科学研究方法、结构方程模型理论、计量经济学理论、运筹学理论和金融学理论等多个方面。本书编委会还一致认为，"经济管理研究方法丛书"应该是一套开放的丛书，该丛书应该能够使更多的经济管理方法论研究学者加入进来，使丛书不断发展，为我国经济管理方法论的建设添砖加瓦。

经济管理研究方法丛书编委会

前　　言

    运筹学（Operations Research）是 20 世纪 40 年代初发展起来的一门新兴学科，其主要目的是为管理人员提供决策的科学依据，是实现有效管理、正确决策和现代化管理的重要方法之一。运筹学主要研究社会生活、经济管理、军事等活动中能用数量来表达的有关策划、管理方面的问题。随着运筹学理论与实践的发展，运筹学的许多内容已经深入到日常生活中。运筹学可以根据问题的要求，通过数学上的分析、运算，得出各种各样的结果，最后提出综合性的合理安排，以达到最好的效果。随着科学技术和生产的发展，运筹学方法已渗入很多领域里，发挥了越来越重要的作用。运筹学本身也在不断发展，其分支逐渐增多。比如：数学规划（又包含线性规划、非线性规划、整数规划、组合规划等）、图论、网络流、决策分析、排队论、可靠性数学理论、库存论、博弈论、搜索论、模拟等。

    运筹学有着广阔的应用领域，它已渗透到诸如服务、经济、库存、搜索、人口、对抗、控制、时间表、资源分配、厂址定位、能源、设计、生产、可靠性等各个方面。运筹学是软科学中"硬度"较大的一门学科，是系统工程学和现代管理科学的理论基础和不可或缺的方法、手段与工具。运筹学已被应用到各种管理工程中，在现代化建设中发挥着重要作用。

    本书是笔者在多年课程教学和科研实践的基础上，充分结合教学过程的经验和心得，并考虑管理的特点与需求而编写的。编写时在内容上力求深入浅出，方法上着重思路的直观解释，而且对应用相关软件求解运筹学问题进行了讲解，以便简化问题的求解过程，提高学习效率。在本书的编写过程中，参考了较多国内外流行的运筹学相关教材和专著，在此对这些作者表示衷心的感谢。同时也要感谢本系列书编委的推荐和武汉大学出版社的大力支持。但是，并不排除书中存在着不足，期待读者不吝指正，以便我们进一步完善。

何大义

2017 年 11 月

目　　录

第一章 绪 论

内容提要　运筹的思想与实践历史源远流长，但它的理论体系初步形成于 20 世纪 40 年代，并随着信息技术的发展在 20 世纪 80 年代后迎来了快速发展。运筹学是以系统为研究对象的，属于应用学科范畴，它利用数学模型将所要研究的问题模型化，以量化分析方法求得问题的最优解。运筹学已经形成了包含线性规划、非线性规划、整数规划、动态规划、多目标规划、网络分析、排队论、对策论、决策论、存储论、可靠性理论、投入产出分析等分支的庞大的理论与方法体系，并广泛地应用于社会生活实践之中。

1.1　运筹学的发展历程

运筹学是用于解决在工业、商业和行政管理中的问题的一种数量方法，着重于应用数学中的某些方法来制订上述部门的决策已有多年历史。在第二次世界大战中英国和美国开始将数学家、统计学家、心理学家、物理学家和其他科学家联合组成小组，共同研究处理开发应用方面的总体战略等问题。如关于在敌方领土空降后为保存战斗力所需人力和物资的计算，以及经济被封锁时居民对食品的需求，就是运筹学研究应用的两个例子。至于和平时期的应用，已在世界多数国家广泛开展，这将在本书以后各章中叙述。

运筹的思想与实践源远流长，但是现在人们普遍认为，运筹学的活动开始于第二次世界大战初期的军事任务。当时由于迫切需要把各项稀少的资源以有效的方式分配给各种不同的军事作业以及在每一作业内的各项活动，英国及随后美国的军事管理当局都号召大批的科学家运用科学手段来处理战略与战术问题，实际上这便要求他们对各种军事作业进行研究，这些科学家小组就是最早的运筹小组。这些小组创造的有效使用雷达工具的新方法，对英国空军在战役中取胜发挥了重要作用。通过研究如何更好地操作护送，更高

1

效地进行反潜作业，这些小组在北大西洋舰队反潜战中发挥了重要作用。在之后的太平洋岛屿的战役中也起到了同样的重要作用。

战争结束后，运筹学在战争中获得的成功引起了军事行业以外的其他行业应用运筹学的兴趣。当第二次世界大战后的工业恢复繁荣时，由于组织内与日俱增的复杂性和专门化所产生的问题，使人们认识到这些问题基本上与战争中所面临的问题类似，只是具有不同的现实环境而已，运筹学就这样被引入工商企业和政府，在 20 世纪 50 年代以后得到了广泛的应用。

另外，至少还有两个因素对运筹学的快速发展起到了重要作用。

一是在改进运筹学方法方面有了实质性的进步。战后许多参加运筹学小组或者听说过这项工作的科学家都注意对相关领域进行研究，这直接促进了运筹学方法技术的巨大进步。1947 年，George Dantzig 提出了用单纯形法解决线性规划问题的一般数学模型。20 世纪 50 年代末，运筹学的许多基本理论和工具都已形成，比如线性规划、动态规划、排队论和存储论等。

另一个重要因素来自于电子计算机革命对运筹学发展所带来的巨大推动。运筹学中的复杂问题通常需要有效地处理大量的计算工作，手工来完成这些工作显然是繁琐的。借助计算机的能力完成数学计算要比手工计算快几千几万倍甚至亿倍，显然计算机的发展对运筹学研究起到了极大的促进作用。随着 20 世纪 80 年代个人计算机及相关软件的快速普及，进一步推动了运筹学的发展，这使运筹学更易于被人们所掌握和使用。

1.2 运筹学的性质和特点

运筹学的第一个特点是它运用的研究方法类似于其他科学领域里的任何科学方法。在相当程度上，是运用科学的方法对所关注的问题进行调查。运筹学的运筹过程开始于仔细地观察和阐明问题，同时收集所有相关数据；接下来构建一个可以概括真正问题本质的数学模型；然后假设这个模型可以充分精确地表示问题的本质特性，并且从模型中获得的结论也是有效的；最后用适当的案例来验证这种假设，并且按照需求调整，最终证明这种假设是正确的。在某种意义上，运筹学包括对业务的基本特性进行创新性的科学研究。然而，运筹学所涉及的内容还不止这些，运筹学也参与组织的实际管理。为了成功，运筹学还必须为决策者提供他们所需要的正确的、可读懂的结论。

运筹学的研究对象是系统。系统是一个容易理解但很难确切定义的名词。按时将货物从仓库运往各企业用户的一个车队构成一个系统，医院里的外科医生和一起工作的麻醉师、护士长、护士及他们应用的设备也构成一个系统 …… 在企业中对系统行为的研究通常包含对有关各个子系统的研究：工厂中的生产线可看做是一类相同的系统，生产线的变化会引起原材料供应、劳动力雇佣的变化，还可能引起制成品的库存变化。所以，实质上系统可以看做是前面提到的工业、商业和行政管理中的一种组合，这个组合包含人们共同的有目的的活动以及进行活动时用到的物质手段。显然，这样的系统与被称为子系统的其他系统互相结合，并得到子系统的支持。

上面描述的系统与子系统不可能放在像自然科学中那样的实验室里直接进行试验。例如准备生产一种新产品，可以在武汉、成都、昆明三地中选一个地方建厂，企业不可能在这三地分别建厂进行实验比较，从而做出最佳选择。这类问题普遍存在于现实之中，它们都适合用运筹学的方法进行研究，运筹学通过建立模型来对问题进行观察研究。可见，运筹学是以解决实际问题为导向的，是一门应用学科。

1.3 运筹学的模型与应用

运筹学在解决实际问题时，一般会遵循一定的工作步骤，从而实现具体问题的模型化。运筹学的工作步骤如下：

(1) 提出和形成问题。弄清问题的目标、可能的约束、问题的可控变量和有关参数，搜集有关资料。

(2) 建立模型。将问题中的可控变量、参数、目标和约束间的关系用一定模型加以表示。

(3) 模型求解。用各种手段和方法求解模型，得到模型的解，如最优解、次优解、满意解等。

(4) 解的检验。检查解的求解过程和结果有无错误，能否反映现实问题。

(5) 解的控制。通过对解的控制来实现对问题目标的调整和控制。

(6) 解的实施。

运筹学模型建立的目的是为了实现最优化，也即在满足一组特定条件下计算最优值。所以，运筹学通常是定量模型，其基本形式包含一个（或多个）目标和一系列的约束条件，即

$$\text{Opt} \quad f(\boldsymbol{x}, \boldsymbol{c}, \boldsymbol{\xi}),$$
$$\text{s.t.} \quad g_i(\boldsymbol{x}, \boldsymbol{c}, \boldsymbol{\xi}) \geqslant 0.$$

3

运筹学的发展历史尽管不长，但是其内容丰富，涉及面广，应用范围大，已形成了一个相当庞大的学科。它的主要内容一般包含线性规划、非线性规划、整数规划、动态规划、多目标规划、网络分析、排队论、对策论、决策论、存储论、可靠性理论、投入产出分析等。

上述的前 5 个部分（即线性规划、非线性规划、整数规划、动态规划和多目标规划）统称为**规划论**，主要解决两个方面的问题：一是对于给定的人力、物力和财力，怎样才能发挥它们的最大效益；二是对于给定的任务，怎样才能用最少的人力、物力和财力去完成它。

网络分析主要是研究解决生产组织、计划管理中诸如最短路径、最大流量、最小费用、最优分派等问题。

排队现象在日常生活中十分常见，如机器等待维修、顾客等待服务、病人等待手术等，它们有一个共同的问题，即等待时间长了，会影响生产任务的完成，或者顾客会自动离去而影响经济效益；如果增加修理工、服务台等，固然能解决等待时间过长的问题，但又会增加企业的运营成本。这类问题的妥善解决是排队论研究的内容。

对策论是研究具有利害冲突的各方，如何制定对自己有利从而战胜对手的斗争策略。如战国时代田忌赛马就是对策论的典型例子。

决策问题是普遍存在的，凡属于举棋不定的事情都必须做出决策，人们之所以举棋不定是因为人们在着手实现某个预期目标时，出现了多种情况，有多种行动方案可供选择，决策者如何从中选择一个最优方案，以达到他的预期目标，这是决策论研究的任务。

人们在生产和消费过程中，都必须储备一定数量的原材料、半成品或商品。存储少了会因停工待料或失去销售机会而遭受损失，存储多了又会造成资金积压、原材料和商品的损耗。因此，如何确定合理的存储量、购货批量和购货周期至关重要，这便是存储论的研究内容。

一个复杂的系统和设备往往是由成千上万个工作单元或零件组成的，这些单元或零件的质量如何，将直接影响到系统或设备的工作性能是否稳定可靠，研究如何保证系统或设备的工作可靠性就是可靠性理论的内容。

投入产出分析是通过研究多个部门的投入产出所必须遵守的综合平衡原则来制定各个部门的发展计划，借以从宏观上控制、调整国民经济，以便国民经济协调合理地发展。

运筹学的研究内容之间具有一定的独立性，有些内容已经充分发展并成为独立的分支，而且运筹学还在不断地发展和完善，其理论与方法也必将得到更广泛、更深入的推广与运用。

第二章 线性规划

内容提要 线性规划是运筹学的一个重要分支，它可以描述为在一组线性约束条件下最优化一个线性目标函数的最优化问题。对于只有两个决策变量的线性规划问题可以通过图解法进行求解，但单纯形法才是求解线性规划问题的通用方法，对偶理论是线性规划问题的灵敏度分析重要理论基础与工具。运输问题是一类特殊线性规划问题，它重点探讨不同产、销地之间物资的最优调运问题，表上作业法是求解运输问题较为直观的方法，但其本质仍然是单纯形法。许多计算机软件都可以容易地求解线性规划问题，典型的有 Lingo、Excel 等。

2.1 线性规划问题及其数学模型

2.1.1 问题的提出

在企业的生产经营与管理活动中经常会遇到如何合理有效利用有限的资源（如人力、物力、财力等）以达到最好的经济效果的问题。

例 2.1 (产品组合问题) 某企业在某一计划期内要安排生产甲、乙两种产品，已知生产单位产品需要三种原材料 A, B, C。两种产品的单位利润、三种原材料的供应量以及生产单位产品的资源消耗如表 2.1 所示。

表 2.1 产品组合问题的相关数据

原材料	产品甲	产品乙	供应量
A	1	0	4
B	0	2	12
C	3	2	18
单位产品利润	3	5	

问: 企业应该如何制定该计划期内的生产计划, 才能使得企业的利润达到最大?

这是一个十分普遍的问题, 即企业在既定资源条件下该如何组织生产, 才能获取最大利润。为了求解这一问题, 需要建立该问题的数学模型。

假设该计划期内企业生产甲、乙两种产品的产量分别为 x_1 和 x_2, 这样一旦确定了 x_1 和 x_2 的值就相应地确定了企业的一个生产计划。当企业的生产计划为 $(x_1, x_2)^{\mathrm{T}}$ 时, 可以得到企业的利润为

$$z = 3x_1 + 5x_2. \tag{2.1}$$

由于企业生产过程中需要耗费一定的资源, 而且这种资源一般还存在一个限额。如该问题中, 企业生产过程中需要原材料 A, 而其供应量只有 4, 所以我们可以得到

$$x_1 \leqslant 4. \tag{2.2}$$

类似地, 对于 B, C 两种资源分别存在

$$2x_2 \leqslant 12 \tag{2.3}$$

和

$$3x_1 + 2x_2 \leqslant 18. \tag{2.4}$$

此外, 由于 x_1 和 x_2 分别表示甲、乙两种产品的产量, 所以还存在

$$x_1 \geqslant 0, \quad x_2 \geqslant 0. \tag{2.5}$$

因此, 该企业在既定计划期的利润最大化问题就是要在满足条件(2.2), (2.3), (2.4) 和(2.5) 的前提下合理确定 x_1 和 x_2 的值以使得(2.1) 的值最大, 用数学模型表示就是

$$\max \quad z = 3x_1 + 5x_2,$$
$$\text{s.t.} \begin{cases} x_1 & \leqslant 4, \\ 2x_2 \leqslant 12, \\ 3x_1 + 2x_2 \leqslant 18, \\ x_1, x_2 \geqslant 0. \end{cases} \tag{2.6}$$

例 2.2 (人员安排问题) 某市一条昼夜服务的公交线路每天各时间区段内所需司机和乘务人员总数如下:

班次	时间	所需人数
1	6:00—10:00	60
2	10:00—14:00	70
3	14:00—18:00	60
4	18:00—22:00	50
5	22:00—2:00	20
6	2:00—6:00	30

如果司机和乘务人员分别在各时段一开始时上班,并连续工作 8 小时,问:该公交线路至少应配备多少名司机和乘务人员?

解 假设第 $j(j=1,2,\cdots,6)$ 时段来上班的人数为 x_j。根据题意要求,可以得到如下模型:

$$\min \quad z = x_1 + x_2 + x_3 + x_4 + x_5 + x_6,$$

$$\text{s.t.} \begin{cases} x_1 & + x_6 = 60, \\ x_1 + x_2 & = 70, \\ x_2 + x_3 & = 60, \\ x_3 + x_4 & = 50, \\ x_4 + x_5 & = 20, \\ x_5 + x_6 = 30, \\ x_j \geqslant 0, \quad j = 1, 2, \cdots, 6. \end{cases} \tag{2.7}$$

注意到,这里须确定最少需要配备的人数,所以各时段新上班的人数之和应该最小。另外,每时段上班的人数不能超过所需人数,不然会不经济,所以上述模型中所有的约束条件都采用了等式。

2.1.2 线性规划问题的一般形式

通过上述两例,可以发现这类优化问题具有如下基本特点:

(1) 每个问题都存在一个要实现的目标,同时还受一些约束条件的限制。

(2) 这个目标可能是某一函数值的最大化或最小化(该函数通常称为**目标函数**),约束条件可能是等式或不等式,且对于变量通常有非负的要求。

(3) 目标函数和约束条件都可表示为一组变量的线性函数。

满足条件 (1) ∼ (3) 的数学模型通常称为**线性规划模型**。**线性规划模型**的一般形式可以描述为

$$\max\ (\min)\quad z = c_1 x_1 + c_2 x_2 + \cdots + c_n x_n,$$

$$\text{s.t.}\begin{cases} a_{11}x_1 + a_{12}x_2 + \cdots + a_{1n}x_n \leqslant (\text{或} =, \geqslant)\, b_1, \\ a_{21}x_1 + a_{22}x_2 + \cdots + a_{2n}x_n \leqslant (\text{或} =, \geqslant)\, b_2, \\ \cdots, \\ a_{m1}x_1 + a_{m2}x_2 + \cdots + a_{mn}x_n \leqslant (\text{或} =, \geqslant)\, b_m, \\ x_1, x_2, \cdots, x_n \geqslant 0. \end{cases} \quad (2.8)$$

2.2 线性规划问题的图解方法

当线性规划问题只有两个变量时，可以考虑用图解的方法进行求解。尽管图解方法不能成为求解线性规划问题的一般方法，但图解法直观明了，而且对于后面单纯形法的理解有着形象化的帮助，所以有必要对线性规划问题的图解方法进行介绍。

以模型(2.6)为例，由于该模型只涉及两个变量，所以可以分别以 x_1 为横轴、x_2 为纵轴建立平面坐标系，如图 2-1 所示。

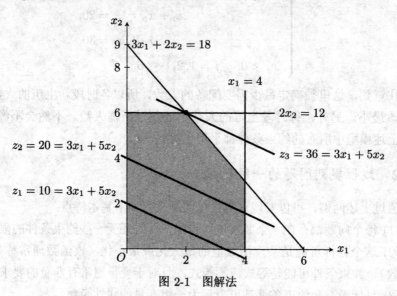

图 2-1 图解法

首先，由于存在变量的非负约束，所以只需在第一象限内考虑问题的解。其次，根据 3 种资源方面的约束条件可以得到满足所有约束条件的解所形成的一个闭合区域（图中的阴影部分）。在这一区域内或边界上的点能够满足所有的约束条件，所以把这一区域称为线性规划问题的**可行域**，可行域中每个点对应着线性规划问题的一个**可行解**。另外，当问题的目标函数值由小变大时，如图 2-1 中 $z_1 = 10$ 和 $z_2 = 20$ 时，目标函数表示的直线向可行域的右上方移动，当移动到可行域的边界时，目标函数值达到最大值 $z = 36$，此时根据直线 $2x_2 = 12$ 和 $3x_1 + 2x_2 = 18$ 的交点可以得到问题的最优解为 $x_1 = 2$，$x_2 = 6$。

这一过程就是线性规划的图解法，使用它可以解决具有两个变量的线性规划问题。但当变量数增多以后，这一方法就不再适用了，所以它不是解决线性规划问题的一般方法。然而，通过线性规划的图解过程，可以发现一些线性规划问题的特点。

(1) 线性规划问题如果存在可行域，则其可行域为一凸集，即可行域内任意两点的连线仍在可行域内。

(2) 线性规划问题如果存在可行域，则线性规划问题的最优解不可能在可行域内部的点实现。

(3) 线性规划问题的解可能呈现出多种形态，如图 2-2 所示。

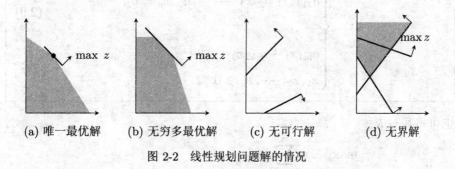

图 2-2 线性规划问题解的情况

需要说明的是，当线性规划问题的求解结果为无可行解时，说明约束条件之间存在着矛盾；而当求解结果为无界解时，通常表明必要的约束条件不足。根据企业实际建立起来的线性规划问题，如果出现了这两种解的情况，表明在建模时要么多考虑了约束条件要么漏掉了必要的约束条件。

2.3 线性规划问题的单纯形解法

图解法尽管直观简单，但它不能作为求解线性规划问题的一般方法。线性规划问题的一般解法是单纯形法，它是由 G. B. Dantzig 提出来的，目前已经成为求解线性规划问题的最基本方法。

2.3.1　线性规划问题的标准形式

我们知道,线性规划问题的目标函数可能是最大化或最小化的,约束条件可能是等式或不等式,变量可能是非负的或者无限制的,这使得线性规划问题呈现出多种形式,不利于讨论其一般解法。因此,为了研究线性规划问题的一般解法,首先需要明确线性规划问题的一个标准形式。在单纯形法中,通常称具备以下条件的线性规划问题为**线性规划问题的标准形式**:

(1) 目标函数为最大化;

(2) 约束条件均为等式,且右端项非负;

(3) 所有变量非负。

即线性规划模型的标准形式可表示为

$$
\begin{aligned}
\max \quad & z = c_1x_1 + c_2x_2 + \cdots + c_nx_n, \\
\text{s.t.} \quad &
\begin{cases}
a_{11}x_1 + a_{12}x_2 + \cdots + a_{1n}x_n = b_1, \\
a_{21}x_1 + a_{22}x_2 + \cdots + a_{2n}x_n = b_2, \\
\cdots, \\
a_{m1}x_1 + a_{m2}x_2 + \cdots + a_{mn}x_n = b_m, \\
x_1, x_2, \cdots, x_n \geqslant 0.
\end{cases}
\end{aligned} \tag{2.9}
$$

也可将其写成

$$
\begin{aligned}
\max \quad & z = \sum_{j=1}^{n} c_jx_j, \\
\text{s.t.} \quad &
\begin{cases}
\sum_{j=1}^{n} a_{ij}x_j = b_i, \quad i = 1, 2, \cdots, m, \\
x_j \geqslant 0, \quad j = 1, 2, \cdots, n.
\end{cases}
\end{aligned}
$$

若令

$$
\boldsymbol{x} = \begin{pmatrix} x_1 \\ x_2 \\ \vdots \\ x_n \end{pmatrix}, \quad
\boldsymbol{A} = (\boldsymbol{p}_1, \boldsymbol{p}_2, \cdots, \boldsymbol{p}_n) = \begin{pmatrix} a_{11} & a_{12} & \cdots & a_{1n} \\ a_{21} & a_{22} & \cdots & a_{2n} \\ \vdots & \vdots & & \vdots \\ a_{m1} & a_{m2} & \cdots & a_{mn} \end{pmatrix},
$$

$$c = (c_1, c_2, \cdots, c_n), \quad b = \begin{pmatrix} b_1 \\ b_2 \\ \vdots \\ b_m \end{pmatrix}, \quad \mathbf{0} = \begin{pmatrix} 0 \\ 0 \\ \vdots \\ 0 \end{pmatrix},$$

则可将线性规划模型的标准形式写成线性规划模型的矩阵形式:

$$\max \quad z = c\boldsymbol{x},$$
$$\text{s.t.} \begin{cases} A\boldsymbol{x} = \boldsymbol{b}, \\ \boldsymbol{x} \geqslant \mathbf{0}. \end{cases}$$

其中 $\boldsymbol{x}$ 为决策变量向量,$\boldsymbol{c}$ 为价值系统向量,$\boldsymbol{A}$ 为系数矩阵,$\boldsymbol{b}$ 为资源向量。

线性规划问题的标准形式为讨论其一般解法提供了便利,但自然产生的一个问题是:是不是所有的线性规划问题都可以转化为上述的标准形式呢?事实上这是线性规划模型的标准化问题,根据如下转化规则可将所有不同类型的线性规划问题转化为标准形式:

(1) 若某一线性规划问题的目标函数为 $\min \ z = c\boldsymbol{x}$,则令 $z' = -z$,即将其目标函数变为 $\max \ z' = -c\boldsymbol{x}$,这就与标准形式的要求一致了。

(2) 当约束条件为不等式时,若约束条件为 $\leqslant$ 型,则可在其左边加上一个非负**松弛变量**,将其转化为等式;若约束条件为 $\geqslant$ 型,则可在其左边减去一个非负**剩余变量**,将其转化为等式。

(3) 当某个变量 $x_k \leqslant 0$ 时,可令 $x_k' = -x_k$,然后将原问题中 x_k 换为 $-x_k'$ 即可。若某个变量取值无约束时,可令 $x_k = x_k' - x_k''$,其中 $x_k', x_k'' \geqslant 0$。

例 2.3 (线性规划问题的标准化) 将下述线性规划问题化为标准形:
$$\min \quad z = 2x_1 - 3x_2 + x_3,$$
$$\text{s.t.} \begin{cases} x_1 - x_2 + x_3 \leqslant 5, \\ 3x_1 + x_2 - 3x_3 \geqslant 4, \\ 2x_1 + 2x_2 - x_3 = 8, \\ x_1 \leqslant 0, \quad x_2 \geqslant 0, \quad x_3 \text{无约束.} \end{cases}$$

解 根据前述转化规则,令 $x_1' = -x_1$,$x_3 = x_4 - x_5$,在第一个约束条件左边加入松弛变量 x_6,在第二个约束条件左边减去剩余变量 x_7,令

11

$z' = -z$，将目标函数由最小化变为最大化，得到

$$\max \quad z' = 2x_1' + 3x_2 - (x_4 - x_5) + 0x_6 + 0x_7,$$

$$\text{s.t.} \begin{cases} -x_1' - x_2 + (x_4 - x_5) + x_6 = 5, \\ -3x_1' + x_2 - 3(x_4 - x_5) - x_7 = 4, \\ -2x_1' + 2x_2 - (x_4 - x_5) = 8, \\ x_1', x_2, x_4, x_5, x_6, x_7 \geqslant 0. \end{cases}$$

2.3.2 单纯形法的基本思路

下面以线性规划问题的标准形式来说明单纯形法的基本思路。单纯形法本质上是基于几何原理，这也是为什么这个方法叫单纯形法，因为单纯形本身就是一个几何概念。[1]

根据线性规划问题的标准形式可以发现其约束条件（除非负约束外）构成一个线性方程组，如果这个方程组具有唯一解，则可容易地得到线性规划问题的解。但由于该方程组系数矩阵 A 通常情况下不是一个满秩矩阵，所以不能得到一个确定解，而是得到了无穷多解（如果可行域存在），这些解构成了该线性规划问题的可行域。而我们知道，线性规划问题的可行域如果存在，应为一凸集，所以可以通过该凸集的顶点坐标的凸组合方式来描述它，即将其表示为一个单纯形。而且我们还知道，线性规划问题的最优解不可能在可行域的内部实现，这样首先需要知道可行域的顶点如何得到。

假设有办法确定可行域的顶点，接下来要判断的是哪一个顶点可以使得目标函数实现最大化。显然不能把每个顶点都代到目标函数中来实现这样的判断。一种科学的方法是：首先确定一个可行解，得到了目标函数值，再判断该点是不是最优解；如果是，则求解结束；如果不是，那么就需要设计一种机制去寻找下一个可行解，而且要保证新得到的可行解比上一个更优；一直重复这个过程，就可得到线性规划问题的最优解。

所以，单纯形法的关键在于解决以下 3 个问题：

(1) 如何简单方便地确定一个初始可行解？

(2) 如何判断可行解的最优性？

(3) 如何实现从一个可行解转换到下一个可行解，而能够使目标函数值

---

[1] 若 $x_1, x_2, \cdots, x_n \in \mathbb{R}^n$，则这 n 个点的凸组合形成的区域为一个单纯形，即凸集 $x = \sum_{j=1}^{n} \alpha_j x_j$ 为一单纯形，其中 $\alpha_j \geqslant 0$ 且 $\sum_{j=1}^{n} \alpha_j = 1$。如二维平面中的凸多边形为单纯形，而且只要知道该多边形顶点的坐标，就可用其顶点坐标的凸组合表示这个多边形区域。

更优?

下面将结合例 2.1 来说明单纯形法的基本思路，即如何解决上述 3 个基本问题。需要说明的是，这个过程会使用到线性规划的基本性质与定理，如果有兴趣的话，可以参考相关的文献。

首先将例 2.1 的线性规划模型转化为标准形式，可以得到

$$\max \quad z = 3x_1 + 5x_2 + 0x_3 + 0x_4 + 0x_5,$$

$$\text{s.t.} \begin{cases} x_1 & +x_3 & = 4, \\ 2x_2 & +x_4 & = 12, \\ 3x_1 +2x_2 & +x_5 = 18, \\ x_1, x_2, x_3, x_4, x_5 \geqslant 0. \end{cases} \tag{2.10}$$

根据前述思路，我们需要以约束条件构成的方程组为基础，寻找一个初始可行解。根据线性代数的知识可知，利用高斯消元法可以求解线性方程组，将变量的系数矩阵通过行初等变换变化为单位矩阵即可求解。这里借鉴这种思路，注意到在该线性规划问题的约束条件构成的方程组中，变量 x_3, x_4, x_5 对应的系数矩阵为一个单位矩阵，所以可以这 3 个变量为方程的未知变量，而把 x_1 和 x_2 作为参数，求解此方程组，即可得到

$$\begin{aligned} x_3 &= 4 &-x_1, \\ x_4 &= 12 & & -2x_2, \\ x_5 &= 18 -3x_1 & -2x_2. \end{aligned}$$

将它们代入目标函数，可以得到此时

$$z = 0 + 3x_1 + 5x_2. \tag{2.11}$$

由于当前解中 x_3, x_4, x_5 是以 x_1, x_2 为参数的，所以存在着无穷多解。而前面说过，只需确定可行域的顶点。为了达到这一目的，令 $x_1 = x_2 = 0$，可以得到该线性规划问题的一个解 $\boldsymbol{x}^{(0)} = (0, 0, 4, 12, 18)^{\mathrm{T}}$，此时 $z = 0$。注意 $\boldsymbol{x}^{(0)}$ 是一个可行解，至此我们回答了上面提出的第一个问题。

通常我们把 x_3, x_4, x_5 称为**基变量**，把基变量的系数构成的矩阵称为**基**。把基变量之外的变量称为**非基变量**，如此时的 x_1 和 x_2。可见，基是指系数矩阵中取出来的一个非奇异方阵 $\boldsymbol{B}$。当令所有的非基变量等于 0 时，可以得到一个解，这个解称为**基解**，如果它还满足非负的要求，则称它为**基可行解**。这里所得到的就是一个基可行解，事实上按照上述步骤，只要存在 $\boldsymbol{b} \geqslant \boldsymbol{0}$ 就可保证得到的初始解为基可行解。

13

另外，有定理保证基可行解对应于可行域的顶点，如现在的解对应着可行域的顶点 (0,0)。这样只需要找到问题的所有基可行解就可以确定目标函数的最优值了。

接下来要判断当前解是不是最优解。根据当前目标函数的表达式(2.11)，为了得到初始基可行解，前面人为地让非基变量 x_1 和 x_2 为 0，所以当前目标函数的值为 0。但是，目前 x_1 和 x_2 在目标函数值中的系数都是大于 0 的，这说明只要增加 x_1 和 x_2 的值，目标函数的值就会增加。由此可见，当前解并不是最优解。这就解决了前面提出的第二个问题。

既然当前解不是最优解，那么就需要构造另一个基可行解。在构造新可行基的过程中有两个基本要求：一是目标函数值要增大，而且增大得越快越好；二是要保证新得到的基仍然是可行的。首先，由前面分析可知，无论 x_1 或 x_2 不为 0，目标函数值都能增大，但是注意到 x_2 的系数是 5，大于 x_1 的系数，所以增加 x_2 的值会使 z 增大得更快。按照前面的思路与过程，x_2 的值不为 0，它就必须成为基变量，所以 x_2 要入基，成为基变量。另一方面，基是一个非奇异方阵，如果 x_2 入基成为基变量，势必就要换出一个原来的基变量。无论哪一个变量出基，都要保证基的可行性，即

$$\left.\begin{array}{l} x_3 \quad\quad = 4 - x_1 \quad\quad\quad \geqslant 0, \\ x_4 \quad = 12 \quad\quad -2x_2 \geqslant 0, \\ x_5 = 18 - 3x_1 - 2x_2 \geqslant 0 \end{array}\right\} \overset{\text{令}x_1=0}{\Longrightarrow} \left\{\begin{array}{l} --- \\ x_2 \leqslant 6, \\ x_2 \leqslant 9. \end{array}\right.$$

由此可见，要保证新基的可行性，上述约束条件必须成立，即第二个约束条件限制了 x_2 增长。或者要使得 x_2 的值增加最多，就必须让 x_4 为 0，即 x_4 要出基成为非基变量。这样以 x_2 替代 x_4 后得到

$$\begin{array}{l} x_3 \quad\quad = 4 - x_1, \\ 2x_2 \quad\quad = 12 \quad\quad -x_4, \\ 2x_2 \quad +x_5 = 18 - 3x_1. \end{array}$$

整理后得到

$$\begin{array}{l} x_3 \quad = 4 - x_1, \\ x_2 \quad = 6 \quad\quad -\dfrac{1}{2}x_4, \\ x_5 = 6 - 3x_1 \quad +x_4. \end{array}$$

此时，目标函数为

$$z = 30 + 3x_1 - \frac{5}{2}x_4.$$

与前类似，令所有非基变量为 0，可得 $\boldsymbol{x}^{(1)} = (0,6,4,0,6)^{\mathrm{T}}$，$z = 30$。注意 $\boldsymbol{x}^{(1)}$ 仍是基可行解，而且目标函数由 0 增加到了 30。这样就解决了前面提出的第三个问题。

重复前面的步骤，此时目标函数中 x_1 的系数为 3，增加 x_1 还会使目标函数值增大，所以让 x_1 入基。而另一方面，还有

$$\left.\begin{array}{rl} x_3 & = 4 - x_1 \geqslant 0, \\ x_2 & = 6 \qquad -\dfrac{1}{2}x_4 \geqslant 0, \\ x_5 & = 6 - 3x_1 + x_4 \geqslant 0 \end{array}\right\} \overset{\diamondsuit x_4 = 0}{\Longrightarrow} \left\{\begin{array}{l} x_1 \leqslant 4, \\ --- \\ x_1 \leqslant 2. \end{array}\right.$$

所以，x_5 出基。可以得到

$$x_3 = 2 - \frac{1}{3}x_4 + \frac{1}{3}x_5,$$

$$x_2 = 6 - \frac{1}{2}x_4,$$

$$x_1 = 2 + \frac{1}{3}x_4 - \frac{1}{3}x_5.$$

此时目标函数为

$$z = 36 - \frac{3}{2}x_4 - x_5.$$

令非基变量 $x_4 = x_5 = 0$ 得到 $\boldsymbol{x}^{(2)} = (2,6,2,0,0)^{\mathrm{T}}$，$z = 36$。此时，由于目标函数非基变量的系数均小于 0，增加它们的值只会使目标函数值减小，所以得到的解 $\boldsymbol{x}^{(2)}$ 即为线性规划问题的最优解。

通过此例可以将单纯形法的基本过程总结如图 2-3 所示。

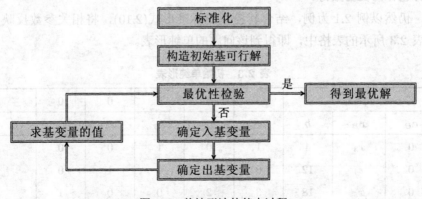

图 2-3 单纯形法的基本过程

2.3.3 单纯形表

仔细回想一下前面的求解过程,可以发现用单纯形法求解线性规划问题的过程主要依赖的是线性方程组的高斯消元法。而这一过程可通过矩阵(或表格)的形式来实现,实现的结果就是单纯形表。一般地,线性规划问题的单纯形表如表 2.2 所示。

表 2.2　线性规划问题的单纯形表形式

	$c_j \rightarrow$		c_1	$\cdots$	c_m	c_{m+1}	$\cdots$	c_n	θ_i
c_B	x_B	b	x_1	$\cdots$	x_m	x_{m+1}	$\cdots$	x_n	
c_1	x_1	b_1	1	$\cdots$	0	$a_{1,m+1}$	$\cdots$	a_{1n}	θ_1
c_2	x_2	b_2	0	$\cdots$	0	$a_{2,m+1}$	$\cdots$	a_{2n}	θ_2
$\vdots$	$\vdots$	$\vdots$	$\vdots$		$\vdots$	$\vdots$		$\vdots$	$\vdots$
c_m	x_m	b_m	0	$\cdots$	1	$a_{m,m+1}$	$\cdots$	a_{mn}	θ_m
	$c_j - z_j$	$z = \sum\limits_{i=1}^{m} c_i b_i$	0	$\cdots$	0	$c_{m+1} - \sum\limits_{i=1}^{m} c_i a_{i,m+1}$	$\cdots$	$c_n - \sum\limits_{i=1}^{m} c_i a_{in}$	

表 2.2 中,x_B 列中填入基变量,这里是 $x_1, x_2, \cdots, x_m$;c_B 列中填入基变量的价值系数,这里是 $c_1, c_2, \cdots, c_m$,它们是与基变量相对应的;b 列中填入约束方程组右端的常数;c_j 行中填入变量的价值系数 $c_1, c_2, \cdots, c_n$;θ_i 列的数字是在确定换入变量后,按 θ 规则计算后的数值;最后一行 b 列所在位置为目标函数值,各变量对应位置为 x_j 的检验数,所以通常把最后一行也称为**检验数行**。

仍然以例 2.1 为例,结合其模型的标准形式(2.10),将相关参数反映到如表 2.3 所示的表格中,即得到该问题的单纯形表。

表 2.3　初始单纯形表

	$c_j \rightarrow$		3	5	0	0	0	
c_B	x_B	b	x_1	x_2	x_3	x_4	x_5	θ_i
0	x_3	4	1	0	1	0	0	
0	x_4	12	0	2	0	1	0	
0	x_5	18	3	2	0	0	1	
	$c_j - z_j$		0	3	5	0	0	0

在表 2.3 中，第一行表示的是决策变量的价值系数 c_j，第二行的前面 3 个单元格分别是基变量的价值系数、基变量、资源向量，后面是所有的决策变量，最右边的 θ_i 是用于判断出基变量的参数。表格的中间部分反映的是模型的约束条件，这个问题中有 3 个约束条件，分别对应着表格的 3 行。表格的最下面一行为检验数行，是需要计算的，用于判别问题是否达到了最优解，是决定哪一个变量入基的依据。

单纯形法中涉及需要计算的参数包括决策变量的检验数 σ_j、θ_i 值和目标函数值 z。由于其推导过程较繁琐，而且也就是上一节内容的数学化，所以此处不作推导，直接给出相关参数的计算公式。

目标函数值的计算 目标函数值为

$$z = \sum_{i=1}^{m} c_i b_i,$$

其中，c_i 为基变量的价值系数，b_i 为基变量的值。它是放在单纯形表最下面一行中的第一个数值，目前 $z = 0$。

检验数的计算 决策变量 x_j 的检验数为

$$\sigma_j = c_j - z_j = c_j - \sum_{i=1}^{m} c_i a_{ij}, \tag{2.12}$$

其中，c_j 为变量 x_j 的价值系数，a_{ij} 为变量 x_j 的技术系数。检验数处于单纯形表的最下面一行，如当前 $\sigma_1 = 3$，$\sigma_2 = 5$，$\sigma_3 = \sigma_4 = \sigma_5 = 0$。

检验数用于判断单纯形表是否达到最优，在初始单纯形表中，由于非基变量 x_1 和 x_2 的检验数都大于 0，说明目标函数值还可增大，所以当前解不是最优解。利用检验数判断解的状态有如下规则：

(1) **最优解的判定** 若 $\boldsymbol{x}^{(0)} = (b_1', b_2', \cdots, b_m', 0, \cdots, 0)^{\mathrm{T}}$ 为对应于基 $\boldsymbol{B}$ 的一个基可行解，且对于一切 $j = m+1, \cdots, n$ 有 $\sigma_j \leqslant 0$，则 $\boldsymbol{x}^{(0)}$ 为最优解。

(2) **无穷多最优解的判定** 若 $\boldsymbol{x}^{(0)} = (b_1', b_2', \cdots, b_m', 0, \cdots, 0)^{\mathrm{T}}$ 为对应于基 $\boldsymbol{B}$ 的一个基可行解，且对于一切 $j = m+1, \cdots, n$ 有 $\sigma_j \leqslant 0$，又存在某个非基变量的检验数 $\sigma_{m+k} = 0$，则线性规划问题有无穷多最优解，$\boldsymbol{x}^{(0)}$ 为其中的一个最优解。

(3) **无界解的判定** 若 $\boldsymbol{x}^{(0)} = (b_1', b_2', \cdots, b_m', 0, \cdots, 0)^{\mathrm{T}}$ 为对应于基 $\boldsymbol{B}$ 的一个基可行解，存在一个非基变量的检验数 $\sigma_{m+k} > 0$，同时对 $i = 1, 2, \cdots, m$ 存在 $a_{i,m+k} \geqslant 0$，则线性规划问题具有无界解。

检验数的第二个作用是判断哪一个非基变量入基，一般地，我们选择正

的检验数中最大检验数对应的变量入基，可以使目标函数增加更快，即若

$$\sigma_{j^*} = \max\{\sigma_j | \sigma_j > 0\},$$

则 x_{j^*} 入基。

θ_i **值的计算** 若已决定 x_{j^*} 为入基变量，则

$$\theta_i = \frac{b_i'}{a_{ij^*}}, \quad a_{ij^*} > 0,$$

其中 b_i' 为基变量当前值，a_{ij^*} 为入基变量当前的技术系数。由上一节所述过程可知，在确定出基变量时，应选择最小 θ_i 值对应的基变量出基，即若

$$\theta_{i^*} = \min\left\{ \theta_i = \frac{b_i'}{a_{ij^*}} \,\middle|\, a_{ij^*} > 0 \right\},$$

则 x_{i^*} 出基。

单纯形表的完整计算过程如表 2.4 所示。

表 2.4 单纯形表的计算过程

c_B	x_B	b	$c_j \to$ x_1 3	x_2 5	x_3 0	x_4 0	x_5 0	θ_i
0	x_3	4	1	0	1	0	0	—
0	x_4	12	0	2*	0	1	0	6*
0	x_5	18	3	2	0	0	1	9
$c_j - z_j$		0	3	5*	0	0	0	
0	x_3	4	1	0	1	0	0	4
5	x_2	6	0	1	0	1/2	0	—
0	x_5	6	3*	0	0	-1	1	2*
$c_j - z_j$		30	3*	0	0	$-5/2$	0	
0	x_3	2	0	0	1	1/3	$-1/3$	
5	x_2	6	0	1	0	1/2	0	
3	x_1	2	1	0	0	$-1/3$	1/3	
$c_j - z_j$		36	0	0	0	$-3/2$	-1	

上述单纯形表中最后一行，所有非基变量的检验数都小于 0，所以线性规划问题得到了最优值：$x^* = (2, 6, 2, 0, 0)^{\mathrm{T}}$，$z^* = 36$。

例 2.4 利用单纯形法求解下列线性规划问题：

$$\max \quad z = x_1 + 6x_2 + 4x_3,$$

$$\text{s.t.} \begin{cases} -x_1 + 2x_2 + 2x_3 \leqslant 13, \\ 4x_1 - 4x_2 + x_3 \leqslant 20, \\ x_1 + 2x_2 + x_3 \leqslant 17, \\ x_1 \geqslant 1, \quad x_2 \geqslant 2, \quad x_3 \geqslant 3. \end{cases}$$

解 令 $y_1 = x_1 - 1$，$y_2 = x_2 - 2$，$y_3 = x_3 - 3$，则原线性规划问题转化为

$$\max \quad z' = z - 25 = y_1 + 6y_2 + 4y_3,$$

$$\text{s.t.} \begin{cases} -y_1 + 2y_2 + 2y_3 \leqslant 4, \\ 4y_1 - 4y_2 + y_3 \leqslant 21, \\ y_1 + 2y_2 + y_3 \leqslant 9, \\ y_1, y_2, y_3 \geqslant 0. \end{cases}$$

标准化后得到如表 2.5 所示单纯形表求解过程，其中 y_4, y_5, y_6 为松弛变量。

表 2.5 单纯形表

c_B	y_B	b	$c_j \to$ y_1	6 y_2	4 y_3	0 y_4	0 y_5	0 y_6	θ_i
			1	6	4	0	0	0	
0	y_4	4	-1	2^*	2	1	0	0	2^*
0	y_5	21	4	-4	1	0	1	0	—
0	y_6	9	1	2	1	0	0	1	$9/2$
$c_j - z_j$		0	1	6^*	4	0	0	0	
6	y_2	2	$-1/2$	1	1	$1/2$	0	0	—
0	y_5	29	2	0	5	2	1	0	$29/2$
0	y_6	5	2^*	0	-1	-1	0	1	$5/2^*$
$c_j - z_j$		12	4^*	0	-2	-3	0	0	
6	y_2	$13/4$	0	1	$3/4$	$1/4$	0	$1/4$	
0	y_5	24	0	0	6	3	1	-1	
1	y_1	$5/2$	1	0	$-1/2$	$-1/2$	0	$1/2$	
$c_j - z_j$		22	0	0	0	-1	0	-2	

由于所有检验数均不大于 0，所以得到问题的最优解。但是注意到非基变量 y_3 的检验数为 0，说明问题有无穷多最优解。为了得到另一个最优解，可以让 y_3 入基，如表 2.6 所示。

表 2.6 问题的另一个最优解

c_B	y_B	b	$c_j \to$ 1	6	4	0	0	0	θ_i
			y_1	y_2	y_3	y_4	y_5	y_6	
6	y_2	1/4	0	1	0	$-1/8$	$-1/8$	3/8	
4	y_3	4	0	0	1	1/2	1/6	$-1/6$	
1	y_1	9/2	1	0	0	$-1/4$	1/12	5/12	
$c_j - z_j$		22	0	0	0	-1	0	-2	

所以，原问题有无穷多最优解，其中之一为 $y_1 = \dfrac{9}{2}$，$y_2 = \dfrac{1}{4}$，$y_3 = 4$；$z'^* = 22$，即 $x_1 = \dfrac{11}{2}$，$x_2 = \dfrac{9}{4}$，$x_3 = 7$；$z^* = 47$。

2.3.4 单纯形法的求解过程中可能遇到的问题

上述单纯形法的求解过程是基于标准形的线性规划问题展开的，而实际问题中并不一定能够满足标准形的要求；此外，在使用单纯形法求解时可能会产生退化问题。因此，本节针对单纯形法中可能出现的问题作进一步讨论。

1. 不同的检验数形式

上面所述单纯形法是以标准形的线性规划问题为基础的，其最优性检验的标准为 $c_j - z_j \leqslant 0$。但在实际应用中还会存在其他形式的检验数，它们本质上是一致的，为了避免混淆，现将几种情况作一归纳，见表 2.7。

表 2.7 检验数的不同形式

线性规划模型	$\max \quad z = cx$, s.t. $Ax = b$, $x \geqslant 0$	$\min \quad z = cx$, s.t. $Ax = b$, $x \geqslant 0$
最优性条件	$c_j - z_j \leqslant 0$ 或 $z_j - c_j \geqslant 0$	$c_j - z_j \geqslant 0$ 或 $z_j - c_j \leqslant 0$

2. 初始基的构造

在使用单纯形法求解线性规划问题时，第一步是以松弛变量为基变量得到的初始基，这是因为加入的松弛变量正好构成了一个单位矩阵，这样做有两个好处：一是不用人为地确定基变量，然后将其系数矩阵转化为单位矩阵；二是以单位矩阵开始运算，计算相对简单。但当约束条件不是 ≤ 型时，加入的松弛变量就不一定能构成一个单位矩阵，此时就需要人为地加入一些人工变量，使得初始单纯形表包含一个单位矩阵。这种方法称为**人工造基方法**，常用的人工造基方法有两种，即大 M 法和两阶段法。下面通过一个实例来说明这两种方法的求解过程。

例 2.5 (**大 M 法**)　试用单纯形法求解如下线性规划问题：

$$\max \quad z = 4x_1 + 6x_2,$$

$$\text{s.t.} \begin{cases} 2x_1 + 4x_2 \leqslant 180, \\ 3x_1 + 2x_2 \leqslant 150, \\ x_1 + x_2 = 57, \\ x_2 \geqslant 22, \\ x_1, x_2 \geqslant 0. \end{cases}$$

解　首先对该问题进行标准化处理，得到

$$\max \quad z = 4x_1 + 6x_2 + 0x_3 + 0x_4 + 0x_7,$$

$$\text{s.t.} \begin{cases} 2x_1 + 4x_2 + x_3 & = 180, \\ 3x_1 + 2x_2 \quad + x_4 & = 150, \\ x_1 + x_2 & = 57, \\ x_2 \quad\quad -x_7 = 22, \\ x_1, x_2, x_3, x_4, x_7 \geqslant 0. \end{cases}$$

上述标准化模型中，系数矩阵中并不存在单位矩阵，无法确定初始可行基。因此，我们在第三、第四个约束条件中人为地加上人工变量，使其包含单位矩阵。但是，加入人工变量后还要保证与原模型一致，而要实现这一点只有当人工变量的值为 0 时才行，所以我们让人工变量在目标函数中的系数为 $-M$，其中 M 为任意大的正数。这样，只要原问题有最优解，最后所有的人工变量都将成为非基变量，其值为 0，对原问题不产生影响。考虑如下线性规划模型：

$$\max \quad z = 4x_1 + 6x_2 + 0x_3 + 0x_4 - Mx_5 - Mx_6 + 0x_7,$$

$$\text{s.t.} \begin{cases} 2x_1 + 4x_2 + x_3 & = 180, \\ 3x_1 + 2x_2 \quad + x_4 & = 150, \\ x_1 + x_2 \quad\quad + x_5 & = 57, \\ x_2 \quad\quad\quad + x_6 - x_7 = 22, \\ x_1, x_2, \cdots, x_7 \geqslant 0. \end{cases}$$

利用单纯形表求解，过程如表 2.8 所示。

表 2.8　大 M 法的单纯形表

c_B	x_B	b	$c_j \to$ 4 x_1	6 x_2	0 x_3	0 x_4	$-M$ x_5	$-M$ x_6	0 x_7	θ_i
0	x_3	180	2	4	1	0	0	0	0	45
0	x_4	150	3	2	0	1	0	0	0	75
$-M$	x_5	57	1	1	0	0	1	0	0	57
$-M$	x_6	22	0	1^*	0	0	0	1	-1	22^*
$c_j - z_j$		$-79M$	$4+M$	$6+2M^*$	0	0	0	0	M	
0	x_3	92	2	0	1	0	0	-4	4^*	23^*
0	x_4	106	3	0	0	1	0	-2	2	53
$-M$	x_5	35	1	0	0	0	1	-1	1	35
6	x_2	22	0	1	0	0	0	1	-1	—
$c_j - z_j$		$132-35M$	$4+M$	0	0	0	0	$-2M-6$	$M+6^*$	
0	x_7	23	1/2	0	1/4	0	0	-1	1	46
0	x_4	60	2	0	$-1/2$	1	0	-2	0	30
$-M$	x_5	12	$1/2^*$	0	$-1/4$	0	1	0	0	24^*
6	x_2	45	1/2	1	1/4	0	0	0	0	90
$c_j - z_j$		$270-12M$	$1+M/2^*$	0	$-3/2-M/4$	0	0	0	0	
0	x_7	11	0	0	1/2	0	-1	-1	1	
0	x_4	12	0	0	1/2	1	-4	0	0	
4	x_1	24	1	0	$-1/2$	0	2	0	0	
6	x_2	33	0	1	1/2	0	-1	0	0	
$c_j - z_j$		294	0	0	-1	0	$-2-M$	$-M$	0	

检验数均不大于 0，单纯形表已达到最优。而人工变量不在基变量中，所以原问题存在最优解为

$$x_1 = 24,\ x_2 = 33;\quad z^* = 294.$$

两阶段法　第一阶段不考虑原问题是否存在基可行解，给原线性规划问题加入人工变量，并构造仅含人工变量的目标函数且要求实现最小化，如

$$\min \quad \omega = x_{n+1} + x_{n+2} + \cdots + x_{n+m} + 0x_1 + \cdots + 0x_n,$$

$$\text{s.t.} \begin{cases} a_{11}x_1 + \cdots + a_{1n}x_n + x_{n+1} & = b_1, \\ a_{21}x_1 + \cdots + a_{2n}x_n \qquad + x_{n+2} & = b_2, \\ \cdots, \\ a_{m1}x_1 + \cdots + a_{mn}x_n \qquad\qquad + x_{n+m} = b_m, \\ x_j \geqslant 0, \quad j = 1, 2, \cdots, n+m. \end{cases}$$

然后用单纯形法求解上述模型,若得到 $\omega = 0$,则说明原问题存在基可行解,可进行第二阶段计算;否则原问题无可行解,应停止计算。第二阶段:在第一阶段计算得到的最终表中除去人工变量,将目标函数行的系数换回原问题的目标函数系数,作为第二阶段计算的初始表。

例 2.6(两阶段法) 利用两阶段法求解例 2.5。

解 首先,第一阶段的模型为

$$\min \quad z = x_5 + x_6,$$

$$\text{s.t.} \begin{cases} 2x_1 + 4x_2 + x_3 & = 180, \\ 3x_1 + 2x_2 \qquad + x_4 & = 150, \\ x_1 + x_2 \qquad\qquad + x_5 & = 57, \\ x_2 \qquad\qquad\qquad + x_6 - x_7 = 22, \\ x_1, x_2, \cdots, x_7 \geqslant 0. \end{cases}$$

利用单纯形表求解,如表 2.9 所示。

表 2.9 两阶段法—第一阶段

	$c_j \rightarrow$		0	0	0	0	1	1	0	
c_B	x_B	b	x_1	x_2	x_3	x_4	x_5	x_6	x_7	θ_i
0	x_3	180	2	4	1	0	0	0	0	45
0	x_4	150	3	2	0	1	0	0	0	75
1	x_5	57	1	1	0	0	1	0	0	57
1	x_6	22	0	1^*	0	0	0	1	-1	22^*
	$c_j - z_j$	79	-1	-2^*	0	0	0	0	1	

$c_j \rightarrow$			0	0	0	0	1	1	0	
c_B	x_B	b	x_1	x_2	x_3	x_4	x_5	x_6	x_7	θ_i
0	x_3	92	2	0	1	0	0	−4	4*	23*
0	x_4	106	3	0	0	1	0	−2	2	53
1	x_5	35	1	0	0	0	1	−1	1	35
0	x_2	22	0	1	0	0	0	1	−1	—
$c_j - z_j$		35	−1	0	0	0	0	2	−1*	
0	x_7	23	1/2	0	1/4	0	0	−1	1	46
0	x_4	60	2	0	−1/2	1	0	1	0	30
1	x_5	12	1/2*	0	−1/4	0	1	0	0	24*
0	x_2	45	1/2	1	1/4	0	0	0	0	90
$c_j - z_j$		12	−1/2*	0	1/4	0	0	0	0	
0	x_7	11	0	0	1/2	0	−1	−1	1	
0	x_4	12	0	0	1/2	1	−4	0	0	
0	x_1	24	1	0	−1/2	0	2	0	0	
0	x_2	33	0	1	1/2	0	−1	0	0	
$c_j - z_j$		0	0	0	0	0	1	1	0	

第一阶段求得 $\omega = 0$，人工变量 $x_5 = x_6 = 0$。说明原问题存在最优解，而且现在的单纯形表中已经得到由原问题的变量所构成的一个单位矩阵，所以可以进行第二阶段的计算。将第一阶段的最终表中人工变量取消并填入原问题的目标函数的系数，进行第二阶段的计算，如表 2.10 所示。

表 2.10　两阶段法—第二阶段

$c_j \rightarrow$			4	6	0	0	0	
c_B	x_B	b	x_1	x_2	x_3	x_4	x_7	θ_i
0	x_7	11	0	0	1/2	0	1	
0	x_4	12	0	0	1/2	1	0	
4	x_1	24	1	0	−1/2	0	0	
6	x_2	33	0	1	1/2	0	0	
$c_j - z_j$		294	0	0	−1	0	0	

表 2.10 中，检验数都不大于 0，得到原问题的最优解：$x_1 = 24$，$x_2 = 33$；$z^* = 294$。

3. 退化问题

如果线性规划问题的解中出现了基变量为 0 的现象，则说明线性规划问题出现了退化。我们知道，单纯形法计算中用 θ 规则确定出基变量，而有时会存在两个以上相同的最小比值，这样在下一次迭代中就有一个或几个基变量等于零，这就出现了退化解。当出现退化时，线性规划问题可能出现循环，达不到最优解。

尽管计算过程的循环现象很少出现，但还是有可能的。为此，先后有人提出了"摄动法"、"字典序法"等解决这一问题。1974 年 Bland 提出了如下一种简便规则（常称为 **Bland 规则**）：

(1) 选取 $c_j - z_j > 0$ 中下标最小的非基变量 x_k 入基；

(2) 当按 θ 规则计算存在两个或两个以上最小比值时，选取下标最小的基变量为出基变量。

可以证明，按 Bland 规则计算时，一定能够避免出现循环。

2.4　线性规划的对偶理论

在线性规划的发展历程中，对偶的概念及其分支是其中最重要的内容之一。对于任何一个线性规划问题都具有对应的对偶问题，对偶问题与原问题之间的关系在众多领域中都非常有用。其中一个关键应用就是对灵敏度分析的解释，而灵敏度分析是线性规划理论中的重要组成部分。因为在原始模型中大部分的参数都是一种估计值，如果条件发生了变化，那么就需要重新研究条件变化对最优解的影响，这就是灵敏度分析。我们将在 2.5 节详细介绍这一内容。

2.4.1　单纯形法的矩阵描述

前面提到线性规划问题也可以用矩阵形式进行表达，下面将结合单纯形法的步骤来说明线性规划问题求解过程中相关参数的矩阵描述方式，这将有助于加深对单纯形法的理解，以及为对偶理论和灵敏度分析打下基础。

设有线性规划问题

$$\max \quad z = c\boldsymbol{x},$$
$$\text{s.t.} \quad \begin{cases} A\boldsymbol{x} \leqslant \boldsymbol{b}, \\ \boldsymbol{x} \geqslant \boldsymbol{0}. \end{cases}$$

使用单纯形法求解，给该线性规划问题约束条件加上松弛变量 $\boldsymbol{x}_s =$

$(x_{n+1}, x_{n+2}, \cdots, x_{n+m})^{\mathrm{T}}$，使线性规划问题化为标准形式：

$$\max \quad z = cx + 0x_s,$$

$$\text{s.t.} \begin{cases} Ax + Ix_s = b, \\ x \geqslant 0, \quad x_s \geqslant 0. \end{cases}$$

选取松弛变量 x_s 为基变量，此时基解 $x_s = b$，目标函数值 $z = 0$，非基变量的系数矩阵为 A，非基变量的检验数为 c。一般情况下，假设该线性规划问题的一个可行基为 B，则可将上述标准形的决策变量分为 $(x_B, x_N, x_s)^{\mathrm{T}}$，其中 x_B 为基变量，它的分量分别为 B 矩阵的列向量所对应的变量；x_N 和 x_s 为非基变量，x_N 由基变量和松弛变量以外的其他变量所构成。同样可将系数矩阵 A 划分为 (B, N)，价值系数向量 c 划分为 (c_B, c_N)，这样上述标准形就可写成

$$\max \quad z = (c_B, c_N) \begin{pmatrix} x_B \\ x_N \end{pmatrix} + 0x_s,$$

$$\text{s.t.} \begin{cases} (B, N) \begin{pmatrix} x_B \\ x_N \end{pmatrix} + Ix_s = b, \\ (x_B, x_N) \geqslant 0, \quad x_s \geqslant 0, \end{cases}$$

即

$$\max \quad z = c_B x_B + c_N x_N + 0x_s,$$

$$\text{s.t.} \begin{cases} Bx_B + Nx_N + Ix_s = b, \\ x_B, x_N, x_s \geqslant 0. \end{cases}$$

为了得到基变量 x_B 的值，将第一个约束条件移项并两边左乘 B^{-1}，得

$$x_B = B^{-1}b - B^{-1}Nx_N - B^{-1}x_s. \tag{2.13}$$

将上式代入问题的目标函数得

$$z = c_B B^{-1}b + (c_N - c_B B^{-1}N)x_N - c_B B^{-1}x_s. \tag{2.14}$$

令非基变量 $x_N = 0$，$x_s = 0$，得到问题的一个基可行解：

$$x = \begin{pmatrix} B^{-1}b \\ 0 \end{pmatrix},$$

对应的目标函数值为

$$z = c_B B^{-1}b.$$

从上述单纯形法的基本过程中可以得到，若 x_B 为线性规划问题的一个基可行解，则有

(1) 线性规划问题的基变量的值为

$$x_B = B^{-1}b;$$

(2) 线性规划问题的目标函数值为

$$z = c_B B^{-1}b;$$

(3) 线性规划问题的检验数为

$$\sigma = c - c_B B^{-1}A, \quad \sigma_s = -c_B B^{-1},$$

这是因为，从(2.14)可以看到非基变量 x_N 的系数为 $c_N - c_B B^{-1}N$，即为非基变量 x_N 的检验数，而基变量 x_B 的检验数为零，且存在 $c_B - c_B B^{-1}B = 0$，所以 σ 包含了 x_B 和 x_N 的检验数；σ_s 是松弛变量 x_s 的检验数；

(4) 线性规划问题的 θ 规则可以表示为

$$\theta_l = \min_i \left\{ \frac{(B^{-1}b)_i}{(B^{-1}p_j)_i} \,\middle|\, (B^{-1}p_j)_i > 0 \right\} = \frac{(B^{-1}b)_l}{(B^{-1}p_j)_l},$$

这里 p_j 是变量 x_j 的系数向量；

(5) 根据上述过程也可以得到单纯形表的矩阵描述如表 2.11 所示。

表 2.11　单纯形表的矩阵描述

变量	基变量	非基变量		基解	目标函数值
	x_B	x_N	x_s		
系数矩阵	I	$B^{-1}N$	B^{-1}	$B^{-1}b$	$c_B B^{-1}b$
检验数行	0	$c_N - c_B B^{-1}N$	$-c_B B^{-1}$		

2.4.2　对偶问题的提出

在例 2.1 中，我们讨论了某企业在三种原材料供应量有限情况下的产品甲、乙的最优组合问题。现在如果企业决定不生产甲、乙两种产品，而将其所拥有的资源 A, B, C 卖掉，那么企业应该如何来确定每种资源的价格呢？首先，企业如果决定不把资源用来生产产品而将资源出售，则意味着企业出售资源的收益不会低于生产产品所获得的收益。

现假设三种资源的价格分别为 y_1, y_2, y_3。如果企业认为出售资源比生产

产品更为有利, 则意味着将生产产品甲应消耗的资源出售后的收益是不会小于生产产品甲的收益的, 即存在

$$y_1 + 3y_3 \geqslant 3. \qquad (2.15)$$

同理, 对于产品乙也会存在

$$2y_2 + 2y_3 \geqslant 5. \qquad (2.16)$$

企业出售资源时的目标函数为

$$\min \quad \omega = 4y_1 + 12y_2 + 18y_3,$$

其中, ω 为出售三种资源所获得的总收益。从企业的角度来看当然 ω 越大越好, 但从买方的角度来看他的支付越少越好。而且, 在满足(2.15)和(2.16)的情况下 (即出售资源比生产更有利的情况下), 只有当前目标函数值最小化才具有现实意义, 不然资源定价将会是无穷大, 那么定价也就没有任何现实意义了。

将上述约束条件和目标函数综合起来, 得到了一个新的线性规划模型, 称之为**原问题的对偶问题**。为了进行对比, 我们将原问题和对偶问题都列在了下面:

原问题	对偶问题
$\max \quad z = 3x_1 + 5x_2,$	$\min \quad \omega = 4y_1 + 12y_2 + 18y_3,$
$\text{s.t.} \begin{cases} x_1 \leqslant 4, \\ 2x_2 \leqslant 12, \\ 3x_1 + 2x_2 \leqslant 18, \\ x_1, x_2 \geqslant 0 \end{cases}$	$\text{s.t.} \begin{cases} y_1 + 3y_3 \geqslant 3, \\ 2y_2 + 2y_3 \geqslant 5, \\ y_1, y_2, y_3 \geqslant 0 \end{cases}$

对照这两个线性规划问题, 可以发现:

(1) 原问题的目标函数是最大化的, 而对偶问题的目标函数是最小化的。

(2) 原问题的价值系数成为对偶问题的资源向量, 而原问题的资源向量成为了对偶问题的价值系数。

(3) 原问题共有 3 个约束条件, 对应着对偶问题有 3 个变量; 而原问题有 2 个变量, 对应着对偶问题有 2 个约束条件。

(4) 原问题的约束条件都是 $\leqslant$ 型的, 对应着对偶变量都是非负的; 而原问题的变量都是非负的, 对应着对偶问题的约束条件都是 $\geqslant$ 型的。

将上述规律一般化后可以得到更一般情况下原问题与对偶问题之间的关系：

原问题	对偶问题
$\max \quad z = cx,$ $\text{s.t.} \begin{cases} Ax \leqslant b, \\ x \geqslant 0 \end{cases}$	$\min \quad \omega = yb,$ $\text{s.t.} \begin{cases} yA \geqslant c, \\ y \geqslant 0 \end{cases}$

这里 $y = (y_1, y_2, \cdots, y_m)$。

在更一般情况下，线性规划问题不一定满足上述形式的要求，所以我们将更一般情况下原问题与对偶问题之间的关系列于表 2.12 中。

表 2.12 原问题与对偶问题的对应关系

原问题（或对偶问题）		对偶问题（或原问题）	
目标函数	max	目标函数	min
变量	n 个	约束条件	n 个
	$\geqslant 0$		$\geqslant$ 型
	$\leqslant 0$		$\leqslant$ 型
	无约束		$=$ 型
约束条件	m 个	变量	m 个
	$\leqslant$ 型		$\geqslant 0$
	$\geqslant$ 型		$\leqslant 0$
	$=$ 型		无约束
约束条件的右端项		目标函数中的价值系数	
目标函数中的价值系数		约束条件的右端项	

例 2.7 写出下列线性规划问题的对偶问题：

$$\min \quad z = -5x_1 - 6x_2 - 7x_3,$$
$$\text{s.t.} \begin{cases} -x_1 + 5x_2 - 3x_3 \geqslant 15, \\ -5x_1 - 6x_2 + 10x_3 \leqslant 20, \\ x_1 - x_2 - x_3 = -5, \\ x_1 \leqslant 0, \quad x_2 \geqslant 0, \quad x_3 \in \mathbb{R}. \end{cases}$$

解 假设该问题的对偶变量分别为 y_1, y_2, y_3，根据原问题与对偶问题的关系，得到该问题的对偶问题为

$$\max \quad \omega = 15y_1 + 20y_2 - 5y_3,$$

$$\text{s.t.} \begin{cases} -y_1 - 5y_2 + y_3 \geqslant -5, \\ 5y_1 - 6y_2 - y_3 \leqslant -6, \\ -3y_1 + 10y_2 - y_3 = -7, \\ y_1 \geqslant 0, \quad y_2 \leqslant 0, \quad y_3 \in \mathbb{R}. \end{cases}$$

2.4.3 对偶问题的基本性质

对偶问题与原问题之间存在着密切的关联性，下面的这些性质更加清楚地说明了这种联系，而且这些性质也为求解与分析线性规划提供了一些便利。

对称性 对偶问题的对偶是原问题，或者说对偶问题与原问题是互为对偶关系。

弱对偶性 若 $\hat{x}$ 是原问题的可行解，$\hat{y}$ 是其对偶问题的可行解，则存在

$$c\hat{x} \leqslant \hat{y}b.$$

无界性 若原问题（对偶问题）为无界解，则其对偶问题（原问题）无可行解。反过来不一定成立，即当原问题（对偶问题）无可行解时，其对偶问题（原问题）或具有无界解或无可行解。

可行解是最优解时的性质 设 $\hat{x}$ 为原问题的可行解，$\hat{y}$ 是对偶问题的可行解，当 $c\hat{x} = \hat{y}b$ 时，$\hat{x}$ 和 $\hat{y}$ 分别为原问题与对偶问题的最优解。

对偶定理 若原问题有最优解，那么对偶问题也有最优解，且目标函数值相等。

互补松弛性 若 $\hat{x}, \hat{y}$ 分别是原问题和对偶问题的可行解，那么 $\hat{y}x_s = 0$ 和 $y_s\hat{x} = 0$ 当且仅当 $\hat{x}, \hat{y}$ 为最优解。

对偶问题的解与原问题检验数的对应关系 原问题单纯形表的检验数行对应其对偶问题的一个基解。其对应关系如表 2.13 所示。

表 2.13 中，y_{s1} 对应原问题中基变量 x_B 的剩余变量，y_{s2} 对应原问题中非基变量 x_N 的剩余变量。另外也可以发现对偶问题的解为 $y = c_B B^{-1}$。

这些对偶问题的基本性质有着十分重要的应用，尤其是互补松弛性为我们提供了原问题与对偶问题最优解之间的对应关系。

表 2.13 对偶问题的解与原问题检验数的对应关系

原问题变量	x_B	x_N	x_s
原问题检验数	$\mathbf{0}$	$c_N - c_B B^{-1} N$	$-c_B B^{-1}$
对偶问题的解	$-y_{s1}$	$-y_{s2}$	$-y$

例 2.8 (互补松弛性的应用) 已知线性规划问题

$$\min \quad z = 8x_1 + 6x_2 + 3x_3 + 6x_4,$$

$$\text{s.t.} \begin{cases} x_1 + 2x_2 \quad\quad\quad + x_4 \geqslant 3, \\ 3x_1 + x_2 + x_3 + x_4 \geqslant 6, \\ \quad\quad\quad\quad x_3 + x_4 \geqslant 2, \\ x_1 \quad\quad + x_3 \quad\quad \geqslant 2, \\ x_j \geqslant 0, \quad j = 1, 2, 3, 4 \end{cases}$$

的最优解为 $x^* = (1,1,2,0)^{\mathrm{T}}$, 试根据对偶理论, 直接求出对偶问题的最优解。

解 首先写出该问题的对偶问题如下:

$$\max \quad \omega = 3y_1 + 6y_2 + 2y_3 + 2y_4,$$

$$\text{s.t.} \begin{cases} y_1 + 3y_2 \quad\quad\quad + y_4 \leqslant 8, \\ 2y_1 + y_2 \quad\quad\quad \leqslant 6, \\ \quad\quad\quad y_2 + y_3 + y_4 \leqslant 3, \\ y_1 + y_2 + y_3 \quad\quad \leqslant 6, \\ y_j \geqslant 0, \quad j = 1, 2, 3, 4. \end{cases}$$

假设原问题 4 个约束条件对应的剩余变量为 $x_s = (x_{s1}, x_{s2}, x_{s3}, x_{s4})^{\mathrm{T}}$, 对偶问题 4 个约束条件对应的松弛变量为 $y_s = (y_{s1}, y_{s2}, y_{s3}, y_{s4})$。根据互补松弛性, 当原问题和对偶问题达到最优解时存在 $y_s x^* = 0$, 代入 $x^* = (1,1,2,0)^{\mathrm{T}}$ 得到 $y_{s1} = y_{s2} = y_{s3} = 0$, 即对偶问题的前 3 个约束条件均紧约束, 也就是都为等式。另一方面, 将原问题的最优解 x^* 代入其约束条件可解得 $x_{s1} = x_{s2} = x_{s3} = 0$, $x_{s4} = 1$。所以由 $y^* x_s = 0$, 其中 $y^* = (y_1^*, y_2^*, y_3^*, y_4^*)$ 为对偶问题的最优解, 可以得到 $y_4^* = 0$。综合这两个方面的结果, 可以得到

$$\begin{cases} y_1^* + 3y_2^* \qquad = 8, \\ 2y_1^* + \ y_2^* \qquad = 6, \\ \qquad y_2^* + y_3^* = 3. \end{cases}$$

求解此方程组可以得到 $y_1^* = 2$，$y_2^* = 2$，$y_3^* = 1$。所以对偶问题的最优解为 $\boldsymbol{y}^* = (2, 2, 1, 0)$。

2.4.4　对偶单纯形法

对偶性质的另一个应用就是对偶单纯形法。根据前述性质可知：在单纯形表中进行迭代时，在 $\boldsymbol{b}$ 列中得到的是原问题的基可行解，而在检验数行得到的是对偶问题的基解。在初始单纯形表中，可以发现原问题得到的是一个基可行解（$\geqslant \boldsymbol{0}$），而对偶问题的解是一个非可行解（检验数行的相反数有小于 0 的）。单纯形表的过程就是在保证原问题为基可行解的条件下，逐步通过迭代运算和行变换将对偶问题的解由非可行解转化为可行解（检验数行的相反数都不小于 0），此时原问题和对偶问题都为可行解，根据对偶性质，原问题和对偶问题都达到了最优解。

由于原问题与对偶问题是相互对称的，所以也可将上述思路反过来考虑，就形成了对偶单纯形法的思路。即：如果原问题的解是非可行解（$\boldsymbol{b}$ 列存在负值），也可以在保证对偶问题的解为基可行解的条件下（检验数行不大于 0），逐步通过迭代运算和行变换将原问题的解转化为可行解，当双方都达到基可行解时，原问题和对偶问题也都达到了最优解。

具体而言，对偶单纯形法的计算步骤如下：

(1) 根据线性规划问题列出单纯形表。检查 $\boldsymbol{b}$ 列的值，若都为非负，检验数都为非正，则已得到最优单纯形表，停止计算。若检查 $\boldsymbol{b}$ 列的值时存在负分量，而检验数均不大于 0，则进行下一步。

(2) 确定换出变量：按 $\min\limits_{i}\{(\boldsymbol{B}^{-1}\boldsymbol{b})_i | (\boldsymbol{B}^{-1}\boldsymbol{b})_i < 0\} = (\boldsymbol{B}^{-1}\boldsymbol{b})_l$ 对应的基变量 x_l 出基。

(3) 确定换入变量：在单纯形表中检查 x_l 所在行的各系数 a_{lj}。若所有 $a_{lj} \geqslant 0$，则无可行解，停止计算。若存在 $a_{lj} < 0$，则计算

$$\theta_k = \min_{j}\left\{\frac{c_j - z_j}{a_{lj}} \middle| a_{lj} < 0\right\} = \frac{c_k - z_k}{a_{lk}},$$

于是确定非基变量 x_k 为换入变量。

(4) 以 x_l 为出基变量、x_k 为入基变量进行迭代运算，得到新的单纯形表。然后，转到步骤 (1)。

例 2.9 (对偶单纯形法) 用对偶单纯形法求解下列线性规划问题:

$$\min \quad z = 5x_1 + 2x_2 + 4x_3,$$

$$\text{s.t.} \begin{cases} 3x_1 + \ x_2 + 2x_3 \geqslant 4, \\ 6x_1 + 3x_2 + 5x_3 \geqslant 10, \\ x_1, x_2, x_3 \geqslant 0. \end{cases}$$

解 首先注意到,如果按原问题的单纯形表进行求解,需在两个约束条件中加入剩余变量和人工变量才能得到初始单纯形表。但是,如果应用对偶单纯形法则不用如此麻烦了,可以先在约束条件的两边分别乘 -1,然后各自加一个松弛变量即可。即标准化得到

$$\max \quad z' = -z = -5x_1 - 2x_2 - 4x_3,$$

$$\text{s.t.} \begin{cases} -3x_1 - \ x_2 - 2x_3 + x_4 \qquad = -4, \\ -6x_1 - 3x_2 - 5x_3 \qquad + x_5 = -10, \\ x_j \geqslant 0, \quad j = 1, 2, \cdots, 5. \end{cases}$$

建立此问题的单纯形表,然后利用对偶单纯形法进行求解,具体过程如表 2.14 所示。

表 2.14 对偶单纯形法的求解过程

c_B	x_B	$c_j \to$ b	-5 x_1	-2 x_2	-4 x_3	0 x_4	0 x_5
0	x_4	-4	-3	-1	-2	1	0
0	x_5	-10^*	-6	-3^*	-5		1
$c_j - z_j$		0	-5	-2^*	-4	0	0
0	x_4	$-2/3^*$	-1^*	0	$-1/3$	1	$-1/3$
-2	x_2	$10/3$	2	1	$5/3$		$-1/3$
$c_j - z_j$		$-20/3$	-1^*	0	$-2/3$	0	$-2/3$
-5	x_1	$2/3$	1	0	$1/3$	-1	$1/3$
-2	x_2	2	0	1	1	2	-1
$c_j - z_j$		$-22/3$	0	0	$-1/3$	-1	$-1/3$

表 2.14 求解过程最后一步中,所有的检验数均不大于 0,而且 **b** 列值均不小于 0,所以为最优单纯形表。原问题的最优解为

33

$$x_1 = \frac{2}{3}, \ x_2 = 2, \ x_3 = 0; \quad z = \frac{22}{3}.$$

2.4.5 对偶问题的经济解释

在引入对偶问题时，我们是从出售资源的角度来考虑资源定价的问题，从中可以看出对偶问题反映了资源的定价问题。更一般地，我们知道，

$$z = c_B B^{-1} b = yb,$$

所以

$$y = \frac{\partial z}{\partial b},$$

即对偶问题的解反映了原问题中资源变化对收益变化的影响，这是一种价格，通常称之为**影子价格**。

以例 2.1为例，根据该问题的最优单纯形表 2.4 可知，$y_1^* = 0$，$y_2^* = \frac{3}{2}$，$y_3^* = 1$，它们反映了三种资源变化时目标函数值的变化量。根据原问题约束条件的松紧性，可知资源 A 存在富余，所以 $y_1^* = 0$，即在一定范围内增加或减少资源 A 的供应量，不会对目标函数值产生影响；另一方面，资源 B 和 C 都处于耗尽状态，所以在一定范围内增加或减少它们的供应会对目标函数值产生影响，而且增加（或减少）一个单位的 B，目标函数会增加（或减少）$\frac{3}{2}$，增加（或减少）一个单位的 C，目标函数值会增加（或减少）1。

另外，资源本身还会存在一个市场价格。影子价格反映了企业将资源用于生产所带来的收益增量，而资源的市场价格反映了企业出售资源所能获得的收益增量。所以，当资源的影子价格高于资源的市场价格时，企业应考虑购进资源以扩大生产，获取更多利益；反之，企业则应当出售资源，而不进行生产。这就是影子价格对企业生产的指导意义。

由于 $y = c_B B^{-1}$，所以影子价格主要取决于企业产品的市场价格和企业的生产技术水平。当企业处于完全竞争市场时，即企业无法改变 c_B 时，影子价格主要取决于企业的生产技术水平。从这里也可以发现同一资源对于不同企业具有不同价值。

2.5 线性规划的灵敏度分析

对于线性规划问题，我们利用单纯形法找到问题的最优解。但这并不意味着这一最优解就符合问题的实际情况，这是因为在模型建立时，往往依据

历史数据来预测未来的情况，确定了问题的相关参数，但是这些参数可能会随着环境而发生变化；而且企业的生产技术装备、产品品种可以随着市场作出相应的调整。这样，自然产生了一个问题：即上述这些变化是否会对问题的最优解产生影响？具体的影响会是什么样的？回答和解决这些问题，就是线性规划的灵敏度分析。

显然，当线性规划问题中某一个或几个参数发生变化时，原来的最优解一般会发生变化。当然可以用单纯形法重新计算一遍，以便得到新的最优解。但这样做比较繁琐，而且也没有必要。因为在单纯形法的计算中，每次计算都和基变量的系数矩阵 $\boldsymbol{B}$ 有关。因此，可以把发生变化的个别系数，经过一定计算后直接填入最终计算表中，并进行检查和分析即可。

下面我们分别讨论不同参数发生变化时灵敏度分析的过程与方法。

2.5.1 资源向量的变化

资源向量的变化指某一个资源系数 b_r 发生了变化，假设其变化量为 Δb_r，即变化为 $b_r' = b_r + \Delta b_r$，同时假设线性规划的其他相关参数都不变。这样变化后问题的解为

$$\boldsymbol{x}_B' = \boldsymbol{B}^{-1}(\boldsymbol{b} + \Delta \boldsymbol{b}),$$

其中 $\Delta \boldsymbol{b} = (0, \cdots, \Delta b_r, 0, \cdots, 0)$。只要保证 $\boldsymbol{x}_B' \geqslant \boldsymbol{0}$，最终表中的检验数不变，则最优基不变，但最优解的值会发生变化，所以 $\boldsymbol{x}_B'$ 为新的最优解。

例 2.10 试确定例 2.1 中，资源 B 的数量变化范围。

解 假设资源 B 的变化范围为 Δb_2，由表 2.4 中的数据，有

$$\boldsymbol{x}_B' = \boldsymbol{B}^{-1}\boldsymbol{b}' = \boldsymbol{B}^{-1}(\boldsymbol{b} + \Delta \boldsymbol{b}) = \boldsymbol{B}^{-1}\boldsymbol{b} + \boldsymbol{B}^{-1}\Delta \boldsymbol{b}$$

$$= \boldsymbol{x}_B + \boldsymbol{B}^{-1} \begin{pmatrix} 0 \\ \Delta b_2 \\ 0 \end{pmatrix} = \begin{pmatrix} 2 \\ 6 \\ 2 \end{pmatrix} + \begin{pmatrix} 1 & 1/3 & -1/3 \\ 0 & 1/2 & 0 \\ 0 & -1/3 & 1/3 \end{pmatrix} \begin{pmatrix} 0 \\ \Delta b_2 \\ 0 \end{pmatrix}$$

$$= \begin{pmatrix} 2 + \frac{1}{3}\Delta b_2 \\ 6 + \frac{1}{2}\Delta b_2 \\ 2 - \frac{1}{3}\Delta b_2 \end{pmatrix} \geqslant 0$$

$$\Rightarrow -6 \leqslant \Delta b_2 \leqslant 6,$$

这里 $\boldsymbol{x}_B = (x_3, x_2, x_1)^{\mathrm{T}} = (2, 6, 2)^{\mathrm{T}}$，$\boldsymbol{B}^{-1}$ 等于变换后松弛变量的系数矩阵

（见表 2.11）。所以资源 B 的数量减少 6 个单位或增加 6 个单位，不会改变当前的最优基。

例 2.11 在例 2.1 中，资源 C 的数量增加 8 个单位，试讨论其对最优解的影响。

解 根据前述分析，当资源 C 的数量增加 8 个单位时，新的基解为

$$x'_B = x_B + B^{-1}\Delta b$$

$$= \begin{pmatrix} 2 \\ 6 \\ 2 \end{pmatrix} + \begin{pmatrix} 1 & 1/3 & -1/3 \\ 0 & 1/2 & 0 \\ 0 & -1/3 & 1/3 \end{pmatrix} \begin{pmatrix} 0 \\ 0 \\ 8 \end{pmatrix} = \begin{pmatrix} -2/3 \\ 6 \\ 14/3 \end{pmatrix}.$$

由上式计算结果可知，当资源 C 的数量增加 8 个单位时，出现负值，说明最优解会发生变化。但是，同时我们也知道资源向量的变化不会影响到检验数。此时 b 值中出现了负值，但检验数均不大于 0，所以可以在原最优单纯形表的基础上接着使用对偶单纯形法。过程如下：首先将原最优单纯形表中的 b 值列用新的解 x'_B 替换，然后使用对偶单纯形法得到最优解，如表 2.15所示。

表 2.15 灵敏度分析—资源向量的变化

c_B	x_B	b	$c_j \rightarrow$ 3 x_1	5 x_2	0 x_3	0 x_4	0 x_5
0	x_3	$-2/3^*$	0	0	1	1/3	$-1/3^*$
5	x_2	6	0	1	0	1/2	0
3	x_1	14/3	1	0	0	$-1/3$	1/3
$c_j - z_j$		44	0	0	0	$-3/2$	-1^*
0	x_5	2	0	0	-3	-1	1
5	x_2	6	0	1	0	1/2	0
3	x_1	4	1	0	1	0	0
$c_j - z_j$		42	0	0	-3	$-5/2$	0

此时得到的最优解为 $x_1 = 4$，$x_2 = 6$，$x_3 = 0$，目标函数值为 $z^* = 42$，比原来有所提高。

2.5.2 技术系数的变化

技术系数的变化主要是指 a_{ij} 的变化。具体而言，可能包括两种变化：一是新增加（或减少）原来的产品种类；二是原来产品的生产技术发生了变化。

例 2.12 在例 2.1 中，企业打算在现有资源条件下，生产一种新产品丙，其市场价格为 5，单位产品对三种资源的消耗量分别为 $1, 2, 1$。试问：企业是否应该生产产品丙？如果生产，其生产计划有何变化？

解 假设新增加的产品的产量为 x_3'，则 $c_3' = 5$，$\boldsymbol{p}_3' = (1, 2, 1)^{\mathrm{T}}$。为了判断该产品是否值得生产，需要判断其检验数是否大于 0。根据原问题的最优单纯形表（见表 2.4）可知，

$$-\boldsymbol{c_B}\boldsymbol{B}^{-1} = \left(0, -\frac{3}{2}, -1\right),$$

这样，新产品的检验数为

$$\sigma_3' = c_3' - \boldsymbol{c_B}\boldsymbol{B}^{-1}\boldsymbol{p}_3' = 1 > 0,$$

所以，新产品值得生产。为了得到新的最优解，需要将新产品的相关参数反映到原最优单纯形表中。首先其系数列应为

$$\boldsymbol{B}^{-1}\boldsymbol{p}_3' = \begin{pmatrix} 1 & 1/3 & -1/3 \\ 0 & 1/2 & 0 \\ 0 & -1/3 & 1/3 \end{pmatrix} \begin{pmatrix} 1 \\ 2 \\ 1 \end{pmatrix} = \begin{pmatrix} 4/3 \\ 1 \\ -1/3 \end{pmatrix}.$$

这样考虑到新产品的单纯形表如表 2.16 所示。

表 2.16 灵敏度分析—技术系数的变化一

c_B	x_B	b	$c_j \to$ 3	5	0	0	0	5	θ_i
			x_1	x_2	x_3	x_4	x_5	x_3'	
0	x_3	2	0	0	1	1/3	$-1/3$	$4/3^*$	$3/2^*$
5	x_2	6	0	1	0	1/2	0	1	6
3	x_1	2	1	0	0	$-1/3$	1/3	$-1/3$	—
$c_j - z_j$		36	0	0	0	$-3/2$	-1	1^*	
5	x_3'	3/2	0	0	3/4	1/4	$-1/4$	1	
5	x_2	9/2	0	1	$-3/4$	1/4	1/4	0	
3	x_1	5/2	1	0	1/4	$-1/4$	1/4	0	
$c_j - z_j$		75/2	0	0	$-3/4$	$-7/4$	$-3/4$	0	

由表 2.16 可知，新增加一种产品后企业的生产计划变化为甲生产 2.5件，乙生产 4.5 件，丙生产 1.5 件，企业收益增加到 37.5。

下面我们考虑第二种技术系数的变化。

例 2.13 在例 2.1 中，假设企业的生产技术发生变化，原来生产产品乙不需要 A 资源，现假设生产单位产品乙需要 1 个单位的 A，试讨论这种变化对最优生产计划的影响。

解 与前例的思路类似，将变化后的乙产品看做一种新产品来考虑。由原最优单纯形表可知，原生产计划中产品乙的产量为 6，这样生产技术变化后如果还按原计划生产是无法实现的，因为资源 A 的供应量只有 4，所以这种技术变化会对最优解产生影响。与前例类似，我们将这种变化反映到最优单纯形表中，如表 2.17 所示。

表 2.17 灵敏度分析—技术系数的变化二

c_B	x_B	b	$c_j \rightarrow$ 3 x_1	5 x_2	0 x_3	0 x_4	0 x_5	5 x_2'	θ_i
0	x_3	2	0	0	1	1/3	−1/3	1	1
5	x_2	6	0	1	0	1/2	0	1	1
3	x_1	2	1	0	0	−1/3	1/3	0	
	$c_j - z_j$	36	0	0	0	−3/2	−1	0	

接下来去掉 x_2 列，将 x_2' 列转化为单位列，即用 x_2' 替换 x_2，然后再根据对偶单纯形进行求解，如表 2.18 所示。

表 2.18 灵敏度分析—技术系数的变化二

c_B	x_B	b	$c_j \rightarrow$ 3 x_1	0 x_3	0 x_4	0 x_5	5 x_2'
0	x_3	−4*	0	1	−1/6	−1/3*	0
5	x_2'	6	0	0	1/2	0	1
3	x_1	2	1	0	−1/3	1/3	0
	$c_j - z_j$	36	0	0	−3/2	−1	0

续表

c_B	x_B	b	x_1	x_3	x_4	x_5	x_2'
	$c_j \rightarrow$		3	0	0	0	5
0	x_5	12	0	−3	1/2	1	0
5	x_2'	6	0	0	1/2	0	1
3	x_1	−2*	1	1	−1/2*	0	0
$c_j - z_j$		24	0	−3	−1	0	0
0	x_5	10	1	−2	0	1	0
5	x_2'	4	1	1	0	0	1
0	x_4	4	−2	−2	1	0	0
$c_j - z_j$		20	−2	−5	0	0	0

此时得到的最优解为只生产产品乙，其产量为 4，企业收益下降到 20。

2.5.3 价值系数的变化

价值系数变化的影响也可以分为两种情况：一是非基变量价值系数的变化；二是基变量价值系数的变化。在第一种情况下，根据检验数的计算方法，非基变量价值系数的变化只会对自身的检验数产生影响，所以此时根据变化后的价值系数计算出它的新检验数，再根据最优性的判断规则进行判断，若仍然不大于 0，则无影响；若出现大于 0，则按单纯形法的计算步骤进行迭代运算，直至达到最优解为止，这种情况较为简单。在第二种情况下，基变量的价值系数发生变化会对所有非基变量的检验数产生影响，要保证原解的最优性就必须要求所有的检验数仍然不大于 0，如果出现了大于 0 的检验数，则按单纯形法的求解过程进行迭代运算，直至达到最优解。

例 2.14 在例 2.1 中，试确定产品甲的价格在什么范围内变化，可以保证现在解的最优性。

解 由于 x_1 为基变量，所以产品甲的价格变化会对所有非基变量的检验数产生影响。假设其变化量为 Δc_1，则在保持现在解不变的情况下，非基变量 x_4, x_5 的检验数分别为

$$\sigma_4 = c_4 - c_B B^{-1} p_4$$

$$=0 - (0, 5, 3 + \Delta c_1) \begin{pmatrix} 1 & 1/3 & -1/3 \\ 0 & 1/2 & 0 \\ 0 & -1/3 & 1/3 \end{pmatrix} \begin{pmatrix} 1/3 \\ 1/2 \\ -1/3 \end{pmatrix}$$

$$= \frac{5\Delta c_1}{18} - \frac{5}{12},$$

$$\sigma_5 = c_5 - \boldsymbol{c_B} \boldsymbol{B}^{-1} \boldsymbol{p}_5$$

$$=0 - (0, 5, 3 + \Delta c_1) \begin{pmatrix} 1 & 1/3 & -1/3 \\ 0 & 1/2 & 0 \\ 0 & -1/3 & 1/3 \end{pmatrix} \begin{pmatrix} -1/3 \\ 0 \\ 1/3 \end{pmatrix}$$

$$= -\frac{\Delta c_1}{9} - \frac{1}{3}.$$

若需要保持现在解的最优性，需要 $\sigma_4 \leqslant 0$, $\sigma_5 \leqslant 0$ 同时成立，所以得到

$$-3 \leqslant \Delta c_1 \leqslant \frac{3}{2}.$$

最后需要说明的是，前述灵敏度分析只是灵敏度分析的最基本内容，如我们通常只考虑了单一参数变化的情况。实际情况下，灵敏度分析可能远远比这复杂。当变化情况较为复杂时，需要综合考虑各个方面的影响，也可以考虑重新建模进行求解。

2.6 线性规划问题的软件求解方法

许多软件都可以求解线性规划问题，我们这里主要介绍两种软件解法。

2.6.1 Excel 解法

利用 Excel 求解线性规划问题主要是利用 Excel 的"规划求解"的加载宏。默认安装 Excel 的情况下是没有安装该功能的，所以在安装 Excel 时最好选择完全安装。尽管如此，Excel 也没默认加载该宏包，需要手工加载。在 Excel 的选项里找到"加载宏"的选项，然后在如图 2-4 的对话框中勾选"规划求解加载项"，点击"确定"后就可使用该宏包求解线性规划问题了。该菜单项在 Excel 2003 版本中是在"工具"菜单栏下，在 2007 版本中是在"数据"菜单"自定义快速访问工具栏"选项下，而在 2010 版本中，需点击"文件"菜单中"选项"命令，打开"Excel 选项"对话框，选择"加载项"

后点击"转到"按钮，即打开如图 2-4 所示对话框。下面以 Excel 2010 版本进行介绍。

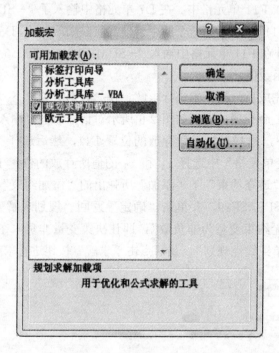

图 2-4 "加载宏"对话框

首先需要在 Excel 中录入线性规划模型。求解线性规划模型时，我们会运用到 Excel 的 SUMPRODUCT 函数，该函数将两个或两个以上的相同维数的数组的对应元素相乘并返回这些乘积的和。可以利用这一函数来构造线性规划问题的目标函数和约束条件。

仍以例 2.1 为例，首先在 Excel 中录入该模型，如图 2-5 所示。

	A	B	C	D	E	F
1						
2	例2.1的模型					
3						
4	x_j	x1	x2			
5	c_j	3	5			
6	约束条件					
7	资源A	1	0	=SUMPRODUCT(B7:C7,B11:C11)	<=	4
8	资源B	0	2	=SUMPRODUCT(B8:C8,B11:C11)	<=	12
9	资源C	3	2	=SUMPRODUCT(B9:C9,B11:C11)	<=	18
10						
11	最优解	0	0		目标函数	=SUMPRODUCT(B5:C5,B11:C11)

图 2-5 例 2.1 的模型

在图 2-5 中，分别输入了线性规划问题的三类参数：价值向量、系数矩阵和资源向量，此外将决策变量 x_1 和 x_2 的值分别放在 B11, C11 单元格中，目标函数值放在 F11 单元格中。在 D7 单元格中输入了"=SUMPRODUCT (B7:C7,B11:C11)"，表示第一个约束条件目前左端项的值，D8 和 D9 单元格与此类似。另外在 F11 单元格中输入"=SUMPRODUCT(B5:C5,B11:C11)"用来表示目标函数值。

模型输入完成后，接下来进行求解。在"数据"菜单下"分析"组中选择"规划求解"命令项，出现如图 2-6 所示对话框，需要输入相关参数。在"设置目标"中，选择目标函数存放的位置 F11，然后选择"最大值"。在"通过更改可变单元格"中选择 x_1 和 x_2 的值所存放的位置 B11 到 C11 单元格。在点击"遵守约束"下"添加"所弹出的"添加约束"对话框中选择 \$D\$7:\$D\$9<=\$F\$7:\$F\$9，并单击"确定"返回"规划求解参数"对话框，然后勾选"使无约束变量为非负数"，即让决策变量非负。在"选择求解方法"中选择"单纯线性规划"。最后点击"求解"按钮进行求解。

图 2-6　"规划求解参数"对话框

点击"求解"按钮后，Excel 弹出一个对话框要求选择结果报告，如图 2-7 所示。

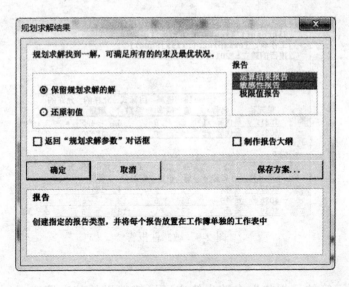

图 2-7 规划求解结果报告的选择

在"报告"中选择"运算结果报告"和"敏感性报告",则 Excel 中新增了 2 个工作表,分别是如图 2-8 和图 2-9 所示的运算结果报告和敏感性报告(即灵敏度分析结果)。

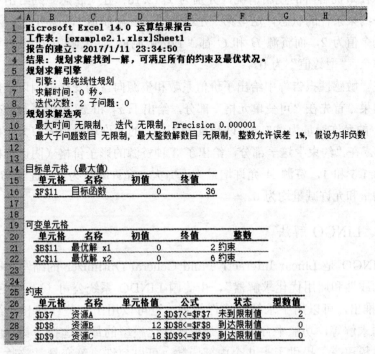

图 2-8 运算结果报告

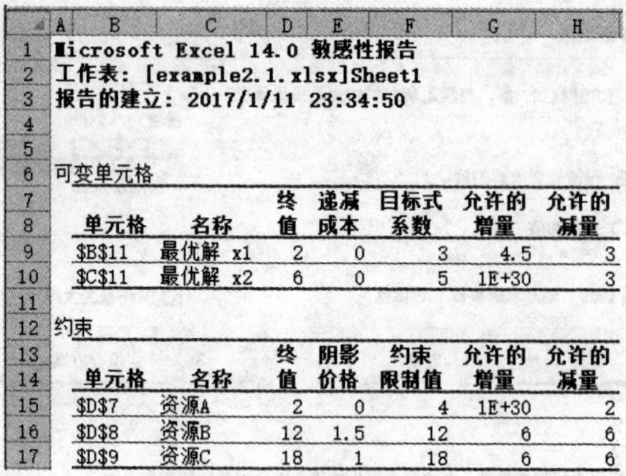

Microsoft Excel 14.0 敏感性报告
工作表：[example2.1.xlsx]Sheet1
报告的建立：2017/1/11 23:34:50

可变单元格

单元格	名称	终值	递减成本	目标式系数	允许的增量	允许的减量
B11	最优解 x1	2	0	3	4.5	3
C11	最优解 x2	6	0	5	1E+30	3

约束

单元格	名称	终值	阴影价格	约束限制值	允许的增量	允许的减量
D7	资源A	2	0	4	1E+30	2
D8	资源B	12	1.5	12	6	6
D9	资源C	18	1	18	6	6

图 2-9 敏感性报告

在“运算结果报告”中首先给出了运算结果的基本情况，包括时间、结果、规划求解引擎参数和选项；下方的表格给出了求解的具体结果。首先，“目标单元格”表格中可以看到，目标函数达到了最大值 36。其次是“可变量单元格”的情况，即变量的值，这里 x_1 和 x_2 的最优值分别是 2 和 6。最后的“约束”表格反映了资源约束的情况，在“单元格值”列给出了 3 种资源在最优解时的使用情况，分别为 2, 12, 18；在“状态”列给出了最优条件下约束条件的状态，这里第一个约束“未到限制值”，说明资源 A 有剩余，剩余值为 2，而资源 B 和 C 都“到达限制值”，说明 B, C 两种资源均使用完全，“型数值”为 0。

在“敏感性报告”中给出了价值系数和资源向量的变化范围以及影子价格等结果。首先在“可变单元格”部分，给出了 x_1 和 x_2 价值系数的变化范围，c_1 的允许增量为 4.5，允许减量为 3，c_2 的允许增量为无穷大，允许减量为 3。在“约束”这一部分，给出了 3 种资源的影子价格（阴影价格）分别为 0, 1.5 和 1，资源 A 允许增量为无穷大，允许减量为 2，资源 B, C 的允许增量和允许减量均为 6。

2.6.2 LINGO 解法

LINGO 是 Linear Interactive and General Optimizer 的缩写，即“交互式的线性和通用优化求解器”，由美国 LINDO 系统公司（Lindo System Inc.）推出，可以用于求解非线性规划，也可以用于一些线性和非线性方程组的求解等，功能十分强大，是求解优化模型的最佳选择。其特色在于内置建模语言，提供了十几个内部函数，可以允许决策变量是整数（即整数规划，包括 0-1 整数规划），方便灵活，而且执行速度非常快。能方便与 Excel、数据库等其他软件交换数据。

LINGO 软件的界面比较简单，包括菜单栏、工具栏、代码录入窗口和状态栏，如图 2-10 所示。

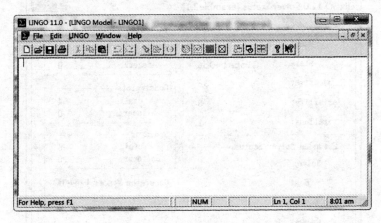

图 2-10　LINGO 的基本界面

LINGO 求解线性规划也非常简单，如求解例 2.1 的线性规划模型时，我们只需在代码录入窗口输入如图 2-11 所示的代码即可。

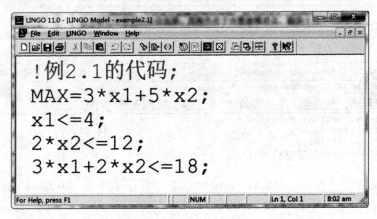

图 2-11　例 2.1 的代码

LINGO 代码输入时，"!" 后面为注释语句，而且要求每一句都以 ";" 结束。注意到，LINGO 的代码录入窗口具有代码识别功能，当输入 LINGO 内部函数时，会以蓝色突出显示。而且 LINGO 默认为所有变量为非负的，如果某个变量是任意实数，可用函数 @FREE(变量名) 进行说明。然后选择菜单 "LINGO" 下的 "Solve" 命令项，或者使用快捷键 "Ctrl+U"，或者点菜单栏的红色靶心符号，就可完成求解过程。LINGO 首先会弹出一个求解状态报告，提供求解过程的一些基本情况，如图 2-12 所示。同时生成一个求解结果的输出结果报告，如图 2-13 所示。

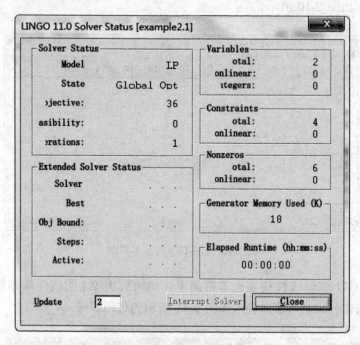

图 2-12 求解状态报告

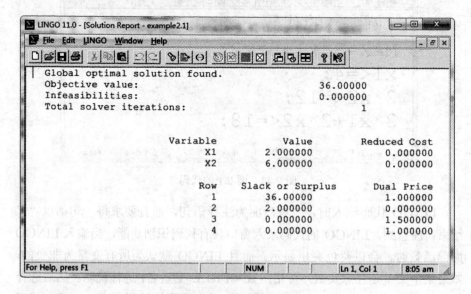

图 2-13 求解结果报告

由求解结果报告可知，LINGO 找到了问题的全局最优解，目标函数值为 36，最优解为 $x_1 = 2$，$x_2 = 6$。另外给出了约束条件的松紧性和影子价格，第二行（Row 2）对应着问题的第一个约束条件，由结果可知其松弛（或剩余）变量的值为 2，影子价格为 0，第二个、第三个约束条件的松弛（或剩余）变量的值均为 0，其影子价格分别为 1.5 和 1。

2.7 运输问题

运输问题是一类特殊的线性规划问题。由于其系数矩阵具有特殊结构，所以基于单纯形法的思路，构造了运输问题的表上作业法的求解方法。本节主要介绍运输问题的表上作业法的求解过程。

2.7.1 运输问题的模型

运输问题是基于现实交通网络中物资调运的实际而提出的。企业的生产地（或仓库）分布在不同的地方，另外企业的销售地也可能在不同的地方，从不同生产地（或仓库）运送到不同销售地的运价可能会存在差异，这样就产生一个问题：应如何制定运输方案，将这些物资运到各个销售地，使得总的运费最小。

假设有 m 个生产地 A_i，$i = 1, 2, \cdots, m$，生产地 A_i 的产量为 a_i，另外有 n 个销售地 B_j，$j = 1, 2, \cdots, n$，销售地 B_j 的需求量为 b_j。从 A_i 到 B_j 运输单位物资的费用为 c_{ij}。如图 2-14 所示。

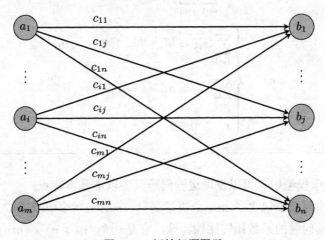

图 2-14　运输问题图示

47

通常情况下，可采用表格形式来描述运输问题，如表 2.19 所示。

表 2.19 运输问题的表格描述形式

产地 ＼ 销地	B_1	B_2	$\cdots$	B_n	产量
A_1	c_{11}	c_{12}	$\cdots$	c_{1n}	a_1
A_2	c_{21}	c_{22}	$\cdots$	c_{2n}	a_1
$\vdots$	$\vdots$	$\vdots$		$\vdots$	$\vdots$
A_m	c_{m1}	c_{m2}	$\cdots$	c_{mn}	a_m
销量	b_1	b_2	$\cdots$	b_n	

为简化运输问题的分析过程，通常先假设产量与销量是平衡的，即

$$\sum_{i=1}^{m} a_i = \sum_{j=1}^{n} b_j,$$

可以认为，当产量大于销量时，富余的产量留在了生产地，而不足的销量是没法满足的，也就与运费无关了。对于产销不平衡问题的具体处理方法后面会讲到。

假设从产地 A_i 运往销地 B_j 的运量为 x_{ij}，那么在产销平衡的条件下，要求总运费最小的运输方案，可以建立如下**运输问题数学模型**：

$$
\min \quad z = \sum_{i=1}^{m} \sum_{j=1}^{n} c_{ij} x_{ij},
$$

$$
\text{s.t.} \quad
\begin{cases}
\sum_{i=1}^{m} x_{ij} = b_j, & j = 1, 2, \cdots, m, \\
\sum_{j=1}^{n} x_{ij} = a_i, & i = 1, 2, \cdots, n, \\
x_{ij} \geqslant 0.
\end{cases}
\tag{2.17}
$$

从其数学模型中，可以发现运输问题具备以下基本特点：

(1) 运输问题中包含了 mn 个决策变量、$m+n$ 个约束方程。

(2) 运输问题的系数矩阵比较特殊，它是一个 $(m+n) \times (mn)$ 矩阵，较为庞大，但矩阵中元素只有少数为 1，大部分为 0。如 x_{ij} 的系数列 $\boldsymbol{p}_{ij}$ 中

只有第 i 个和第 $m+j$ 个位置为 1，其余均为 0。

(3) 由于运输问题是产销平衡的运输问题，所以模型中的有效约束条件为 $m+n-1$ 个。

(4) 运输问题是一特殊的线性规划问题，且运输问题总存在可行解。因为在产销平衡的条件下，总是有办法按要求实现物资的调运，只是优与不优的问题。

2.7.2 运输问题的表上作业解法

由于运输问题是特殊的线性规划问题，且其系数矩阵具有稀疏性，所以通常使用表上作业法进行求解。表上作业法本质上是单纯形法，是对求解运输问题的一种简化方法。下面我们通过实例来说明表上作业法的基本过程。

例 2.15 (表上作业法) 已知某运输问题如表 2.20 所示。

表 2.20 表上作业法的原始数据

销地\产地	B_1	B_2	B_3	B_4	产量
A_1	3	2	7	6	50
A_2	7	5	2	3	60
A_3	2	5	4	5	25
销量	60	40	20	15	

1. 初始解的确定

由于运输问题总是存在可行解，所以确定初始解有很多方法。但是一般希望得到初始解的过程既简便，又尽可能地接近最优解。下面介绍两种使用较为普遍的方法：最小元素法和伏格尔（Vogel）法。

(1) 最小元素法

最小元素法的基本思想是就近供应，即从单位运价中最小的元素确定调运关系，然后次小，直至得到初始解为止。

首先，在运输问题的表格中找最小元素，为 2，而且存在多个。此时任选一个即可，如首先选择 c_{12}，即从 A_1 运往 B_2。A_1 的产量为 50，而 B_2 的需求量为 40，所以满足其要求，从 A_1 运送 40 个单位的物资到 B_2，之后 A_1 的产量还剩下 10，B_2 的需求量为 0，在后续计算中不再考虑 B_2。如表 2.21 所示。

表 2.21 最小元素法 1

产地 \ 销地	B_1		B_2		B_3		B_4		产量
A_1		3	40	2		7		6	10
A_2		7		5		2		3	60
A_3		2		5		4		5	25
销量	60		0		20		15		

注意表 2.21 中仍然是一个产销平衡的运输问题，所以重复上一步骤。选择最小元素 $c_{23}=2$，从 A_2 运往 B_3 20 个物资，A_2 的产量变为 40，B_3 的需求量变为 0，后续计算中不再考虑 B_3。如表 2.22 所示。

表 2.22 最小元素法 2

产地 \ 销地	B_1		B_2		B_3		B_4		产量
A_1		3	40	2		7		6	10
A_2		7		5	20	2		3	40
A_3		2		5		4		5	25
销量	60		0		0		15		

重复上述步骤，最终得到初始方案如表 2.23 所示。

表 2.23 最小元素法

产地 \ 销地	B_1		B_2		B_3		B_4		产量
A_1	10	3	40	2		7		6	50
A_2	25	7		5	20	2	15	3	60
A_3	25	2		5		4		5	25
销量	60		40		20		15		

(2) 伏格尔法

伏格尔法利用了优化理论中罚函数的思想。由于运输问题的目标函数是最小化的，所以每个产地运出的物资都应该尽量走最小运价的地方，如 A_1 应该尽量运往 B_2，A_2 应该尽量运往 B_3，A_3 应该尽量运往 B_1，但是这样做达不到运输问题约束条件的要求。所以，通常还会考虑次小运价，即在走最小运价无法实现要求时，加上次小运价后肯定能够实现运输问题的要求（想想为什么）。但是每一个产地运出的物资应该尽量走最小运价，每一个销地应该尽量从最小运价的地方接货，而且次小运价与最小运价的差额越大，越应该首先考虑。比如，从 A_1 运出的物资，次小运价与最小运价的差额为 1，A_2 的是 1，A_3 的是 2，所以从产地的角度来考虑的话，应该首先考虑让 A_3 运出的物资走最小运价，不然走次小运价增加的运费最多。这一分析过程对于销地也是一样的。这就是伏格尔法的基本思想。

具体而言，在使用伏格尔法寻找初始方案时，首先分别计算行差与列差（次小值 − 最小值），然后由最大差额所在行或列的最小元素所在位置确定调运关系，分配运量之后得到一个新产销平衡的运输问题，再重复这一步骤直至得到初始方案。

如在本例中，首先计算各行各列差额如表 2.24 所示。

表 2.24 伏格尔法 1

销地 产地	B_1	B_2	B_3	B_4	产量	行差
A_1	3	2	7	6	50	1
A_2	7	5	2	3	60	1
A_3	2	5	4	5	25	2
销量	60	40	20	15		
列差	1	3	2	2		

由表 2.24 可知，B_2 所在列的差额最大，所以首先应该考虑运往 B_2 的物资应该走最小运价，即应首先考虑从 A_1 运往 B_2，A_1 的产量为 50，B_2 的需求量为 40，所以分配运量 40。如表 2.25 所示。

然后不再考虑 B_2，重新计算行差，再确定调运关系，直至得到初始方案，如表 2.26 所示。

表 2.25 伏格尔法 2

产地＼销地	B_1		B_2		B_3		B_4		产量	行差
A_1		3	40	2		7		6	10	3
A_2		7		5		2		3	60	1
A_3		2		5		4		5	25	2
销量	60		0		20		15			
列差	1		—		2		2			

表 2.26 伏格尔法

产地＼销地	B_1		B_2		B_3		B_4		产量
A_1	10	3	40	2		7		6	50
A_2	25	7		5	20	2	15	3	60
A_3	25	2		5		4		5	25
销量	60		40		20		15		

2. 最优性检验

最优性检验用于判断前面得到的初始方案是不是总运费最小的最优方案。首先注意到运输问题是目标函数最小化的线性规划问题，所以，如果能够按单纯形法得到其检验数的话，最优性条件应该是所有检验数都不小于 0。

计算运输问题检验数最为常用的方法为位势法，它来源于对偶理论。设 $(u_1, u_2, \cdots, u_m, v_1, v_2, \cdots, v_n)$ 是对应于运输问题 $m + n$ 个约束条件的对偶变量。根据对偶理论可知

$$\boldsymbol{c_B B}^{-1} = (u_1, u_2, \cdots, u_m, v_1, v_2, \cdots, v_n).$$

另外，运输问题中决策变量 x_{ij} 的系数向量为 $\boldsymbol{p}_{ij}$ ($\boldsymbol{p}_{ij}$ 中只有第 i 个和第 $m + j$ 个位置为 1，其余均为 0)，于是，决策变量 x_{ij} 的检验数为

$$\sigma_{ij} = c_{ij} - \boldsymbol{c_B}\boldsymbol{B}^{-1}\boldsymbol{p}_{ij}$$

$$= c_{ij} - (u_1, u_2, \cdots, u_m, v_1, v_2, \cdots, v_n) \begin{pmatrix} 0 \\ \vdots \\ 1 \\ 0 \\ \vdots \\ 1 \\ \vdots \\ 0 \end{pmatrix} \begin{matrix} \\ \\ \leftarrow \text{第} i \text{行} \\ \\ \\ \leftarrow \text{第} m+j \text{行} \\ \\ \end{matrix}$$

$$= c_{ij} - (u_i + v_j).$$

通常可以根据基变量的检验数为 0 这一要求，求解出所有的 u_i 和 v_j 的值，再根据这些值就可求出非基变量的检验数了。但是在求解 u_i 和 v_j 的值时，只有 $m+n-1$ 个基变量，即只有 $m+n-1$ 个关于 u_i 和 v_j 这 $m+n$ 个变量的方程，这样是无法确定 u_i 和 v_j 的值的。这是因为运输问题只有 $m+n-1$ 个有效约束条件，本应该对应着 $m+n-1$ 个对偶变量，说明我们多假设了一个对偶变量，这种情况可以通过令 u_i 和 v_j 中某一个值为 0 来解决，通常令 $u_1 = 0$。具体计算过程如下（见表 2.27）：

表 2.27　最优性检验—位势法

产地＼销地	B_1		B_2		B_3		B_4		产量	u_i
A_1	10	3	40	2		7	9		6	7	50	0
A_2	25	7		5	−1	20	2	15	3	60	4
A_3	25	2		5	4		4	7	5	7	25	−1
销量	60		40		20		15			
v_j	3		2		−2		−1			

首先，根据 $\boldsymbol{\sigma_B} = \boldsymbol{0}$ 求 u_i 和 v_j 的值，即

$$u_1 = 0,$$

$$\sigma_{11} = 0 \Rightarrow c_{11} - (u_1 + v_1) = 0 \Rightarrow v_1 = 3,$$

$$\sigma_{12} = 0 \Rightarrow c_{12} - (u_1 + v_2) = 0 \Rightarrow v_2 = 2,$$

$$\sigma_{21} = 0 \Rightarrow c_{21} - (u_2 + v_1) = 0 \Rightarrow u_2 = 4,$$

$$\sigma_{23} = 0 \Rightarrow c_{23} - (u_2 + v_3) = 0 \Rightarrow v_3 = -2,$$

$$\sigma_{24} = 0 \Rightarrow c_{24} - (u_2 + v_4) = 0 \Rightarrow v_4 = -1,$$

$$\sigma_{31} = 0 \Rightarrow c_{31} - (u_3 + v_1) = 0 \Rightarrow u_3 = -1.$$

然后，利用 $\sigma_{ij} = c_{ij} - (u_i + v_j)$ 计算所有非基变量的检验数，即

$$\sigma_{13} = c_{13} - (u_1 + v_3) = 9,$$

$$\sigma_{14} = c_{14} - (u_1 + v_4) = 7,$$

$$\sigma_{22} = c_{22} - (u_2 + v_2) = -1,$$

$$\sigma_{32} = c_{32} - (u_3 + v_2) = 4,$$

$$\sigma_{33} = c_{33} - (u_3 + v_3) = 7,$$

$$\sigma_{34} = c_{34} - (u_3 + v_4) = 9.$$

由于 $\sigma_{22} = -1 < 0$，说明当前方案不是最优解。

3. 方案的调整

根据前面检验数的计算结果，由于 $\sigma_{22} = -1 < 0$，所以当前方案不是最优方案，需要进一步调整。根据单纯形法的思路，则 x_{22} 应该入基成为基变量（方案点），即 x_{22} 的值应该不为 0，说明增加 A_2 到 B_2 的运输量可以减少总的运费。但另一方面，如果 x_{22} 入基成为了基变量（方案点），那么原来的基变量（方案点）就应该出来一个成为非基变量（非方案点）。那么哪一个应该出基呢？注意到运输问题有产销平衡的要求，如果 A_2 到 B_2 的调运量 x_{22} 由 0 变为非 0，那么 A_1 到 B_2 的运量就必须要减少，这样 A_1 到 B_1 的运量就要增加，A_2 到 B_1 的运量就要减少，只有这样才能保证运输问题的约束条件得到满足。

这样的调整过程就形成了一个闭合的回路：$x_{22} \to x_{12} \to x_{11} \to x_{12} \to x_{22}$。在这条闭回路上，奇数点的运量要增加 θ，偶数点的运量要减少 θ，这样调整后就可得到一个新的运输方案，其中 $\theta = \min\{x_{ij} | x_{ij} \text{为偶数点}\}$ 为调整量，如表 2.28 所示。

目前，这条闭回路上的调整量为 25。调整后的新方案及其检验数计算如表 2.29 所示。

在调整后的方案中，所有的检验数都不小于 0，所以得到的即为最优调整方案，最小费用为 $z^* = 3 \times 35 + 2 \times 15 + 5 \times 25 + 2 \times 20 + 3 \times 15 + 2 \times 25 = 395$。

表 2.28　方案调整

销地 产地	B_1		B_2		B_3		B_4		产量	u_i
A_1	10	3 +	40	2		7　9		6　7	50	0
A_2	25	7		5　−1	20	2	15	3	60	4
A_3	25	2		5　4		4　7		5　7	25	−1
销量	60		40		20		15			
v_j	3		2		−2		−1			

表 2.29　调整后的新方案

销地 产地	B_1		B_2		B_3		B_4		产量	u_i
A_1	35	3	15	2		7　8		6　6	50	0
A_2		7　1	25	5	20	2	15	3	60	3
A_3	25	2		5　4		4　6		5　6	25	−1
销量	60		40		20		15			
v_j	3		2		−1		0			

2.7.3　表上作业法的进一步讨论

在实际应用表上作业法求解运输问题时，可能会存在如下的问题。

1. 适用条件

表上作业法适用的条件包括：一是目标函数是最小化的，即 c_{ij} 反映的是运输成本。二是约束条件都是等式，即运输问题是产销平衡的。

当 c_{ij} 不是成本数据，而是收益型数据时，运输问题转化为求解最优方案使收益最大化，此时表上作业法需做相应的调整。最直接的方法是按线性规划问题标准化的方法处理，将所有 c_{ij} 取相反数，然后按表上作业法的步骤进行运算。这样处理虽然简单，但涉及的数全是负数，运算起来不太方便。一般的做法是用 c_{ij} 中的最大值来减去所有的 c_{ij}，即设 $C = \max_{i,j}\{c_{ij}\}$，

令 $c'_{ij} = C - c_{ij}$，于是有

$$z' = \sum_{i=1}^{m}\sum_{j=1}^{n} c'_{ij}x_{ij} = \sum_{i=1}^{m}\sum_{j=1}^{n}(C - c_{ij})x_{ij}$$

$$= \sum_{i=1}^{m}\sum_{j=1}^{n} Cx_{ij} - \sum_{i=1}^{m}\sum_{j=1}^{n} c_{ij}x_{ij}$$

$$= C\sum_{i=1}^{m} a_i - \sum_{i=1}^{m}\sum_{j=1}^{n} c_{ij}x_{ij}$$

$$= K - z,$$

这样，$\min z'$ 就与 $\max z$ 是一致的了。

另外，当供不应求，即总产量小于总需求量时，可增加一个虚拟的产地，它的产量为供需差额，从该虚拟产地运往各个销售地的单位运价均为 0，即所差的需求量并未满足；当出现了供过于求的情况时，可增加一个虚拟的销售地，其需求量为总产量与总需求量的差额，各个产地运往该销售地的运价也为 0，即多余的物资并未运输，而是在各个产地存储起来了。这样两种方法总是可以将产销不平衡的运输问题转化为产销平衡的运输问题。但是需要注意的是，这里并没有考虑多余产量产生的费用和需求量未满足时产生的费用，如果要考虑这些费用，那么从虚拟产地运往各个销售地的单位运价就应该是各个销售地的单位缺货损失，而从各个产地运往虚拟销售地的运价就应该是各个产地单位物资的存储费用了。

2. 退化问题

运输问题本质上是线性规划问题，表上作业法的基础是单纯形法，所以在利用表上作业法求解时运输问题也可能出现退化现象。

在用表上作业法求解初始解的过程中，每一次确定一个调运关系，以及根据产量与销量之间的大小关系确定调运方案后，总是划去一行或一列。但是当出现产地与销地的数量相等时，会同时划去这一行和这一列，这样会造成最后得到的初始方案缺少一个方案点。这是表上作业法的第一种退化现象产生的原因。为了可以使用表上作业法进行求解，此时应该在划去这一行或这一列的某个位置添加一个 0 方案点，从而使方案点的个数为 $m+n-1$ 个。

表上作业法在进行方案调整时，在闭回路上的奇数点位置会加上调整量，偶数点位置会减去调整量，该调整值为偶数点位置的最小运量。如果在这个闭回路上存在着多个偶数点位置的运量均是最小值，会造成一个变量入基，多个变量出基，使得方案点的个数不足。此时，也应该保留多余的 0 方

案，只让一个方案点出基，其他点为 0 方案点。这样才能保证方案点的个数为 $m+n-1$ 个。

总之，两种处理方法的核心都是增加 0 方案点，也使得方案点的个数为 $m+n-1$ 个。

2.7.4 运输问题的软件求解

下面我们以一个实例来说明利用 Excel 和 LINGO 求解运输问题的过程。假设某运输问题的如表 2.30 所示。

表 2.30 某运输问题的相关数据

销地 产地	B_1	B_2	B_3	B_4	产量
A_1	6	2	6	7	30
A_2	4	9	5	3	25
A_3	8	8	1	5	21
销量	15	17	22	12	

利用 Excel 求解时，可以建立如图 2-15 所示的求解模型。

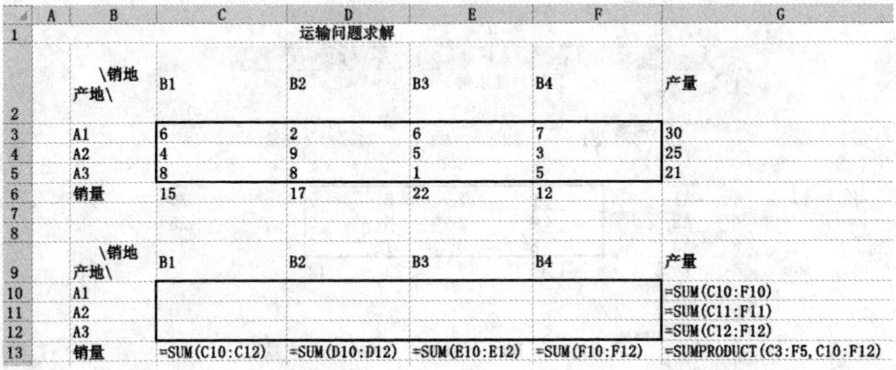

	A	B	C	D	E	F	G
1				运输问题求解			
2		\销地 产地\	B1	B2	B3	B4	产量
3		A1	6	2	6	7	30
4		A2	4	9	5	3	25
5		A3	8	8	1	5	21
6		销量	15	17	22	12	
7							
8							
9		\销地 产地\	B1	B2	B3	B4	产量
10		A1					=SUM(C10:F10)
11		A2					=SUM(C11:F11)
12		A3					=SUM(C12:F12)
13		销量	=SUM(C10:C12)	=SUM(D10:D12)	=SUM(E10:E12)	=SUM(F10:F12)	=SUMPRODUCT(C3:F5,C10:F12)

图 2-15 建立求解模型

然后按图 2-16 所示设定求解参数。

图 2-16 求解参数的设置

注意到该运输问题中产量是大于销量的，所以在约束条件设置中，各产地的运出量是 ≤ 其产量的，而各销地收到的物资量是 = 其需求量的。点击"求解"后得到最优运输方案如图 2-17 所示。

	A	B	C	D	E	F	G
1			运输问题求解				
2		\销地 产地\	B1	B2	B3	B4	产量
3		A1	6	2	6	7	30
4		A2	4	9	5	3	25
5		A3	8	8	1	5	21
6		销量	15	17	22	12	
7							
8							
9		\销地 产地\	B1	B2	B3	B4	产量
10		A1	2	17	1	0	20
11		A2	13	0	0	12	25
12		A3	0	0	21	0	21
13		销量	15	17	22	12	161

图 2-17 求解结果

58

利用 LINGO 求解时，也可按前面求解线性规划的方法列出所有的约束条件进行求解。LINGO 还提供了更简洁高效的求解方法，其思路是利用 LINGO 求解问题的标准思路，即利用 SETS 的概念来定义相关的参数与变量，如图 2-18 所示。

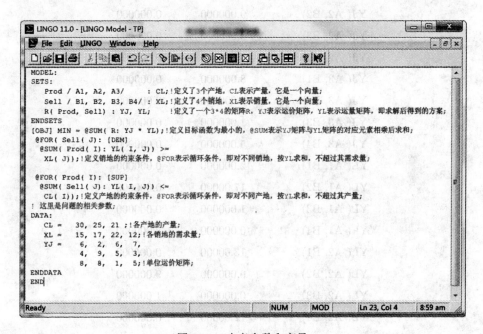

图 2-18　定义参数和变量

求解后得到如下最优结果：

Global optimal solution found.

Objective value:		161.0000
Infeasibilities:		0.000000
Total solver iterations:		6

Variable	Value	Reduced Cost
CL(A1)	30.00000	0.000000
CL(A2)	25.00000	0.000000
CL(A3)	21.00000	0.000000
XL(B1)	15.00000	0.000000
XL(B2)	17.00000	0.000000
XL(B3)	22.00000	0.000000
XL(B4)	12.00000	0.000000
YJ(A1, B1)	6.000000	0.000000

YJ(A1, B2)	2.000000	0.000000
YJ(A1, B3)	6.000000	0.000000
YJ(A1, B4)	7.000000	0.000000
YJ(A2, B1)	4.000000	0.000000
YJ(A2, B2)	9.000000	0.000000
YJ(A2, B3)	5.000000	0.000000
YJ(A2, B4)	3.000000	0.000000
YJ(A3, B1)	8.000000	0.000000
YJ(A3, B2)	8.000000	0.000000
YJ(A3, B3)	1.000000	0.000000
YJ(A3, B4)	5.000000	0.000000
YL(A1, B1)	2.000000	0.000000
YL(A1, B2)	17.00000	0.000000
YL(A1, B3)	1.000000	0.000000
YL(A1, B4)	0.000000	2.000000
YL(A2, B1)	13.00000	0.000000
YL(A2, B2)	0.000000	9.000000
YL(A2, B3)	0.000000	1.000000
YL(A2, B4)	12.00000	0.000000
YL(A3, B1)	0.000000	7.000000
YL(A3, B2)	0.000000	11.00000
YL(A3, B3)	21.00000	0.000000
YL(A3, B4)	0.000000	5.000000

Row	Slack or Surplus	Dual Price
OBJ	161.0000	−1.000000
DEM(B1)	0.000000	−6.000000
DEM(B2)	0.000000	−2.000000
DEM(B3)	0.000000	−6.000000
DEM(B4)	0.000000	−5.000000
SUP(A1)	10.00000	0.000000
SUP(A2)	0.000000	2.000000
SUP(A3)	0.000000	5.000000

2.8 线性规划在管理中的应用实例

下面结合管理中的一些具体问题来讨论线性规划的应用。

2.8.1 线性规划问题

案例一 汽车装配

XYZ 公司是一家汽车制造商，主要生产两种类型的汽车：中型车老虎和豪华车狮子。中型车老虎是定位于普通家庭使用的四门私家轿车，每销售一辆可为公司产生 0.8 万元的利润；而豪华车狮子是定位于中上层富裕家庭使用的两门私家轿车，每销售一辆可为公司产生 1.5 万元的利润。

公司下属的一个工厂负责组装这两种车型的汽车。每月初，该工厂需要决策该月度的生产计划。目前，该工厂本月有 4800 个工时可供使用，而且装配一辆老虎需要 6 个工时，装配一辆狮子需要 10 个工时。

此外，两种车型使用相同的车门。车门是由外协工厂提供的，外协工厂每月提供 2000 个车门（左右车门各 1000 个）。另外，公司根据市场情况对两种车型本月的需求情况进行了预测，对于老虎车型其需求没有限制，而对狮子车型的需求不会超过 3500 辆。

那么，该汽车装配公司本月最优的生产计划是什么？

假设 x_1 为老虎车型的生产量，x_2 为狮子车型的生产量，则根据案例提供的信息可以得到如下线性规划模型：

$$\max \quad z = 0.8x_1 + 1.5x_2,$$

$$\text{s.t.} \begin{cases} 6x_1 + 10x_2 \leqslant 4\,800, \\ 4x_1 + 2x_2 \leqslant 2\,000, \\ \qquad\quad x_2 \leqslant 3\,500, \\ x_1, x_2 \geqslant 0. \end{cases}$$

利用 LINGO 求解后得到最优解：$x_1 = 0$，$x_2 = 480$；$z^* = 720$。

把最优解代入约束条件可知，第一个约束条件为紧约束，而第二个、第三个约束条件都为松约束，说明企业资源在一定程度上产生了闲置，而限制企业利润增长的主要原因是由于可用工时有限所造成的。那么企业可以通过加班的方式来增加可用工时，加班应该如何制定呢？根据 LINGO 最优化的结果知道，工时资源的影子价格为 0.15，所以企业只要支付的单位工时费用低于 0.15 就可选择加班的方式来增加工时量。

另外，还注意到最优方案中是不生产老虎车型汽车的。这对于企业来说也是一种不太现实的安排，如果企业要求老虎车型的产量应不低于狮子车型的产量，最优解会发生什么样的变化呢？企业的这一要求实际上是增加了一个约束 $x_1 - x_2 \geqslant 0$，将其加入原来的模型中，求解后可以得到：$x_1 = 300$，$x_2 = 300$；$z^* = 690$。产量达到了均衡，但企业的利润有所下降。

案例二 出版计划

某出版单位有 4500 个空闲的印刷工时和 4000 个空闲的装订工时，拟用于 4 种图书的印刷和装订。各种图书每册所需的印刷和装订工时如表 2.31 所示。

表 2.31 案例二的数据

书种 工序	1	2	3	4
印刷	0.1	0.3	0.8	0.4
装订	0.2	0.1	0.1	0.3
预期利润（千元/千册）	1	1	4	3

为了确定最优的图书出版计划，设 x_j 为第 j 种书的出版数（单位：千册），可以得到如下线性规划模型：

$$\max \quad z = x_1 + x_2 + 4x_3 + 3x_4,$$

$$\text{s.t.} \begin{cases} x_1 + 3x_2 + 8x_3 + 4x_4 \leqslant 45, \\ 2x_1 + x_2 + x_3 + 3x_4 \leqslant 40, \\ x_j \geqslant 0, \quad j = 1, 2, 3, 4. \end{cases}$$

求解得到 $x_1 = 5$，$x_2 = x_3 = 0$，$x_4 = 10$；$z^* = 35$。

(1) 若根据市场调查第 4 种图书最多只能销 5000 册，当销量多于 5000 册时，超量部分每册降价 2 元，此时企业的出版计划应作如何调整？

在这种情形下，出版单位首先要考虑第 4 种图书的出版量是否应该超过 5000 册，所以假设超过 5000 册的第 4 种图书为一种新图书 5，其出版数量为 x_5，其预期利润为 1，对印刷和装订工时的需求与第 4 种图书相同，这样可建立一个新的线性规划模型如下：

$$\max \quad z = x_1 + x_2 + 4x_3 + 3x_4 + x_5,$$

$$\text{s.t.} \begin{cases} x_1 + 3x_2 + 8x_3 + 4x_4 + 4x_5 \leqslant 45, \\ 2x_1 + x_2 + x_3 + 3x_4 + 3x_5 \leqslant 40, \\ x_4 \leqslant 5, \\ x_j \geqslant 0, \quad j = 1,2,3,4,5. \end{cases}$$

求解得到 $x_1 = \dfrac{35}{3}$，$x_2 = 0$，$x_3 = \dfrac{5}{3}$，$x_4 = 5$，$x_5 = 0$；$z^* = \dfrac{100}{3}$。也就是，第 4 种图书只出版 5 000 册，将剩余的工时可以用于出版第 3 种图书。

(2) 在不考虑 (1) 中的情况下，经理对于不出版第 2 种图书提出意见，要求该种图书必须出 2 000 册，此时企业的生产计划会怎样变化呢？

这种情况下，由于第 2 种图书必须出 2 000 册，可以将出版这 2 000 册图书的工时耗费去除，即原问题约束条件的右端项分别减少到 39 和 38，再进行求解。也可以直接在原问题增加一个约束条件 $x_2 = 2$ 进行求解，得到的结果是一致的：$x_1 = 7$，$x_2 = 2$，$x_3 = 0$，$x_4 = 8$；$z^* = 33$。

(3) 作为替代方案，第 2 种图书仍须出版 2 000 册，印刷由自己承担，而装订工序外包给其他企业，但装订成本每册高 0.5 元，求新的最优计划。

这一替代方案影响到原问题中的两个参数：使得系数矩阵中的 $a_{22} = 0$，同时 $c_2 = 0.5$。此时得到的新模型为

$$\max \quad z = x_1 + 0.5x_2 + 4x_3 + 3x_4,$$

$$\text{s.t.} \begin{cases} x_1 + 3x_2 + 8x_3 + 4x_4 \leqslant 45, \\ 2x_1 + x_3 + 3x_4 \leqslant 40, \\ x_2 = 2, \\ x_j \geqslant 0, \quad j = 1,2,3,4. \end{cases}$$

求解以后得到 $x_1 = \dfrac{43}{5}$，$x_2 = 2$，$x_3 = 0$，$x_4 = \dfrac{38}{5}$；$z^* = \dfrac{162}{5}$。

(4) 出版第 2 种图书的另一方案是提高售价，若第 2 种图书的印刷加装订成本合计为每册 6 元，则该书售价应为多高时，出版该书才有利。

这个问题实际上是原问题中对于价值系数 c_2 的变化范围的分析，由于其成本为 6，所以可以假设 x_2 的价值系数为 $6 + c_2$，根据最优单纯形表求解 $\sigma_2 \geqslant 0$ 得到 c_2 的最小值即可。求解过程此处略去，结果是只有当第 2 种图书的售价高于 8 元时，出版该书才是有利的。

2.8.2 运输问题

案例三 运输问题

某企业有 3 个生产基地，3 个销售地，它们每月的产量和需求量如表 2.32 所示。

表 2.32 单位运价与产销量

产地\销地	B_1	B_2	B_3	产量
A_1	1	2	2	20
A_2	1	4	4	40
A_3	2	3	3	30
销量	30	20	20	

若产量大于需求量，则某些产地的产品需要留在原生产地，假设未运出的产品会产生一定存储费用，产地 A_1, A_2, A_3 的单位产品存储费用分别为 5,4,3。另外，企业要求产地 A_2 的产品至少运出 38 个单位，产地 A_3 的产品至少运出 27 个单位。试决定企业的最优调运方案。

这是一个运输问题，但是存在着许多其他额外的要求。为了使用表上作业法进行求解，需要将其转化为一个产销平衡的运输问题。首先注意到是供过于求的，所以增加一个虚拟销地 B_4，其销量为产销量的差额 20。各个产地的产量如果运往该虚拟销地，实际上这些运输并未真实发生，而是在各个产地发生了存储，所以各个产地运往该虚拟销地的运价应为其相应的存储费用，如表 2.33 所示。

表 2.33 运输问题的原始数据

产地\销地	B_1	B_2	B_3	B_4	产量
A_1	1	2	2	5	20
A_2	1	4	4	4	40
A_3	2	3	3	3	30
销量	30	20	20	20	

另外，由于要求产地 A_2 的产品至少运出 38 个单位，则 A_2 运出的产品中至少有 38 个单位是运到 B_1, B_2, B_3 的，而不能是 B_4。所以，我们可以将 A_2 看做两个产地 A_{21} 和 A_{22}，其中 A_{21} 的产量为 38，它的产量必须运到 B_1, B_2, B_3，而 A_{22} 的产量为 2，它可以运到所有的销地。对要求产地 A_3 的产品至少运出 27 个单位也可采取同样的处理方式，这样可得到如表 2.34 所示的产销平衡表，其中 M 表示任意大的正数。

表 2.34 调整后的产销平衡表

销地 产地	B_1	B_2	B_3	B_4	产量
A_1	1	2	2	5	20
A_{21}	1	4	4	M	38
A_{22}	1	4	4	4	2
A_{31}	2	3	3	M	27
A_{32}	2	3	3	3	3
销量	30	20	20	20	

然后利用表上作业法求解，得到最优调运方案如表 2.35 所示。

表 2.35 最优调运方案

销地 产地	B_1	B_2	B_3	B_4	产量
A_1			5	15	20
A_{21}	30	8			38
A_{22}				2	2
A_{31}		12	15		27
A_{32}				3	3
销量	30	20	20	20	

案例四 运输问题

某公司在 A_1, A_2 两地生产同一种产品，现需考虑一、二两个季度的生产计划。不同的产地、不同的季节，其生产费用和生产能力都不同。产地 A_1, A_2 两个季度的生产费用和生产能力如表 2.36 所示。

表 2.36 生产费用和生产能力

产地	第一季度		第二季度	
	生产费用（元/吨）	生产能力（吨）	生产费用（元/吨）	生产能力（吨）
A_1	25	6	35	2
A_2	30	10	43	9

A_1, A_2 生产的产品可以运输到两个销地 B_1, B_2（运输时间可以不计），以满足两地的需求，B_1, B_2 两地的需求量如表 2.37 所示。

表 2.37 需求量

销地	第一季度（吨）	第二季度（吨）
B_1	3	2
B_2	5	4

运输费用（元/吨）也随运输路线和季度不同而变化，如表 2.38 所示。

表 2.38 运输费用

产地	第一季度		第二季度	
	销地 B_1	销地 B_2	销地 B_1	销地 B_2
A_1	50	60	60	80
A_2	40	70	70	90

另外，每个产地和销地都可以库存第一季度的产品，以供第二季度之用，每季度库存费用（元/吨）如表 2.39 所示。

表 2.39 库存费用

产地或销地	A_1	A_2	B_1	B_2
库存费用	2	2	3	4

求两个季度的最优生产和库存计划，使两个季度的总费用最小。

分析与求解 在该问题中，企业面临的费用来自多个方面：生产费用、运输费用和存储费用。为了方便求解，我们可以考虑将其转化为一个运输问题进行求解。

首先，由于产地 A_1, A_2 的产量不仅可用于本季度的消费，而且第一季度的产量还可用于第二季度的消费，所以可以考虑存在 4 个生产地；另一方面，对于两个销售地的需求量而言，第一季度必须由第一季度的产量来满足，第二季度的可以由第一季度或第二季度的供给，所以我们也将其作为 4 个销售地对待。

假设 A_{ij} 为产地 A_i 第 j 季度的产量，B_{ij} 为销地 B_i 第 j 季度的需求量，其中 $i = 1, 2; j = 1, 2$。下面我们考虑不同产地到不同销售地的费用问题，这里的费用包括生产费用、运输费用和存储费用。

若是当季生产当季消费，则不考虑存储费用。A_{11} 到 B_{11} 的单位产品费用包括 A_1 产地的生产费用 25 和运输费用 50，即 A_{11} 到 B_{11} 的费用为 75。

但是在考虑第一季度产量供第二季度消费时，需要考虑存储费用，比如 A_1 生产供第二季度 B_1 消费时，需考虑存储费用。若先存储在 A_1，第二季度再运往 B_1，则费用为 $25 + 2 + 60 = 87$；也可以是 A_1 第一季度生产出来后，先运输到 B_1，在 B_1 存储，此时的费用为 $25 + 3 + 50 = 78$。从费用最少的角度考虑，应该选择第二种方案，即 A_1 第一季度生产出来后，先运输到 B_1，在 B_1 存储，A_{11} 到 B_{21} 的费用为 78。

总之，按照上述分析过程，可以得到如表 2.40 所示的运输问题表格。

表 2.40 案例四运输问题初始数据

	B_{11}	B_{21}	B_{12}	B_{22}	产量
A_{11}	25+50	25+60	min{25+3+50,25+2+60}	min{25+4+60,25+2+80}	6
A_{21}	30+40	30+70	min{30+3+40,30+2+70}	min{30+4+70,30+2+90}	10
A_{12}	M	M	35+60	35+80	2
A_{22}	M	M	43+70	43+90	9
销量	3	5	2	4	

但是形成的运输问题仍然是一个产销不平衡的运输问题，产量大于销量，所以需增加一个虚拟销地，将其转化为产销平衡问题，然后使用表上作业法求解即可。

第三章 整数规划

内容提要 本章首先通过实例引入整数规划问题及其数学模型，然后介绍整数规划问题求解的一般思路与方法。重点讨论一类特殊整数规划问题——指派问题的匈牙利解法。

3.1 整数规划问题及其一般解法

3.1.1 整数规划问题

整数规划问题是基于现实需要而提出的。前面讨论的线性规划问题中，并没有考虑到现实问题中许多时候对问题的解有整数要求这一条件，如需要的人数、车辆的产量等。如果一个问题与线性规划的不同之处仅在于要求变量取值为整数，那么它就是一个整数规划问题（Integer Programming，IP）。整数规划问题是在线性规划问题的基础上增加了对决策变量为整数的要求。如果只要求部分变量为整数值，则称为**混合整数规划**；如果要求所有变量都为整数值，则称为**纯整数规划问题**。

由于整数规划与线性规划之间存在着密切关联性，容易想到利用解线性规划问题的思路来求解整数规划问题。但是，如果只是单纯对线性规划求解得到的结果进行整数化处理（如取整或四舍五入），是无法保证整数规划问题的最优性的。如整数规划问题

$$\max \quad z = 20x_1 + 10x_2,$$
$$\text{s.t.} \begin{cases} 5x_1 + 4x_2 \leqslant 24, \\ 2x_1 + 5x_2 \leqslant 13, \\ x_1, x_2 \in \mathbb{I}^+ \end{cases} \tag{3.1}$$

中，当不考虑其整数约束时，容易得到其最优解为

$$x_1 = 4.8, \quad x_2 = 0; \quad \max z = 96.$$

但是该最优解并不满足整数要求, 所以它不是整数规划问题的最优解。那么将 x_1 作取整处理 $x_1' = 4$ 或将其四舍五入 $x_1'' = 5$, 是否能成为整数规划问题的最优解呢? 如图 3-1 所示, 当取 $x_1' = 4$ 时得到的解 (4,0) 显然是劣于解 (4,1) 的, 而当取 $x_1'' = 5$ 时得到的解 (5,0) 已经不再是一个可行解了。

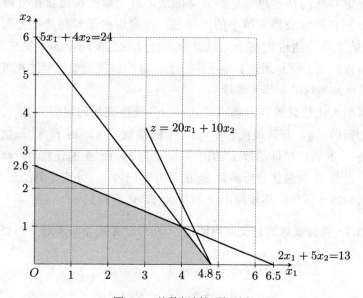

图 3-1   整数规划问题示例

由此可见, 这两种整数化处理的方法都无法确保解的最优性。尽管如此, 还是可以从上述分析过程中得到如下一些对于整数规划问题的基本认识:

(1) 整数规划问题对应的线性规划问题有最优解是整数规划问题有最优解的必要条件, 而且当其对应的线性规划问题的最优解满足整数要求时, 该解自然也是整数规划问题的最优解。

(2) 对于最大化的整数规划问题, 如果存在最优解, 则其最优值小于或等于其对应的线性规划问题最优值。即整数规划问题的最优解可能在其对应线性规划问题可行域的内部实现。

(3) 与线性规划问题相比, 整数规划问题的可行解一般是有限个的。这样对于一些简单的整数规划可以依赖于枚举方法进行求解。

整数规划问题的一般解法为分支定界解法和割平面法, 下面对这两种解法作一简要介绍。

3.1.2 分支定界解法

如前所述，如果整数规划问题对应的线性规划问题的可行域有界，则整数规划问题的可行解是可数的，但对于一些复杂的整数规划问题，枚举法面临着巨大的计算量，使其无法成为求解整数规划问题的一般方法。

分支定界法的基本思想是拆分排除法。对于那些很难直接处理的大问题，可以把它拆分成越来越小的子问题，直到这些子问题能被处理。拆分（分支）的工作是通过把整个可行解的集合分成越来越小的子集来完成的，排除（剪枝）的工作是通过界定子集中的最好的解接近最优解的程度，然后舍弃离最优解越远的子集来实现的。

设有最大化整数规划问题 A，其对应的线性规划问题记为 B_0。首先解线性规划问题 B_0，若其最优解不符合 A 的整数要求，则 B_0 的最优目标函数一定是 A 的最优目标函数 z^* 的上界，记为 $\bar{z}$；而 A 的任意可行解的目标函数值一定是 A 的最优目标函数 z^* 的下界，记为 $\underline{z}$。分支定界法就是将 B_0 的可行域分成子区域，逐步减小 $\bar{z}$ 和增大 $\underline{z}$，最终得到 z^*。

例 3.1（整数规划的分支定界解法） 利用分支定界法求解下列整数规划问题：

$$\max \quad z = 2x_1 + 3x_2,$$

$$\text{s.t.} \begin{cases} 5x_1 + 7x_2 \leqslant 35, \\ 4x_1 + 9x_2 \leqslant 36, \\ x_1, x_2 \geqslant 0 \text{ 且为整数}. \end{cases} \tag{3.2}$$

解 先不考虑该问题的整数约束，求解其对应的线性规划问题，容易得到最优解为

$$x_1 = \frac{63}{17}, \quad x_2 = \frac{40}{17}; \quad z_0 = \frac{246}{17}.$$

如图 3-2 所示。可见该解不符合整数要求，这时 z_0 可看做该整数规划问题最优目标函数值的上界 $\bar{z}$。另外可以任选一个整数规划问题的可行解，如 $x_1 = x_2 = 0$，这时得到 $z = 0$，将其作为整数规划问题最优解的下界，即

$$0 = \underline{z} \leqslant z^* \leqslant \bar{z} = z_0 = \frac{246}{17}.$$

注意到对 $x_1 = \frac{63}{17}$ 存在 $3 \leqslant x_1 \leqslant 4$，所以为了得到整数规划问题的最优解，可以将对应的原线性规划问题分别添加约束条件 $x_1 \leqslant 3$ 和 $x_1 \geqslant 4$，从而形成新的两个分支 B_{11} 和 B_{12}：

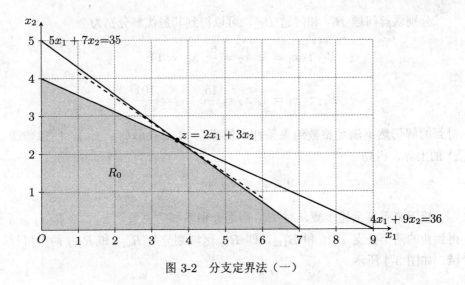

图 3-2　分支定界法（一）

问题B_{11}

max　$z = 2x_1 + 3x_2,$

s.t. $\begin{cases} 5x_1 + 7x_2 \leqslant 35, \\ 4x_1 + 9x_2 \leqslant 36, \\ x_1 \qquad \leqslant 3, \\ x_1, x_2 \geqslant 0; \end{cases}$

问题B_{12}

max　$z = 2x_1 + 3x_2,$

s.t. $\begin{cases} 5x_1 + 7x_2 \leqslant 35, \\ 4x_1 + 9x_2 \leqslant 36, \\ x_1 \qquad \geqslant 4, \\ x_1, x_2 \geqslant 0. \end{cases}$

同时将原可行域 R_0 也对应地划分为两个区域 R_{11} 和 R_{12}，如图 3-3 所示。

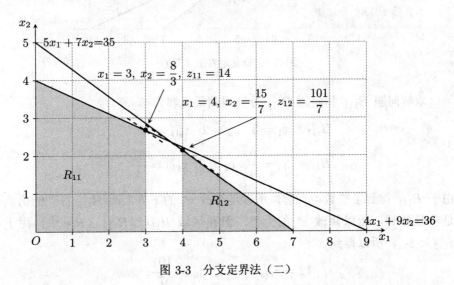

图 3-3　分支定界法（二）

分别求解问题 B_{11} 和问题 B_{12}，可以得到其最优解分别为

$$B_{11}:\ x_1 = 3,\ x_2 = \frac{8}{3};\ z_{11} = 14;$$

$$B_{12}:\ x_1 = 4,\ x_2 = \frac{15}{7};\ z_{12} = \frac{101}{7}.$$

得到的解仍然不满足整数约束条件，但存在 $z^* \leqslant \max\{z_{11}, z_{12}\}$，所以修改 z^* 的上界，得到

$$0 \leqslant z^* \leqslant z_{12} = \frac{101}{7}.$$

接下来重复上述步骤，对 B_{11} 问题分别添加约束条件 $x_2 \leqslant 2$ 和 $x_2 \geqslant 3$ 得到新的两个分支 B_{111} 和 B_{112}，即 R_{11} 区域划分为 R_{111} 和 R_{112} 两个可行域，如图 3-4 所示。

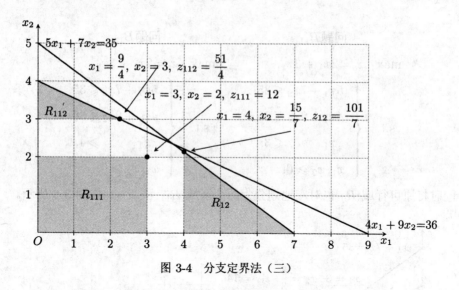

图 3-4　分支定界法（三）

求解问题 B_{111} 和问题 B_{112} 分别得到最优解为

$$B_{111}:\ x_1 = 3,\ x_2 = 2;\ z_{111} = 12;$$

$$B_{112}:\ x_1 = \frac{9}{4},\ x_2 = 3;\ z_{112} = \frac{51}{4}.$$

由于 B_{111} 得到了整数可行解，所以可修改 z^* 的下界，而 B_{112} 得到的仍然是非整数解，所以修改 z^* 的上界，但在区域 $R_{111} \cup R_{112} \cup R_{12}$ 中，由于 $z_{112} < z_{12}$，所以得到

$$12 = z_{111} \leqslant z^* \leqslant z_{12} = \frac{101}{7}.$$

一直重复上述过程,对问题的可行域不断进行切割,去掉非整数解。求解过程中如果得到整数可行解则考虑提高 z^* 的下界,若得到了非整数解则考虑降低 z^* 的下界,直到上、下界收敛到一起,这时得到整数规划问题的最优解。对于该问题,最终可以得到问题的最优解为

$$x_1^* = 4, \quad x_2^* = 2; \quad z^* = 14.$$

3.1.3 割平面法

割平面法的基本思路仍然是利用解线性规划来求解整数规划。其基本求解过程为:首先不考虑整数规划问题的整数要求,利用单纯形法求解,得到问题的最优解,若满足整数要求则停止;否则,在最优单纯形表的基础上,考虑整数要求,增加整数约束条件(即割平面),将可行域切割掉一部分,而且被切去的部分只包含非整数解,没有切割掉任何整数可行解。然后再利用单纯形法继续求解增加约束条件的线性规划问题,得到新解后重复上述过程,直到切割后的可行域的一个整数坐标的极点恰好是问题的最优解。所以,割平面法的关键是在如何构造割平面。

例 3.2 (**整数规划问题的割平面法**)　求解如下整数规划问题:

$$\max \quad z = 7x_1 + 9x_2,$$

$$\text{s.t.} \begin{cases} -x_1 + 3x_2 \leqslant 6, \\ 7x_1 + x_2 \leqslant 35, \\ x_1, x_2 \geqslant 0 \text{ 且为整数}. \end{cases} \tag{3.3}$$

解　首先不考虑问题的整数要求,求解其对应的线性规划问题,得到表 3.1 所示的最优单纯形表,图 3-5 反映了问题的可行域与最优解情况。

表 3.1　最优单纯形表

c_B	x_B	$c_j \to$ b	7 x_1	9 x_2	0 x_3	0 x_4
9	x_2	7/2	0	1	7/22	1/22
7	x_1	9/2	1	0	$-1/22$	3/22
	$c_j - z_j$	63	0	0	$-28/11$	$-15/11$

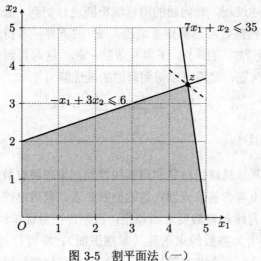

图 3-5　割平面法（一）

由表 3.1 可知，当前问题的最优解不满足整数要求。为了反映出整数要求，我们选择当前解中非整数解的变量 x_2（也可选择 x_1）所在的行进行变化，根据最优单纯形表有

$$x_2 + \frac{7}{22}x_3 + \frac{1}{22}x_4 = \frac{7}{2}.$$

为了反映出问题的整数要求，将上述变量之间的关系式按下述要求进行变换：将系数与常数项都分解成整数和非负真分数之和，然后移项后得到

$$x_2 - 3 = \frac{1}{2} - \left(\frac{7}{22}x_3 + \frac{1}{22}x_4\right).$$

由于上式左端为两个整数的差，而等式右端为一个真分数减去某个数的差，所以存在

$$\frac{1}{2} - \left(\frac{7}{22}x_3 + \frac{1}{22}x_4\right) \leqslant 0,$$

且

$$-\frac{7}{22}x_3 - \frac{1}{22}x_4 + s_1 = -\frac{1}{2}, \quad s_1 \in \mathbb{I}^+.$$

此约束条件即为要求变量 x_2 为整数时，对相关变量的约束。并且有 $x_2 - 3 = -s_1$，以及 $x_2 \leqslant 3$，此即为找到第一个割平面，如图 3-6 所示。

将上述约束条件加入前面的最优单纯形表中，并使用对偶单纯形法求解，如表 3.2 所示。

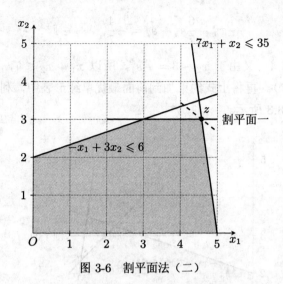

图 3-6　割平面法（二）

表 3.2　最优单纯形表

$c_j \rightarrow$			7	9	0	0	0
c_B	x_B	b	x_1	x_2	x_3	x_4	s_1
9	x_2	$7/2$	0	1	$7/22$	$1/22$	0
7	x_1	$9/2$	1	0	$-1/22$	$3/22$	0
0	s_1	$-1/2$	0	0	$-7/22$	$-1/22$	1
$c_j - z_j$		63	0	0	$-28/11$	$-15/11$	0
9	x_2	3	0	1	0	0	1
7	x_1	$32/7$	1	0	0	$1/7$	$-1/7$
0	x_3	$11/7$	0	0	1	$1/7$	$-22/7$
$c_j - z_j$		59	0	0	0	-1	-8

由表 3.2 可知，x_1 仍然是非整数解，根据表 3.2 中 x_1 所在行可以得到

$$x_1 + \frac{1}{7}x_4 - \frac{1}{7}s_1 = \frac{32}{7}.$$

整理得到

$$x_1 - s_1 - 4 = \frac{4}{7} - \left(\frac{1}{7}x_4 + \frac{6}{7}s_1 \right) \leqslant 0,$$

即

$$-\frac{1}{7}x_4 - \frac{6}{7}s_1 + s_2 = -\frac{4}{7}, \quad s_2 \in \mathbb{I}^+,$$

以及 $x_1 - s_1 \leqslant 4$。又由于 $x_2 - 3 = -s_1$，所以 $x_1 + x_2 \leqslant 7$，此为第二个割平面（如图 3-7）。再将上式约束加到前面最优单纯形表中，利用对偶单纯形法求解，如表 3.3 所示。

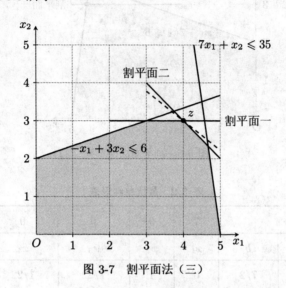

图 3-7 割平面法（三）

表 3.3 最优单纯形表

	$c_j \rightarrow$		7	9	0	0	0	0
c_B	x_B	b	x_1	x_2	x_3	x_4	s_1	s_2
9	x_2	3	0	1	0	0	1	0
7	x_1	32/7	1	0	0	1/7	−1/7	0
0	x_3	11/7	0	0	1	1/7	−22/7	0
0	s_2	−4/7	0	0	0	−1/7	−6/7	1
$c_j - z_j$		59	0	0	0	−1	−8	0
9	x_2	3	0	1	0	0	1	0
7	x_1	4	1	0	0	0	−1	1
0	x_3	1	0	0	1	0	−4	1
0	x_4	4	0	0	0	1	6	−7
$c_j - z_j$		55	0	0	0	0	−2	−7

由此得到该问题的最优解为

$$x_1^* = 4, \quad x_2^* = 3; \quad z^* = 55.$$

上述即为割平面求解整数规划问题过程，现总结如下：

(1) 令 x_i 是相应线性规划问题最优解中的非整数解的基变量，根据最优单纯形表可以得到

$$x_i + \sum_k a_{ik} x_k = b_i, \tag{3.4}$$

其中 $i \in B$，B 为基变量下标的集合；$k \in N$，N 为非基变量下标的集合。

(2) 将 b_i 和 a_{ik} 都分解成整数部分 N 和非负真分数 f 之和，即

$$b_i = N_i + f_i, \quad a_{ik} = N_{ik} + f_{ik}.$$

代入 (3.4) 后，得到

$$x_i + \sum_k N_{ik} x_k - N_i = f_i - \sum_k f_{ik} x_k.$$

(3) 由于上式左端为整数，而右端为非负真分数减去某个数，所以可以得到 $f_i - \sum_k f_{ik} x_k \leqslant 0$，即 $x_i + \sum_k N_{ik} x_k \leqslant N_i$，此即得到第一个切割方程。

(4) 重复上述过程，直至得到问题的整数最优解。

3.2 指派问题及其解法

指派问题（Assignment Problem）是生活中经常遇到的问题。其基本描述为：现有 n 项工作需要完成，正好有 n 个人可以承担这些工作。由于每个人的专长不同，各人完成不同工作的耗费也不同，于是产生这样一个问题：如果要求每个人只能承担一项工作，而且每项工作也只能由一个人完成，应指派哪个人去完成哪项工作，使完成 n 项工作的总耗费最少。

假设某人 i 完成某项工作 j 的耗费为 c_{ij}，$i = 1, 2, \cdots, n$，$j = 1, 2, \cdots, n$，则由 c_{ij} 可构成一效率矩阵 C，

$$C = \begin{pmatrix} c_{11} & c_{12} & \cdots & c_{1n} \\ c_{21} & c_{22} & \cdots & c_{2n} \\ \vdots & \vdots & \ddots & \vdots \\ c_{n1} & c_{n2} & \cdots & c_{nn} \end{pmatrix}.$$

由于指派问题要求某人只能承担一项工作，所以对该人而言指派结果只

有两种可能：要么被指派给了某工作，如 k，要么就没有指派给工作 k，而且这两种可能是相互矛盾、非此即彼的情况。从工作的角度也是这样，某项工作要么指派给了某人，要么没有。所以，对于这种相互矛盾、非此即彼的选择问题可以使用 0-1 变量来进行描述。即设

$$x_{ij} = \begin{cases} 1, & \text{指派}i\text{完成工作}j, \\ 0, & \text{不指派}i\text{完成工作}j. \end{cases}$$

根据指派问题的要求，可以得到如下**指派问题的数学模型：**

$$
\begin{aligned}
\min \quad & z = \sum_{i=1}^{n}\sum_{j=1}^{n} c_{ij}x_{ij}, \\
\text{s.t.} \quad & \begin{cases} \sum_{i=1}^{n} x_{ij} = 1, \quad j = 1,2,\cdots,n, \\ \sum_{j=1}^{n} x_{ij} = 1, \quad i = 1,2,\cdots,n, \\ x_{ij} = 0\text{或}1, \quad i,j = 1,2,\cdots,n. \end{cases}
\end{aligned}
\tag{3.5}
$$

该模型中，第一个约束条件表示对于某项工作 j 而言，只能由 1 人承担，第二个约束条件表示对于某人 i 而言，只能承担 1 项工作。由此可以发现，指派问题的可行解应该满足这样的条件：在由 x_{ij} 所构成的 0-1 矩阵中，每一行只能有一个 1，每一列也只能有一个 1。所以指派问题本质上是一个组合优化问题，只需要确定这 n 个 1 的位置以使得总的耗费最小。

求解指派问题的方法叫做匈牙利法，是库恩（W. W. Kuhn）在 1955 年提出的。在指派问题的求解过程中，使用了匈牙利数学家康尼格（D. König）一个关于效率矩阵中 0 元素的定理：效率矩阵中独立 0 元素的最多个数等于能覆盖所有 0 元素的最少直线数。下面我们以一个实例来说明匈牙利法求解指派问题的思路与过程。

例 3.3（指派问题）　某企业要有 5 项工作需要展开，同时有 5 个人员可胜任这些工作，每个人完成不同工作所耗费的时间如表 3.4 所示。试确定一个最优方案，使得完成这 5 项工作花费的时间最少。

对于指派问题，容易想到的是让每个人都承担自己最擅长的工作，每项工作都由最擅长的人来承担是耗费最小的一种最优指派方案。如在这个问题中，最好应该指派第 1 个人去完成工作 1，第 2 个人去完成工作 5 …… 或

表 3.4 指派问题的效率矩阵

人员＼工作	1	2	3	4	5
1	39	65	69	66	57
2	64	84	24	92	22
3	49	50	61	31	45
4	48	45	55	23	50
5	59	34	30	34	18

者从工作的角度而言，最好应该指派工作 1 给第 1 个人，指派工作 2 给第 5 个人 …… 如果能按这种方式指派成功（达到约束条件的要求），得到的自然是最优指派。但是，通常情况下这种指派方式会发生冲突，如在该问题中第 2 人和第 5 人都最擅长工作 5。所以，这种情况下上述方法是行不通的。但是我们可以发现，在确定最优指派时我们关注的是效率的相对值（因为最小值是一个相对的概念），而且前面也提到指派问题是一个组合优化问题，即我们不关注效率的绝对值，而是关注这些效率值的相对大小。所以，为了更清楚反映出这些效率值之间的相对关系，首先将效率矩阵的各行减去该行的最小值，然后再将效率矩阵的各列减去该列的最小值，得到如下矩阵：

$$\boldsymbol{B}_1 = \begin{pmatrix} 0 & 10 & 28 & 27 & 18 \\ 42 & 46 & 0 & 70 & 0 \\ 18 & 3 & 28 & 0 & 14 \\ 25 & 6 & 30 & 0 & 27 \\ 41 & 0 & 10 & 16 & 0 \end{pmatrix}.$$

可以发现，在矩阵 $\boldsymbol{B}_1$ 中存在着一些 0 元素，这些 0 元素所在位置要么表示某人最擅长的工作，要么表示某工作谁最擅长。所以，最优指派方案应该选择这些 0 元素所在位置进行指派。这里涉及前面提到独立 0 元素的概念，它是指在某一行或在某一列只有一个 0 元素，则该 0 元素称为**独立 0 元素**。独立 0 元素在指派问题中有着重要作用，它表示相对来说某人只擅长一项工作或者某项工作只有一人擅长，所以在指派时首先应该考虑按独立 0 元素来进行指派。如矩阵 $\boldsymbol{B}_1$ 中，(1,1) 位置的 0 无论从行或者列来看都是独立的，(2,3) 位置的 0 元素从行来看是不独立的，但从列来看却是独立的，所以它也是独立 0 元素。

79

下面我们按独立 0 元素进行指派。指派过程中首先按行检查独立 0 元素所在位置，并进行指派，然后再按列进行指派，一直重复这一过程直到没有独立 0 元素为止。但在这个过程中，要注意如果按行（列）找到了一个独立 0 元素并进行了指派，就应该删除该独立 0 元素所在列（行）的其他 0 元素。如按行查找时，第三行有一个独立 0 元素，即应指派第 3 个人去完成第 4 项工作，自然第 4 项工作就不能再由其他人来承担，所以应该删除第 4 列的其他 0 元素，即位置 (4,4) 的 0 元素。我们用 ⊙ 表示指派成功的点，用 ⊗ 表示被删除的 0 元素，得到如表 3.5 所示的指派方案。

表 3.5 指派问题的求解过程（一）

人员 \ 工作	1	2	3	4	5
1	⊙	10	28	27	18
2	42	46	⊙	70	⊗
3	18	3	28	⊙	14
4	25	6	30	⊗	27
5	41	⊙	10	16	⊗

在表 3.5 所示的结果中，只存在着 4 个指派点，剩下第 4 个人和第 5 项工作没有指派。那么，是不是直接指派第 4 个人去完成第 5 项工作就行了呢？这显然不是好的指派方案，这一方案需要增加总的时间 27。但如果指派第 4 个人承担工作 4，第 3 个人承担工作 2，第 5 个人承担工作 5，只需增加 3 单位时间即可。尽管这一方案不一定是最优的，但它比直接指派第 4 个人去完成第 5 项工作的方案更优。产生指派不成功的原因在于：无论从人或工作的角度按最擅长进行指派存在冲突，即上述矩阵 B_1 中的独立 0 元素个数（4 个）是少于工作数（5 个）的。这样，按最擅长来考虑这一指派问题是没有办法指派成功的，所以必须考虑次擅长因素，即要从全局的角度考虑某人或某项工作的第二擅长因素。更直观地讲，当前指派没有成功是因为矩阵 B_1 中的独立 0 元素不足而造成的，为了指派成功需要考虑次擅长因素的情况下增加一些 0 元素。但是在这一过程中，需要将原有的 0 元素（最擅长因素下）"保护"起来的情况下增加 0 元素。具体过程如下：

(1) 对未指派成功的行作标记"✓"。

(2) 对已作标记的行所有含"⊗"元素的列作标记"✓"。

(3) 对已作标记的列中含有"⊙"元素的行作标记"✓"。

(4) 重复 (2),(3)，直到得不到新作标记的行或列为止。

(5) 用直线划掉没作标记的行和作标记的列，所得到的直线数即为覆盖所有 0 元素的最小直线数。如果该数小于矩阵维数，则指派不能成功；如果该直线数等于矩阵维数，则能指派成功。

按此过程，该问题的标记结果如表 3.6 所示。

表 3.6 指派问题的求解过程（二）

人员 \ 工作	1	2	3	4	5	
1	⊙	10	28	27	18	
2	42	46	⊙	70	⊗	
3	18	3	28	⊙	14	✓
4	25	6	30	⊗	27	✓
5	41	⊙	10	16	⊗	
				✓		

接下来，增加 0 元素。首先在未被划掉的元素中选择最小元素（(3,2) 位置的 3），然后作标记的行减去这一最小元素，作标记的列加上这一最小元素，得到考虑了次擅长因素的新效率矩阵 B_2，如下：

$$B_2 = \begin{pmatrix} 0 & 10 & 28 & 30 & 18 \\ 42 & 46 & 0 & 73 & 0 \\ 15 & 0 & 25 & 0 & 11 \\ 22 & 3 & 27 & 0 & 24 \\ 41 & 0 & 10 & 19 & 0 \end{pmatrix}.$$

再按前述指派方法进行指派，得到如表 3.7 所示指派结果。

表 3.7 指派问题的求解过程（三）

人员 \ 工作	1	2	3	4	5
1	⊙	10	28	30	18
2	42	46	⊙	73	⊗
3	15	⊙	25	⊗	11
4	22	3	27	⊙	24
5	41	⊗	10	19	⊙

在表 3.7 中，共有 5 个指派点，所以指派成功，最优指派为：人 1—工作 1，人 2—工作 3，人 3—工作 2，人 4—工作 4，人 5—工作 5，所需总时间为 $z^* = 154$。

上述利用匈牙利法求解指派问题的过程需要注意：

(1) 指派问题要求目标函数为最小化，且人数与工作数相等。所以在求解指派问题时，如果这些条件不能得到满足，首先应作相应处理，具体处理方法可参考运输问题的处理方法。

(2) 指派问题的求解过程是行列对称的算法，所以在求解过程中既可以按先行后列进行，也可以按先列后行进行，对最优结果不产生影响。

(3) 指派问题不会存在无可行解的情况，但是可能会产生非唯一解的情况。在求解过程中，可能会遇到由于 0 元素过多，造成每一行、每一列都不止一个 0 元素时（这意味着存在多个最优指派方案），可以将某行或某列的其中一个 0 元素假定为独立 0 元素处理，再按前述方法进行指派，即可得到问题的一个指派方案。

3.3　整数规划的软件求解

由于整数规划只是在线性规划的基础上增加了某些变量为整数或 0-1 变量的要求，所以下面仅针对如何设置整数或 0-1 变量进行说明。

3.3.1　Excel 求解方法

运用 Excel 求解整数规划时仍然使用的是 Excel 的"规划求解"宏包，基本过程与求解线性规划类似，只是在添加约束条件时应增加变量的整数约束或 0-1 变量约束。如图 3-8 所示的下拉框中，int 表示变量为整数，bin 表示变量为 0-1 变量。

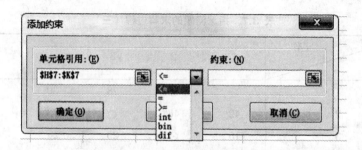

图 3-8　Excel 求解整数规划问题

3.3.2 LINGO 求解方法

在 LINGO 软件中,默认变量都是连续的,若要使用整数变量,则应在模型中加入 @GIN(变量名) 的语句将变量限制为整数变量;若要使用 0-1 变量,则在模型中加入 @BIN(变量名) 的语句将相应的变量限制为 0-1 变量。

3.4 整数规划的应用实例

下面我们通过一些案例来说明整数规划问题在现实中的应用。

案例一 教材出版优化

ABC 出版公司是一家小型大学课本出版公司,它目前需要对来年将出版的教材科目做出决策。表 3.8 为考虑出版的书籍和对应书籍 3 年中的预期销售量。表 3.8 中被列为修订本的书是已经与公司签订合同的,列为新书的书只是已由公司审阅过,但是还未签订合同。该公司现有 3 人可以接受这些任务。他们的可用时间不同,甲有 60 天可用,乙与丙都有 40 天可用时间。每个人完成每项任务需要的天数在表 3.9 中列出。

表 3.8 ABC 出版公司对出版书籍的预期

编号	教材	类型	预期收入（千元）	编号	教材	类型	预期收入（千元）
1	商务微积分	新书	20	6	金融学	新书	18
2	线性代数	修订本	30	7	财务会计	新书	25
3	统计学原理	新书	15	8	管理会计	修订本	50
4	数理统计学	新书	10	9	英语	新书	20
5	管理统计学	修订本	25	10	德语	新书	30

表 3.9 甲、乙、丙三人完成每项任务需要的天数

教材	甲	乙	丙	教材	甲	乙	丙
商务微积分	30	40	—	金融学	—	—	14
线性代数	16	24	—	财务会计	—	24	26
统计学原理	24	—	30	管理会计	—	28	30
数理统计学	20	—	24	英语	40	34	30
管理统计学	10	—	16	德语	—	50	36

表 3.9 表示, 如果要出版商务微积分需要 30 天甲的时间和 40 天乙的时间, "—" 表示此任务不需要此人。ABC 公司在一年中不会出版两本以上统计学的书和一本以上会计学的书。而且, 已决定必须在两本数学书（商务微积分和线性代数）中出版一本, 但不会都出版。

现根据上述信息和相关要求确定 ABC 公司的出版计划, 以使公司的预期销售收入最大, 并确定相关人员的安排。

分析与建模 计划中共有 10 本教材需要出版, 对每本教材而言是要确定其是否出版, 所以可以引入 0-1 型变量对其进行描述。假设

$$x_j = \begin{cases} 1, & \text{出版第 } j \text{ 本教材}, \\ 0, & \text{不出版第 } j \text{ 本教材}, \end{cases} \quad j = 1, 2, \cdots, 10.$$

为了描述方便, 假设第 j 本书的预期收入为 r_j, 不同人 i 花费在不同教材 j 上的时间为 c_{ij}, $i = $ 甲, 乙, 丙, $j = 1, 2, \cdots, 10$, 则公司的目标函数为

$$\max \quad z = \sum_{j=1}^{10} r_j x_j.$$

此外, 由于必须在两本数学书（商务微积分和线性代数）中出版一本, 但不会都出版, 所以

$$x_1 + x_2 = 1.$$

已知不出版两本以上统计学的教材, 所以

$$x_3 + x_4 + x_5 \leqslant 2.$$

已知不出版一本以上的会计学的教材, 所以

$$x_7 + x_8 \leqslant 1.$$

另外, 对于三位工作人员的时间有一定的限制, 即对甲、乙、丙分别存在

$$\sum_{j=1}^{10} c_{1j} x_j \leqslant 60,$$

$$\sum_{j=1}^{10} c_{2j} x_j \leqslant 40,$$

$$\sum_{j=1}^{10} c_{3j} x_j \leqslant 40.$$

将上述目标函数和约束条件整合到一起, 可以得到如下 0-1 整数规划模型:

$$\max \quad z = 20x_1 + 30x_2 + 15x_3 + 10x_4 + 25x_5 + 18x_6 + 25x_7 + 50x_8$$
$$+ 20x_9 + 30x_{10},$$

$$\text{s.t.} \begin{cases} x_1 + x_2 = 1, \\ x_3 + x_4 + x_5 \leqslant 2, \\ x_7 + x_8 \leqslant 1, \\ 30x_1 + 16x_2 + 24x_3 + 20x_4 + 10x_5 + 40x_9 \leqslant 60, \\ 40x_1 + 24x_2 + 24x_7 + 28x_8 + 34x_9 + 50x_{10} \leqslant 40, \\ 30x_3 + 24x_4 + 16x_5 + 14x_6 + 26x_7 + 30x_8 + 30x_9 + 36x_{10} \leqslant 40, \\ x_j = 0 \, \text{或} \, 1, \quad j = 1, 2, \cdots, 10. \end{cases}$$

利用 Excel 或 LINGO 软件求解上述优化模型后得到 $x_2 = x_4 = x_5 = 1$，其他为 0；$z^* = 65$。即公司只需要出版：线性代数、数理统计学和管理统计学 3 本教材。

案例二　飞行计划安排

某航空公司经营 A, B, C 三个城市间的航线，这些航线每天班机起飞与到达时间如表 3.10 所示。

表 3.10　班机起飞与到达时间

航班号	起飞城市	起飞时间	到达城市	到达时间
101	A	9:00	B	12:00
102	A	10:00	B	13:00
103	A	15:00	B	18:00
104	A	20:00	C	24:00
105	A	22:00	C	2:00
106	B	4:00	A	7:00
107	B	11:00	A	14:00
108	B	15:00	A	18:00
109	C	7:00	A	11:00
110	C	15:00	A	19:00
111	B	13:00	C	18:00
112	B	18:00	C	23:00
113	C	15:00	B	20:00
114	C	7:00	B	12:00

设飞机在机场停留的损失费用与停留时间的平方成正比，又每架飞机从

降落到下班起飞至少需要 2 小时的准备时间。根据上述信息确定公司停留费用损失最小的飞行方案。

　　分析与建模　注意到对于每个城市而言，其进出港航班的数量是相等的，所以所有飞机都是执行的往返飞行任务。这样，可以把从某城市起飞的飞机当做要完成的任务，到达的飞机看做分配去完成任务的人，只要飞机到达后两小时，就可分配去完成起飞的任务。这样可以分别针对城市 A, B, C 建立起一个指派问题。各指派问题的效率矩阵为飞机停留的损失费用，假设飞机每停留 1 小时的损失为 c 元，停留时间为 t 小时，则停留损失为 ct^2 元。由此可得到 3 个城市指派问题的效率矩阵分别如表 3.11～ 表 3.13 所示。

表 3.11　城市 A

到达 ＼ 起飞	101	102	103	104	105
106	4c	9c	64c	169c	225c
107	361c	400c	625c	36c	64c
108	225c	256c	441c	4c	16c
109	484c	529c	16c	81c	121c
110	196c	225c	400c	625c	9c

表 3.12　城市 B

到达 ＼ 起飞	106	107	108	111	112
101	256c	529c	9c	625c	36c
102	225c	484c	4c	576c	25c
103	100c	289c	441c	361c	576c
113	64c	225c	361c	289c	484c
114	256c	529c	9c	625c	36c

表 3.13　城市 C

到达 ＼ 起飞	109	110	113	114
104	49c	225c	225c	49c
105	25c	169c	169c	25c
111	169c	441c	441c	169c
112	64c	256c	256c	64c

利用匈牙利法对上述三个指派问题进行求解后即可得到最优的指派计划如表 3.14 所示。

表 3.14　最优化结果

	城市 A						城市 B						城市 C			
	101	102	103	104	105		106	107	108	111	112		109	110	113	114
106	0	1	0	0	0	101	0	0	1	0	0	104	0	0	1	0
107	0	0	0	1	0	102	1	0	0	0	0	105	0	1	0	0
108	0	0	0	0	1	103	0	1	0	0	0	111	0	0	0	1
109	0	0	1	0	0	113	0	0	0	1	0	112	1	0	0	0
110	1	0	0	0	0	114	0	0	0	0	1					

案例三　设备更新选择优化

某电线厂生产 2 种规格的裸铜线和 2 种规格的塑包线,塑包线的钢丝直径同相应规格的裸铜线。其生产工艺流程如图 3-9 所示。由于市场需求扩大及某些设备比较陈旧,计划拟新增或改造现有某种设备,有关方案及相应设备费用及生产率有关数据如表 3.15 所示。双市场对各种规格电线的年需求量如表 3.16 所示。试确定满足市场需求,并使运行等各种费用(新购及改造设备按每 5% 提取折旧费,老设备不提)为最小的方案。

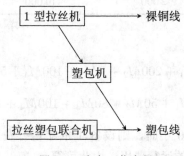

图 3-9　生产工艺流程

分析与建模　用 M_i 表示第 i 种型号机器的数目,用 x_{ij} 表示第 i 种型号机器用于生产第 j 种规格线材所占的时间比例($i = 1, 2, \cdots, 5$,$j = 1, 2$)。

目标函数是使新购及改造设备的年折旧($0.05K$)、设备年固定费用(F)、年运行费用(R)和废品损失(L)四项的总和为最小,即

$$\min \quad z = 0.05K + F + R + L,$$

表 3.15　案例三的数据

	拉丝机		塑包机		联合机
	原有 1 型	新购 2 型	原有	改造	新购
方案编号	1	2	3	4	5
投资（万元）	0	20	0	10	50
运行费用（元/小时）	5	7	8	8	12
每年固定费用（万元）	3	5	8	10	14
生产效率					
1 型线（米/小时）	1 000	1 500	1 200	1 600	1 600
2 型线（米/小时）	800	1 400	1 000	1 300	1 200
废品率	2%	2%	3%	3%	3%
每千米废品损失（元）	30	30	50	50	50

表 3.16　年需求量

裸铜线		塑包铜线	
规格 1	规格 2	规格 1	规格 2
3 000	2 000	14 000	10 000

其中，

$$K = 0M_1 + 200M_2 + 0M_3 + 100M_4 + 500M_5,$$

$$F = 30M_1 + 50M_2 + 80M_3 + 100M_4 + 140M_5.$$

设每台设备年运行 6 000 小时，则设备 1 的年运行费用为 $30(x_{11} + x_{12})$ 千元，类似地可算出设备的运行费用，由此可得

$$R = 30(x_{11} + x_{12}) + 42(x_{21} + x_{22}) + 48(x_{31} + x_{32}) + 48(x_{41} + x_{42})$$
$$+ 72(x_{51} + x_{52}).$$

设备 1 造成的废品损失为

$$30 \times 0.02 \times 1 \times 6 \times x_{11} + 30 \times 0.02 \times 0.8 \times 6 \times x_{12} = 3.60x_{11} + 2.88x_{12}.$$

类似地可得到其他设备的废品损失，故有

$$L = 3.60x_{11} + 2.88x_{12} + 5.40x_{21} + 5.04x_{22} + 10.80x_{31} + 9.00x_{32}$$
$$+ 14.40x_{41} + 11.70x_{42} + 14.40x_{51} + 10.80x_{52}.$$

问题的约束条件分为以下几类：

(1) 满足市场需求：对裸铜线（规格 1）不仅直接满足市场需求，而且需作为塑包线（规格 1）的半成品，所裸铜线（规格 1）的需求量为

$$3\,000 + 6 \times (1\,200\,x_{31} + 1\,600\,x_{41}) = 3\,000 + 7\,200\,x_{31} + 9\,600\,x_{41}.$$

裸铜线（规格 1）由设备 1 和设备 2 生产，考虑废品损失有

$$0.98 \times 6 \times (1\,000\,x_{11} + 1\,500\,x_{12}) \geqslant 3\,000 + 7\,200\,x_{31} + 9\,600\,x_{41}.$$

由此可写出满足市场需求的约束有

$$5\,880\,x_{11} + 8\,820\,x_{21} - 7\,200\,x_{31} - 9\,600\,x_{41} \geqslant 3\,000, \quad (\text{裸铜线规格 1})$$
$$4\,704\,x_{12} + 8\,232\,x_{22} - 6\,000\,x_{32} - 7\,800\,x_{42} \geqslant 2\,000, \quad (\text{裸铜线规格 2})$$
$$6\,948\,x_{31} + 9\,312\,x_{41} + 9\,312\,x_{51} \geqslant 14\,000, \quad (\text{塑包线规格 1})$$
$$5\,820\,x_{32} + 7\,566\,x_{42} + 6\,984\,x_{52} \geqslant 10\,000. \quad (\text{塑包线规格 2})$$

(2) 机器生产能力约束

$$M_i \geqslant x_{i1} + x_{i2}, \quad i = 1, 2, \cdots, 5, \ M_i \text{为整数值}.$$

(3) 原生产线设备数的约束

$$M_1 \leqslant 2,$$
$$M_3 + M_4 \leqslant 1.$$

根据上述目标函数与约束条件即可得到该问题的整数规划，求解后得到问题的最优解，此外略去这一过程，请大家自行利用相关软件进行求解。

第四章 目标规划

内容提要 在现实问题的优化过程中，常会涉及多个目标。如何统筹兼顾多个目标选择合理方案，是十分复杂的问题，应用目标规划可较好地解决这类问题。本章主要介绍目标规划的数学模型，以及目标规划的图解法与单纯形解法。

4.1 目标规划的数学模型

前面接触到的优化问题都只有一个目标，如利润最大或成本最小。但在实际的管理过程中，会有很多的多目标问题。如企业在追求最大的经济效益时，同时可能还需要兼顾社会效益、公众形象等多个方面的需求。目标规划是解决存在多个目标的最优问题的基本方法，它把多目标决策问题转化为线性规划来求解，在现实中有着十分广泛的应用。

例 4.1 (目标规划) 某企业生产 A, B 两种产品，已知相关数据如表 4.1 所示。试确定企业利润最大化的生产方案。

表 4.1 产品的生产参数

	A	B	资源量
原材料（千克）	2	1	11
设备（小时）	1	2	10
利润（元/件）	8	10	

解 这是一个典型的单目标规划问题，可以利用线性规划进行求解。假设 A, B 两种产品的产量分别为 x_1 和 x_2，则可得到如下的线性规划模型：

$$\max \quad z = 8x_1 + 10x_2,$$

$$\text{s.t.} \begin{cases} 2x_1 + x_2 \leqslant 11, \\ x_1 + 2x_2 \leqslant 10, \\ x_1, x_2 \geqslant 0. \end{cases}$$

求解得到问题的最优解为 $x_1^* = 4$，$x_2^* = 3$；企业的最大利润为 $\max z = 62$ 元。

如果企业在作决策时还要考虑市场等一系列的其他条件，如：

(1) 根据市场信息，产品 A 的销售量有下降的趋势，所以要求产品 A 的产量不大于产品 B 的产量；

(2) 超过计划供应的原材料时，需要高价采购，但会成本增加；

(3) 应尽可能充分利用设备台时，但不希望加班；

(4) 应尽可能达到并超过计划利润指标 56 元，

这样在考虑产品决策时，就成为多目标决策问题。目标规划方法是解决这类决策问题的基本方法之一。在建立目标规划模型的过程中，需要用到一些特有的概念，现简要介绍如下：

1. 正、负偏差变量 d^+ 和 d^-

正偏差变量 d^+ 表示决策值超过目标的部分；**负偏差变量 d^-** 表示决策值未达到目标值的部分。因决策值不可能既超过目标同时又未达到目标，所以 $d^+ \times d^- = 0$ 总是成立的。

2. 绝对约束和目标约束

绝对约束是指必须严格满足的等式约束和不等式约束；如线性规划问题的所有约束条件，不能满足这些约束条件的解为非可行解，所以这些约束都是绝对约束。**目标约束**是目标规划所特有的，可把约束右端项看做是要追求的目标值，在达到该目标值时允许发生正或负偏差，因此在这些加入正、负偏差变量的约束都是目标约束。线性规划问题的目标函数在约定目标和加入正、负偏差变量后可变换为目标约束，也可根据问题的需要将绝对约束变换为目标约束。如在例 4.1 的目标函数 $z = 8x_1 + 10x_2$ 中，若要求尽可能达到并超过计划利润指标 56 元，则可转换为目标约束 $8x_1 + 10x_2 + d_1^- - d_1^+ = 56$；绝对约束 $2x_1 + x_2 \leqslant 11$ 可变换为目标约束 $2x_1 + x_2 + d_2^- - d_2^+ = 11$。

3. 优先因子（优先等级）与权系数

目标规划问题有多个目标，但决策者在要求达到这些目标时，是有主次或轻重缓急的不同。在目标规划中，约定要求第一位达到的目标赋予优先因

子 P_1, 第二位达到的目标赋予优先因子 $P_2 \cdots\cdots$ 并要求

$$P_k \gg P_{k+1}, \quad k = 1, 2, \cdots, K,$$

表示 P_k 比 P_{k+1} 具有更大的优先权。即在优化时应首先保证 P_1 级目标的实现,这时可不考虑次级目标;而 P_2 级目标是在实现 P_1 级目标的基础上才考虑的;以此类推,若区别具有相同优先因子的两个目标的差别,这时可分别赋予它们不同的权系数 w_j。

4. 目标规划的目标函数

目标规划的目标函数(也称为准则函数)是按各目标约束的正、负偏差变量和赋予相应的优先因子而构造的。当每一目标值确定后,决策者的要求是尽可能缩小偏离目标值,因此目标规划的目标函数只能是

$$\min \quad z = f(d^+, d^-).$$

通常它具有三种基本形式:

(1) 要求恰好达到目标值,即正、负偏差变量都要尽可能地小,这时有

$$\min \quad z = f(d^+ + d^-).$$

(2) 要求不超过目标值,即允许达不到目标值,也就是正偏差变量要尽可能地小,这时有 $\min \quad z = f(d^+)$。

(3) 要求超过目标值,即超过量不限,但必须是负偏差变量要尽可能地小,这时有 $\min \quad z = f(d^-)$。

对每一个具体的目标规划问题,可根据决策者的要求和赋予各目标的优先因子来构造目标函数。

如在例 4.1 中,决策者在原材料供应受严格限制的基础上还需考虑:首先是产品 B 的产量不低于产品 A 的产量;其次是充分利用设备有效台时,不加班;再次是利润额不小于 56 元。按决策者的要求,分别赋予这三个目标 P_1, P_2, P_3 优先因子,得到如下目标规划模型:

$$\min \quad z = P_1 d_1^+ + P_2(d_2^- + d_2^+) + P_3 d_3^-,$$

$$\text{s.t.} \begin{cases} 2x_1 + x_2 \leqslant 11, & \text{(原材料供应受严格限制)} \\ x_1 - x_2 + d_1^- - d_1^+ = 0, & \text{(产品 B 的产量不低于 A 的)} \\ x_1 + 2x_2 + d_2^- - d_2^+ = 10, & \text{(充分利用设备台时,不加班)} \\ 8x_1 + 10x_2 + d_3^- - d_3^+ = 56, & \text{(利润额不小于 56 元)} \\ x_1, x_2, d_i^-, d_i^+ \geqslant 0, \quad i = 1, 2, 3. \end{cases}$$

更一般地，目标规划的数学模型可以描述为

$$\min \quad z = \sum_{l=1}^{L} P_l \sum_{k=1}^{K} (w_{lk}^- d_k^- + w_{lk}^+ d_k^+),$$

$$\text{s.t.} \begin{cases} \sum_{j=1}^{n} c_{kj} x_j + d_k^- - d_k^+ = g_k, & k = 1, 2, \cdots, K, \\ \sum_{j=1}^{n} a_{ij} x_j \leqslant (=, \geqslant) b_i, & i = 1, 2, \cdots, m, \\ x_j \geqslant 0, & j = 1, 2, \cdots, n, \\ d_k^-, d_k^+ \geqslant 0, & k = 1, 2, \cdots, K. \end{cases}$$

该目标规划包括 L 个优先等级，每个等级内包含 K 个不同的目标，它们的权重用 w_{lk}^- 和 w_{lk}^+ 进行区别。

4.2 目标规划的图解法

与线性规划的图解法类似，对于只有两个决策变量的目标规划问题可以利用图解的方式进行求解。如前述的目标规划问题：

$$\min \quad z = P_1 d_1^+ + P_2(d_2^- + d_2^+) + P_3 d_3^-,$$

$$\text{s.t.} \begin{cases} 2x_1 + x_2 & \leqslant 11, \\ x_1 - x_2 + d_1^- - d_1^+ = 0, \\ x_1 + 2x_2 + d_2^- - d_2^+ = 10, \\ 8x_1 + 10x_2 + d_3^- - d_3^+ = 56, \\ x_1, x_2, d_i^-, d_i^+ \geqslant 0, & i = 1, 2, 3. \end{cases}$$

先在平面直角坐标系的第一象限内作各约束条件。绝对约束条件的作图与线性规划问题的相同。作目标约束时，先令 $d_i^- = 0$, $d_i^+ = 0$, 作相应的直线，然后在直线旁标上 d_i^-, d_i^+，表明目标约束可以沿 d_i^-, d_i^+ 所示方向平移，如图 4-1 所示。

在图 4-1 中，原材料受严格控制这一绝对约束条件将问题的可行解限制在三角形 OAB 内。然后考虑 P_1 级的目标约束，在目标函数中要求实现 $\min d_1^+$，从图中可见，可以满足 $d_1^+ = 0$，这时 x_1, x_2 只能在三角形 OBC 内或其边界上取值。接着考虑 P_2 级的目标约束，在目标函数中要求 $\min\{d_2^+ + d_2^-\}$，当 $d_2^+ = 0$, $d_2^- = 0$ 时，x_1, x_2 可以在线段 FD 上取值。最

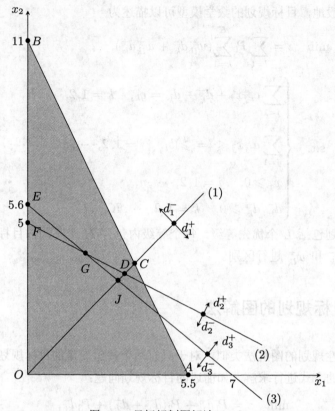

图 4-1 目标规划图解法（一）

后考虑 P_3 级的目标约束，在目标函数中要求 $\min d_3^-$，从图中可发现 $d_3^- = 0$ 可以实现，这时 x_1, x_2 只在线段 GD 上取值。可求得 G 的坐标为 $(2,4)$，D 点坐标为 $(\frac{10}{3}, \frac{10}{3})$，这样 G, D 的凸线性组合就是该目标规划的解。

注意，在目标规划求解时，把绝对约束作为最高优先级考虑，在本例中依先后次序都满足 $d_1^+ = 0$，$d_2^+ + d_2^- = 0$，$d_3^- = 0$，从而得到 $z^* = 0$。但在大多数的目标规划中并非如此，还可能出现非可行解的情况，所以将目标规划问题的最优解称为**满意解**。

例 4.2 某手机厂装配 A,B 两种型号的手机，每装配一部手机需占用装配线 1 小时，装配线每周计划开动 40 小时。预计市场上 A 型手机的销量是 24 部，每部可获利 80 元；B 型手机的销量为 30 部，每部可获利 40 元。该厂确定的目标如下：

第一优先级：充分利用装配线每周计划开动的 40 小时；

第二优先级：装配线加班，但加班时间每周尽量不超过 10 小时；

第三优先级：装配手机的数量要尽量满足市场需要，因 A 型手机利润高, 取其权系数为 2。

试建立该问题的目标规划模型, 并求解。

解 设 x_1, x_2 分别为 A,B 两种型号手机的产量。根据问题要求可以得到如下的目标规划模型:

$$\min \quad z = P_1 d_1^- + P_2 d_2^+ + P_3(2d_3^- + d_4^-),$$

$$\text{s.t.} \begin{cases} x_1 + x_2 + d_1^- - d_1^+ = 40, \\ x_1 + x_2 + d_2^- - d_2^+ = 50, \\ x_1 \quad\quad + d_3^- - d_3^+ = 24, \\ \quad\quad x_2 + d_4^- - d_4^+ = 30, \\ x_1, x_2, d_i^-, d_i^+ \geqslant 0, \quad i = 1, 2, 3, 4. \end{cases}$$

该模型的图解过程见图 4-2。

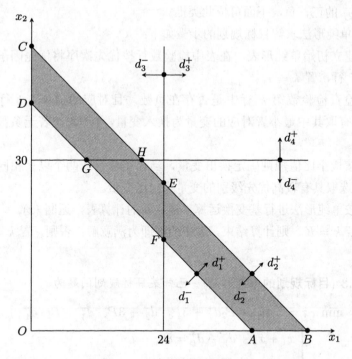

图 4-2 目标规划图解法（二）

由图 4-2 可知, 在考虑具有 P_1 和 P_2 优先级的目标实现后, x_1 和 x_2 的取值范围为 $ABCD$。考虑 P_3 级的目标要求时, 因 d_3^- 的权系数大于 d_4^- 的, 所以先取 $d_3^- = 0$, 这时 x_1 和 x_2 的取值范围为 $ABEF$。在 $ABEF$ 中只有

E 点使 d_4^- 取值最小, 所以取 E 点为满意解, 其坐标为 $(24, 26)$。

4.3 目标规划的单纯形法

从目标规划的数学模型可以发现, 目标规划与线性规划没有本质区别, 因此可用单纯形法进行求解。但考虑到目标规划数学模型的特点, 特约定:

(1) 因目标规划问题的目标函数都是求最小化, 所以以 $c_j - z_j \geqslant 0$, $j = 1, 2, \cdots, n$ 为单纯形表达到最优的条件;

(2) 因非基变量的检验数中含有不同等级的优先因子, 即

$$c_j - z_j = \sum_{k=1}^{K} \alpha_{kj} P_k, \quad j = 1, 2, \cdots, n,$$

$P_1 \gg P_2 \gg \cdots \gg P_k$, 从每个检验数的整体来看, 检验数的正、负首先决定于 P_1 的系数 α_{1j} 的正、负。若 $\alpha_{1j} = 0$, 这时此检验的正、负就决定于 P_2 的系数 α_{2j} 的正、负, 下面可依此类推。

利用单纯形法求解目标规划的步骤如下:

(1) 建立初始单纯形表, 在表中检验数行按优先次序将优先因子分别列出排成 K 行, 置 $k = 1$。

(2) 检查检验数第 k 行中是否存在负数, 且对应的前 $k-1$ 行的系数是零。若有取其中最小者对应的变量为换入变量, 转 (3)。若无负数, 则转 (5)。

(3) 按最小比值规则确定换出变量, 当存在两个或两个以上相同的最小比值时, 选取具有较高优先级别的变量为换出变量。

(4) 按单纯形法进行基变换运算, 建立新的计算表, 返回 (2)。

(5) 若 $k = K$, 则计算结束, 表中的解即为满意解; 否则, 置 $k = k+1$, 返回 (2)。

例 4.3 (目标规划的单纯形法) 已知某目标规划问题为

$$\min \quad z = P_1 d_1^- + P_2 d_4^+ + 5P_3 \cdot d_2^- + 3P_3 \cdot d_3^- + P_4 \cdot d_1^+,$$

$$\text{s.t.} \begin{cases} x_1 + x_2 + d_1^- - d_1^+ = 80, \\ x_1 \quad\quad + d_2^- - d_2^+ = 60, \\ \quad\quad x_2 + d_3^- - d_3^+ = 45, \\ x_1 + x_2 + d_4^- - d_4^+ = 90, \\ x_j \geqslant 0, \ d_i^-, d_i^+ \geqslant 0, \quad j = 1, 2, \ i = 1, 2, 3, 4. \end{cases}$$

利用单纯形法进行求解。

解 取 $d_1^-, d_2^-, d_3^-, d_4^-$ 为基变量,建立初始单纯形表如表 4.2 所示。

表 4.2 目标规划的单纯形表(一)

$c_j \rightarrow$			0	0	P_1	P_4	$5P_3$	0	$3P_3$	0	0	P_2	
c_B	x_B	b	x_1	x_2	d_1^-	d_1^+	d_2^-	d_2^+	d_3^-	d_3^+	d_4^-	d_4^+	θ
P_1	d_1^-	80	1	1	1	-1	0	0	0	0	0	0	80
$5P_3$	d_2^-	60	[1]	0	0	0	1	-1	0	0	0	0	60
$3P_3$	d_3^-	45	0	1	0	0	0	0	1	-1	0	0	—
0	d_4^-	90	1	1	0	0	0	0	0	0	1	-1	90
	P_1		-1	-1	0	1	0	0	0	0	0	0	
$c_j - z_j$	P_2		0	0	0	0	0	0	0	0	0	1	
	P_3		-5	-3	0	0	0	5	0	3	0	0	
	P_4		0	0	0	1	0	0	0	0	0	0	

检查 P_1 级的检验数,因 x_1 的检验数小于 0,且最小,所以 x_1 入基。根据最小 θ 值,选择 d_2^- 出基,得到如表 4.3 所示的单纯形表。

表 4.3 目标规划的单纯形表(二)

$c_j \rightarrow$			0	0	P_1	P_4	$5P_3$	0	$3P_3$	0	0	P_2	
c_B	x_B	b	x_1	x_2	d_1^-	d_1^+	d_2^-	d_2^+	d_3^-	d_3^+	d_4^-	d_4^+	θ
P_1	d_1^-	20	0	[1]	1	-1	-1	1	0	0	0	0	20
0	x_1	60	1	0	0	0	1	-1	0	0	0	0	—
$3P_3$	d_3^-	45	0	1	0	0	0	0	1	-1	0	0	45
0	d_4^-	30	0	1	0	0	-1	1	0	0	1	-1	30
	P_1		0	-1	0	1	1	-1	0	0	0	0	
$c_j - z_j$	P_2		0	0	0	0	0	0	0	0	0	1	
	P_3		0	-3	0	0	5	0	0	3	0	0	
	P_4		0	0	0	1	0	0	0	0	0	0	

检查 P_1 级的检验数,因 x_2 的检验小于 0,且最小,所以让 x_2 入基,根据最小 θ 值准则,选择 d_1^- 出基,得到单纯形表 4.4 。

表 4.4 目标规划的单纯形表（三）

$c_j \rightarrow$			0	0	P_1	P_4	$5P_3$	0	$3P_3$	0	0	P_2	
c_B	x_B	b	x_1	x_2	d_1^-	d_1^+	d_2^-	d_2^+	d_3^-	d_3^+	d_4^-	d_4^+	θ
0	x_2	20	0	1	1	-1	-1	1	0	0	0	0	—
0	x_1	60	1	0	0	0	1	-1	0	0	0	0	—
$3P_3$	d_3^-	25	0	0	-1	1	1	-1	1	-1	0	0	25
0	d_4^-	10	0	0	-1	[1]	0	0	0	0	1	-1	10
	P_1		0	0	1	0	1	0	0	0	0	0	
$c_j - z_j$	P_2		0	0	0	0	0	0	0	0	0	1	
	P_3		0	0	3	-3	2	3	0	3	0	0	
	P_4		0	0	0	1	0	0	0	0	0	0	

由于 P_1, P_2 级的检验数都大于 0，在 P_3 级的 d_1^+ 的检验数小于 0，且它所对应的更高优先级的检验数为 0，所以 d_1^+ 出基。根据最小 θ 值，决定 d_4^- 入基，得到单纯形表 4.5。

表 4.5 目标规划的单纯形表（四）

$c_j \rightarrow$			0	0	P_1	P_4	$5P_3$	0	$3P_3$	0	0	P_2	
c_B	x_B	b	x_1	x_2	d_1^-	d_1^+	d_2^-	d_2^+	d_3^-	d_3^+	d_4^-	d_4^+	θ
0	x_2	30	0	1	0	0	-1	1	0	0	1	-1	
0	x_1	60	1	0	0	0	1	-1	0	0	0	0	
$3P_3$	d_3^-	15	0	0	0	0	1	-1	1	-1	-1	1	
P_4	d_1^+	10	0	0	-1	1	0	0	0	0	1	-1	
	P_1		0	0	1	0	0	0	0	0	0	0	
$c_j - z_j$	P_2		0	0	0	0	0	0	0	0	0	1	
	P_3		0	0	0	0	2	3	0	3	3	-3	
	P_4		0	0	1	0	0	0	0	0	-1	1	

在表 4.5 中，尽管 P_3, P_4 级中还存在检验数小于 0 的情况，但其对应更高级的检验都大于 0，所以当前解为目标规划问题的满意解，解为 $x_1^* = 60$，$x_2^* = 30$。

4.4 目标规划应用举例

下面介绍一些目标规划的现实应用，以说明目标规划模型建立的一般方法。

例 4.4 一个小型的无线电广播台考虑如何最好地安排音乐、新闻和商业节目时间。依据法律，该台每天允许广播 12 小时，其中商业节目用以赢利，每分钟可收入 250 美元，新闻节目每分钟需支出 40 美元，音乐节目每播 1 分钟费用为 17.50 美元。法律规定，正常情况下商业节目只能占广播时间的 20%，每小时至少安排 5 分钟新闻节目。问每天的广播节目如何安排？优先级设定如下：P_1：满足法律要求；P_2：每天的纯收入最大。试建立该问题的目标规划模型。

解 设每天用于商业、新闻、音乐节目的时间分别为 x_1, x_2, x_3。首先考虑法律要求，每天播音时间不能超过 12 小时，所以有

$$x_1 + x_2 + x_3 + d_1^- = 12.$$

其次，商业节目只能占广播时间的 20%，所以有

$$x_1 + d_2^- = 12 \times 20\% = 2.4.$$

而且，每小时至少安排 5 分钟的新闻节目，所以有

$$x_2 - d_3^+ = \frac{5}{60} \times 12 = 1.$$

接下来考虑第二优先级的目标，要求每天的纯收入最大，可以利用线性规划求得每天的纯收入最大为 33 600 美元，所以有

$$250 \times 60 x_1 - 40 \times 60 x_2 - 17.5 \times 60 x_3 + d_4^- - d_4^+ = 33\,600.$$

这样得到该问题的目标规划模型为

$$\min \quad z = P_1(d_1^- + d_2^- + d_3^+) + P_2 d_4^-,$$

$$\text{s.t.} \begin{cases} x_1 + x_2 + x_3 + d_1^- = 12, \\ x_1 + d_2^- = 2.4, \\ x_2 - d_3^+ = 1, \\ 250 x_1 - 40 x_2 - 17.5 x_3 + d_4^- - d_4^+ = 560, \\ x_1, x_2, x_3 \geqslant 0;\ d_i^-, d_i^+ \geqslant 0, \quad i = 1, 2, 3, 4. \end{cases}$$

求解过程略。

例 4.5　某农场有 3 万亩农田，欲种植玉米、大豆和小麦三种作物。各种作物每亩需施化肥分别为 0.12 吨、0.20 吨、0.15 吨。预计秋后每亩玉米可收获 500 千克，售价为 0.24 元/千克；大豆每亩可收获 200 千克，售价为 1.20 元/千克；小麦每亩可收获 350 千克，售价为 0.70 元/千克。农场年初规划时，考虑如下几个方面的要求：

P_1：年终收益不低于 350 万元；

P_2：总产量不低于 1.25 万吨；

P_3：小麦产量以 0.5 万吨为宜；

P_4：大豆产量不少于 0.2 万吨；

P_5：玉米产量不超过 0.6 万吨；

P_6：农场现能提供 5 000 吨化肥；若不够，可在市场高价购买，但希望高价采购量越少越好。

试就该农场的生产计划建立数学模型。

解　假设玉米、大豆、小麦的种植面积分别为 x_1, x_2, x_3 亩，可得到如下目标规划模型：

$$\min \quad z = P_1 d_1^- + P_2 d_2^- + P_3(d_3^- + d_3^+) + P_4 d_4^- + P_5 d_5^+ + P_6 d_6^+,$$

$$\text{s.t.} \begin{cases} x_1 + x_2 + x_3 \leqslant 3 \times 10^4, \\ 120x_1 + 240x_2 + 245x_3 + d_1^- - d_1^+ = 350 \times 10^4, \\ 500x_1 + 200x_2 + 350x_3 + d_2^- - d_2^+ = 1\,250 \times 10^4, \\ 350x_3 + d_3^- - d_3^+ = 500 \times 10^4, \\ 200x_2 + d_4^- - d_4^+ = 200 \times 10^4, \\ 500x_1 + d_5^- - d_5^+ = 600 \times 10^4, \\ 0.12x_1 + 0.20x_2 + 0.15x_3 + d_6^- - d_6^+ = 5\,000, \\ x_1, x_2, x_3 \geqslant 0; \quad d_i^-, d_i^+ \geqslant 0, \ i = 1, 2, \cdots, 6. \end{cases}$$

第五章　动态规划及其应用

内容提要　本章在介绍多阶段决策问题基本特征的基础上，引入动态规划的基本概念，重点介绍动态规划的最优性原理，并以动态规划的典型应用来说明求解动态规划问题的一般思路与过程。

5.1　动态规划的基本概念

5.1.1　引例

动态规划 (dynamic programming) 是运筹学的一个分支，是求解多阶段决策过程最优化的数学方法。20 世纪 50 年代初美国数学家 R. E. Bellman 等人在研究多阶段决策过程的优化问题时，提出了著名的最优化原理 (principle of optimality)，把多阶段过程转化为一系列单阶段问题，利用各阶段之间的关系，逐个求解，创立了解决这类过程优化问题的新方法——动态规划。1957 年出版了他的名著 *Dynamic Programming*，这是该领域的第一本著作。

动态规划问世以来，在经济管理、生产调度、工程技术和最优控制等方面得到了广泛的应用。例如最短路线、库存管理、资源分配、设备更新、排序、装载等问题，用动态规划方法比用其他方法求解更为方便。

在生产与管理实际中，有一类活动的过程，由于它的特殊性，可将过程分为若干个互相联系的阶段，在它的每一个阶段都需要作出决策，从而使整个过程达到最好的活动效果。因此，各个阶段的选取不是任意确定的，它依赖于当前面临的状态，又影响以后的发展。当各个阶段决策确定后，就组成了一个决策的序列，因而也就决策了整个过程的一条活动路线。这种把一个问题看做是一个前后关联具有链状结构的多阶段过程（如图 5-1 所示）称为**多阶段决策过程**，这种问题称为**多阶段决策问题**。

101

图 5-1　多阶段决策过程示意图

在多阶段决策问题中，阶段的划分一般说来与时间有关，决策依赖于当前的状态，阶段决策一旦作出随即影响状态的变化，对下一阶段的状态产生影响，一个决策序列就是在变化的状态中产生出来的，所以从整个决策过程来看是一个动态的过程。因此，把处理多阶段决策问题的方法称为**动态规划方法**。一些与时间没有关系的问题，只要人为地引进"时间"因素，也可转化为多阶段决策问题，用动态规划的方法来处理。

下面通过一些典型的多阶段决策问题来说明动态规划的基本概念。

例 5.1 (**背包问题**)　有一个人带一个背包上山，其可携带物品重量的限度为 a 千克。设有 n 种物品可供他选择装入背包中。已知第 i 种物品每件重量为 w_i 千克，在上山过程中的作用（价值）是携带数量 x_i 的函数 $c_i(x_i)$。问此人应如何选择携带物品（各几件）以使得所起作用（总价值）最大？

这就是著名的背包问题，类似的问题有工厂里的下料问题、运输中的货物装载问题、卫星内的物品装载问题等。

例 5.2 (**机器负荷分配问题**)　某种机器可以在高、低两种不同的负荷下进行生产。在高负荷下进行生产时，产品的年产量 h 和投入生产的机器数量 u 的关系为 $h = h(u)$。这时机器的年完好率为 a，即如果年初完好机器的数量为 u，到年终时完好的机器数量就是 au，$0 < a < 1$。在低负荷下生产时，产品的年产量 l 与投入生产的机器数量 v 的关系为 $l = l(v)$，相应的机器年完好率为 b，$0 < b < 1$。

假定开始生产时完好的机器数量为 s，要求制定一个 5 年计划，在每年开始时决定如何重新分配完好的机器在两种不同的负荷下生产的数量，使 5 年内产品的总产量达到最高。

这类问题本质上是资源的合理调配问题，在管理实际中广泛存在。

例 5.3 (**最短路线问题**)　如图 5-2 所示为一个线路网络，两点之间连线上的数字表示两点间的距离（或费用）。试求一条由 A_s 到 G_t 的铺管线路，使总距离为最短（或总费用最小）。

在图 5-2 中，从 A_s 到 G_t 铺设管线可以划分为 6 个阶段：

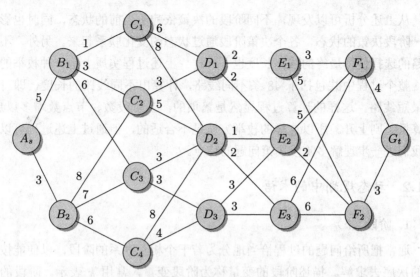

图 5-2　最短路线问题

第一阶段（$A_s \to B_i$）　A_s 为起点，B_1, B_2 为终点，因而这时走的路线有两个选择，走到 B_1 或 B_2。

第二阶段（$B_i \to C_j$）　若上一阶段的决策为 B_1，则现在有三条线路可供选择，走到 C_1, C_2 或 C_3；若上一阶段的决策为 B_2，则现在也有三条线路可供选择，走到 C_2, C_3 或 C_4。

第三阶段（$C_i \to D_j$）　若上一阶段的决策为 C_1，则现在有两条线路可供选择，走到 D_1 或 D_2；若上一阶段的决策为 C_2，则现在有两条线路可供选择，走到 D_1 或 D_2；若上一阶段的决策为 C_3，则现在有两条线路可供选择，走到 D_2 或 D_3；若上一阶段的决策为 C_4，则现在有两条线路可供选择，走到 D_2 或 D_3。

第四阶段（$D_i \to E_j$）　若上一阶段的决策为 D_1，则现在有两条线路可供选择，走到 E_1 或 E_2；若上一阶段的决策为 D_2，则现在有两条线路可供选择，走到 E_2 或 E_3；若上一阶段的决策为 D_3，则现在有两条线路可供选择，走到 E_2 或 E_3。

第五阶段（$E_i \to F_j$）　若上一阶段的决策为 E_1，则现在有两条线路可供选择，走到 F_1 或 F_2；若上一阶段的决策为 E_2，则现在有两条线路可供选择，走到 F_1 或 F_2；若上一阶段的决策为 E_3，则现在有两条线路可供选择，走到 F_1 或 F_2。

第六阶段（$F_i \to G_t$）　无论上一阶段的决策为 F_1 或 F_2，则现在只有一条线路可供选择，直接走到 G_t。

从上述分析可以发现，不同阶段的决策依赖于当前的状态，同时也影响下一阶段决策的状态，各个决策阶段通过状态的变化联系起来。另外，不同线路的选择使得最终的线路长度也不一样。上述过程实质上是一种枚举的方法，整个过程中共包括了 48 条不同线路，计算出不同线路的长度，即可得到最短线路。这样的计算过程显然是繁琐的，当阶段数、节点数增多以后，计算量急剧上升。所以这样的枚举方法是不合适的，但通过上述过程可以帮助我们进一步理解多阶段决策问题的特点。

5.1.2　动态规划中的术语

1. 阶段（k）

通常把所给问题的过程恰当地分为若干个相互联系的阶段，以便能按一定的次序去求解。描述阶段的变量称为**阶段变量**，常用 k 表示。阶段的划分一般是根据时间和空间的自然特征来划分，但要便于把问题的过程能转化为多阶段决策的过程。如前述的最短路线问题可划分为 6 个阶段求解，则 $k = 1, 2, 3, 4, 5, 6$。

2. 状态（s_k）

状态表示每个阶段开始所处的自然状态或客观条件，它描述了研究问题过程的状况，称为**不可控因素**。在例 5.3 中，状态就是某阶段的出发位置，它既是该阶段某线路的起点，又是前一阶段某线路的终点。通常一个阶段有若干个状态，如例 5.3 中第一阶段有一个状态就是点 A_s，第二阶段有两个状态，即点集合 $\{B_1, B_2\}$，一般第 k 阶段的状态就是第 k 阶段所有始点的集合。

描述过程中状态的变量称为**状态变量**。它可用一个数、一组数或一向量来描述。常用 s_k 表示第 k 阶段的状态变量。如在例 5.3 中，第三阶段有 4 个状态，则 $s_3 = \{C_1, C_2, C_3, C_4\}$。

动态规划中的状态变量具有无后效性，即：如果某阶段状态给定后，则在这阶段以后过程的发展不受这阶段以前各阶段状态的影响，也就是说，过程的历史只能通过当前的状态去影响它未来的发展，当前的状态是以往历史的一个总结。

3. 决策（$u_k(s_k)$）

决策表示当过程处于某一阶段的某个状态时，可以作出不同的决策，从而确定下一阶段的状态。描述决策的变量称为**决策变量**，它可用一个数、一组数或一向量来描述，常用 $u_k(s_k)$ 表示第 k 阶段当状态处于 s_k 时的决策变量，它是状态变量的函数。在实际问题中，决策变量的取值往往限制在某一范围内，此范围称为**允许决策集合**，常用 $D_k(s_k)$ 表示第 k 阶段从状态 s_k 出发的允许决策集合，显然有 $u_k(s_k) \in D_k(s_k)$。

4. 策略（$p_{k,n}(s_k)$）

策略是一个按顺序排列的由决策组成的集合。在动态规划中，从过程的第 k 阶段开始到终止状态为止的过程称为**问题后部子过程**（或称为 k **子过程**）。由每段的决策按顺序排列组成的决策函数序列 $\{u_k(s_k), u_{k+1}(s_{k+1}), \cdots, u_n(s_n)\}$ 称为 k **子过程策略**，简称为**子策略**，记为 $p_{k,n}(s_k)$，即

$$p_{k,n}(s_k) = \{u_k(s_k), u_{k+1}(s_{k+1}), \cdots, u_n(s_n)\}.$$

当 $k = 1$ 时，此决策函数序列称为全过程的一个策略，简称为**策略**，记为 $p_{1,n}(s_1)$，即

$$p_{1,n}(s_1) = \{u_1(s_1), u_2(s_2), \cdots, u_n(s_n)\}.$$

在实际问题中可供选择的策略有一定的范围，此范围称为**允许策略集合**，用 P 表示，从允许策略集合中找出达到最优效果的策略称为**最优策略**。

5. 状态转移方程（$T_k(s_k, u_k)$）

状态转移方程是确定过程由一个状态到另一个状态的演变过程，若给定第 k 阶段状态变量 s_k 的值，如果该阶段的决策变量 u_k 一经确定，则第 $k+1$ 阶段的状态变量 s_{k+1} 的值也就完全确定了，即 s_{k+1} 的值随 s_k 和 u_k 的值变化而变化，这种确定的对应关系记为 $s_{k+1} = T_k(s_k, u_k)$，它描述了由第 k 阶段到第 $k+1$ 阶段的状态转移规律，称为**状态转移方程**，T_k 称为**状态转移函数**。

6. 指标函数（$V_{k,n}$）**和最优值函数**（$f_k(s_k)$）

指标函数是用来衡量所实现过程优劣的一种数量指标，它是定义在全过程和所有后部子过程上确定的数量函数，常用 $V_{k,n}$ 表示，即

$$V_{k,n} = V_{k,n}(s_k, u_k, s_{k+1}, u_{k+1}, \cdots, s_{n+1}), \quad k = 1, 2, \cdots, n.$$

由于动态规划算法的需要，对于要构成动态规划模型的指标函数，应具有分离性，并满足递推关系，即

$$V_{k,n}(s_k, u_k, s_{k+1}, u_{k+1}, \cdots, s_{n+1}) = \varphi_k(s_k, u_k, V_{k+1,n}(s_{k+1}, u_{k+1}, \cdots, s_{n+1})).$$

动态规划中常用的指标函数形式包括：

(1) 过程和它的任一子过程的指标是它所包含的各阶段指标的和，即

$$V_{k,n}(s_k, u_k, s_{k+1}, u_{k+1}, \cdots, s_{n+1}) = \sum_{j=k}^{n} v_j(s_j, u_j),$$

其中 $v_j(s_j, u_j)$ 表示第 j 阶段的阶段指标，这时上式也可写成

$$V_{k,n}(s_k, u_k, s_{k+1}, u_{k+1}, \cdots, s_{n+1}) = v_k(s_k, u_k) + V_{k+1,n}(s_{k+1}, u_{k+1}, \cdots, s_{n+1}).$$

(2) 过程和它的任一子过程的指标是它所包含的各阶段指标的乘积，即

$$V_{k,n}(s_k, u_k, s_{k+1}, u_{k+1}, \cdots, s_{n+1}) = \prod_{j=k}^{n} v_j(s_j, u_j).$$

它也可写成

$$V_{k,n}(s_k, u_k, s_{k+1}, u_{k+1}, \cdots, s_{n+1}) = v_k(s_k, u_k) V_{k+1}(s_{k+1}, u_{k+1}, \cdots, s_{n+1}).$$

指标函数的最优值称为**最优值函数**，记为 $f_k(s_k)$，它表示从第 k 阶段的状态 s_k 开始到第 n 阶段的终止状态的过程中采取最优策略所得到的指标函数值，即

$$f_k(s_k) = \mathrm{opt}_{\{u_k, \cdots, u_n\}} V_{k,n}(s_k, u_k, s_{k+1}, u_{k+1}, \cdots, s_{n+1}),$$

其中"opt"表示最优化，它可以是 min 或 max。

5.2 动态规划的求解原理

动态规划求解的基本原理是依据 Bellman 等人在 20 世纪 50 年代提出的最优性原理。该原理表明作为整个过程的最优策略具有这样的性质：无论过去的状态和决策如何，对前面的决策所形成的状态而言，余下的诸决策必须构成最优策略，即一个最优策略的子策略总是最优的。

根据上述最优性原理，结合例 5.3 的最短路线问题，可以得到最短路线应具备这样的性质：如果 P 是从 A_s 到 G_t 的最短路线，那么 P 上任一点到 G_t 的最短路线也应该是沿 P 的。若找到了 $A_s \to B_1 \to C_2 \to D_1 \to E_2 \to F_2 \to G_t$ 是最短路线，则从 C_2 到 G_t 的最短路线必然是 $C_2 \to D_1 \to E_2 \to F_2 \to G_t$。

根据最短路线的这一特性，在寻找最短路线时，可以从最后一阶段开始，用由后向前逐步递推的方法求出各点到 G_t 的最短路线，最后可以得到 A_s 到 G_t 的最短路线，这一过程由后向前逐步寻优，称为**动态规划的逆序解法**。另外注意距离的对称性，我们也可从 A_s 点出发，逐步向后寻找到各点的最短路线，最终确定 A_s 到 G_t 的最短路线，这种方法称为**动态规划的顺序解法**。两种方法都是可行方法，没有本质区别。

下面分别介绍这两种方法的基本思路。

5.2.1 动态规划的逆序解法

以例 5.3 为例，如前所述，首先将问题划分为 6 个阶段。

当 $k=6$ 时，状态变量 $s_6=\{F_1,F_2\}$，而无论 $s_6=F_1$ 或 $s_6=F_2$ 都分别只有一条路线到达 G_t，所以有

$$f_6(F_1)=4,\quad f_6(F_2)=3,$$

且 $u_6(F_1)=G_t$，$u_6(F_2)=G_t$。

当 $k=5$ 时，状态变量 $s_5=\{E_1,E_2,E_3\}$。若 $s_5=E_1$，则

$$f_5(E_1)=\min\{d(E_1,F_1)+f_6(F_1),d(E_1,F_2)+f_6(F_2)\}$$
$$=\min\{3+4,5+3\}=7,$$

所对应的决策 $u_5(E_1)=F_1$。同理有

$$f_5(E_2)=\min\{d(E_2,F_1)+f_6(F_1),d(E_2,F_2)+f_6(F_2)\}$$
$$=\min\{5+4,2+3\}=5,$$

决策为 $u_5(E_2)=F_2$；

$$f_5(E_3)=\min\{d(E_3,F_1)+f_6(F_1),d(E_3,F_2)+f_6(F_2)\}$$
$$=\min\{6+4,6+3\}=9,$$

决策为 $u_5(E_3)=F_2$。

按照上述思路，可以进一步计算得到：当 $k=4$ 时，有

$$f_4(D_1)=7,\quad u_4(D_1)=E_2,$$
$$f_4(D_2)=6,\quad u_4(D_2)=E_2,$$
$$f_4(D_3)=8,\quad u_4(D_3)=E_2;$$

当 $k=3$ 时，有

$$f_3(C_1)=13,\quad u_3(C_1)=D_1,$$
$$f_3(C_2)=10,\quad u_3(C_2)=D_1,$$
$$f_3(C_3)=9,\quad u_3(C_3)=D_2,$$
$$f_3(C_4)=12,\quad u_3(C_4)=D_3;$$

当 $k=2$ 时，有

$$f_2(B_1)=13,\quad u_2(B_1)=C_2,$$

$$f_2(B_2) = 16, \quad u_2(B_2) = C_3;$$

当 $k = 1$ 时，有

$$f_1(A_s) = \min\{d(A_s, B_1) + f_2(B_1), d(A_s, B_2) + f_2(B_2)\}$$
$$= \min\{5 + 13, 3 + 16\} = 18,$$

此时的决策为 $u_1(A_s) = B_1$。

这样确定了 A_s 到 G_t 的最短距离为 18，最短路线按计算的顺序反推为

$$A_s \to B_1 \to C_2 \to D_1 \to E_2 \to F_2 \to G_t.$$

从上述计算过程可以发现，在求解的各个阶段，利用了第 k 阶段与第 $k+1$ 阶段之间的递推关系

$$\begin{cases} f_k(s_k) = \min\limits_{u_k \in D_k(s_k)}\{d(s_k, u_k(s_k)) + f_{k+1}(s_k)\}, & k = 6, 5, \cdots, 1, \\ f_7(s_7) = 0 \quad (\text{或 } f_6(s_6) = d(s_6, G_t)). \end{cases}$$

更一般地，第 k 阶段与第 $k+1$ 阶段的递推关系式可写成

$$\begin{cases} f_k(s_k) = \text{opt}_{u_k \in D_k(s_k)}\{v_k(s_k, u_k) + f_{k+1}(s_k)\}, & k = n, n-1, \cdots, 1, \\ f_{n+1}(s_{n+1}) = 0. \end{cases}$$

这种递推关系称为**动态规划的基本方程（逆序解法）**，也称为**固定末端的解法**。其求解过程如图 5-3 所示。

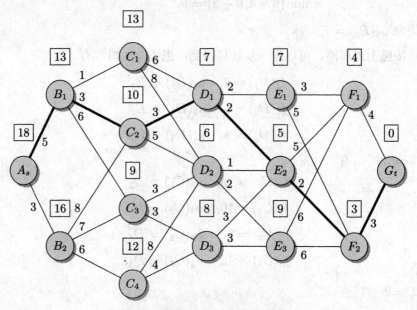

图 5-3 最短路线问题的逆序解法

5.2.2 动态规划的顺序解法

由于线路网络的两端是固定的，且线路的距离是对称的，即从 A_s 到 G_t 的最短路线也是从 G_t 到 A_s 的最短路线，所以也可从 A_s 出发逐步向后，寻找到 G_t 的最短路线，这种方法称为**顺序解法**，也称为**固定始端的解法**。其基本过程如下：

当 $k = 1$ 时，决策者处于 A_s 点，有两种选择走到 B_1 或 B_2，所以当第 1 阶段结束时，决策者可能的状态为 B_1 或 B_2，其对应的最优值函数为

$$f_1(s_2) = f_1(B_1) = 5, \quad u_1(B_1) = A_s,$$

或 $f_1(s_2) = f_1(B_2) = 3,\ u_1(B_2) = A_s$。

当 $k = 2$ 时，

$$f_2(C_1) = f_1(B_1) + d(B_1, C_1) = 5 + 1 = 6,$$

$$u_2(C_1) = B_1,$$

$$f_2(C_2) = \min\{f_1(B_1) + d(B_1, C_2), f_1(B_2) + d(B_2, C_2)\}$$

$$= \min\{5 + 3, 3 + 8\} = 8,$$

$$u_2(C_2) = B_1,$$

$$f_2(C_3) = \min\{f_1(B_1) + d(B_1, C_3), f_1(B_2) + d(B_2, C_3)\}$$

$$= \min\{5 + 6, 3 + 7\} = 10,$$

$$u_2(C_3) = B_2,$$

$$f_2(C_4) = f_1(B_2) + d(B_2, C_4) = 3 + 6 = 9,$$

$$u_2(C_4) = B_2.$$

当 $k = 3$ 时，

$$f_3(D_1) = \min\{f_2(C_1) + d(C_1, D_1), f_2(C_2) + d(C_2, D_1)\}$$

$$= \min\{6 + 6, 8 + 3\} = 11,$$

$$u_3(D_1) = C_2,$$

$$f_3(D_2) = \min\{f_2(C_1) + d(C_1, D_2), f_2(C_2) + d(C_2, D_2),$$

$$\qquad f_2(C_3) + d(C_3, D_2), f_2(C_4) + d(C_4, D_2)\}$$

$$= \min\{6 + 8, 8 + 5, 10 + 3, 9 + 8\} = 13,$$

$$u_3(D_2) = C_2 \text{ 或 } C_3,$$

$$f_3(D_3) = \min\{f_2(C_3) + d(C_3, D_3), f_2(C_4) + d(C_4, D_3)\}$$
$$= \min\{10 + 3, 9 + 4\} = 13,$$
$$u_3(D_3) = C_3 \text{ 或 } C_4.$$

当 $k = 4$ 时，

$$f_4(E_1) = f_3(D_1) + d(D_1, E_1) = 11 + 2 = 13,$$
$$u_4(E_1) = D_1,$$
$$f_4(E_2) = \min\{f_3(D_1) + d(D_1, E_2), f_3(D_2) + d(D_2, E_2),$$
$$f_3(D_3) + d(D_3, E_2)\}$$
$$= \min\{11 + 2, 13 + 1, 13 + 3\} = 13,$$
$$u_4(E_2) = D_1,$$
$$f_4(E_3) = \min\{f_3(D_2) + d(D_2, E_3), f_3(D_3) + d(D_3, E_3)\}$$
$$= \min\{13 + 2, 13 + 3\} = 15,$$
$$u_4(E_3) = D_2.$$

当 $k = 5$ 时，

$$f_5(F_1) = \min\{f_4(E_1) + d(E_1, F_1), f_4(E_2) + d(E_2, F_1),$$
$$f_4(E_3) + d(E_3, F_1)\}$$
$$= \min\{13 + 3, 13 + 5, 15 + 6\} = 16,$$
$$u_5(F_1) = E_1,$$
$$f_5(F_2) = \min\{f_4(E_1) + d(E_1, F_2), f_4(E_2) + d(E_2, F_2),$$
$$f_4(E_3) + d(E_3, F_2)\}$$
$$= \min\{13 + 5, 13 + 2, 15 + 6\} = 15,$$
$$u_5(F_2) = E_2.$$

当 $k = 6$ 时，

$$f_6(G_t) = \min\{f_5(F_1) + d(F_1, G_t), f_5(F_2) + d(F_2, G_t)\}$$
$$= \min\{16 + 4, 15 + 3\} = 18,$$
$$u_6(G_t) = F_2.$$

这样确定从 A_s 到 G_t 的最短路线仍然是 $A_s \rightarrow B_1 \rightarrow C_2 \rightarrow D_1 \rightarrow E_2 \rightarrow F_2 \rightarrow G_t$，最短距离为 18，与顺序解法的结果相同。其求解过程如图 5-4 所示。

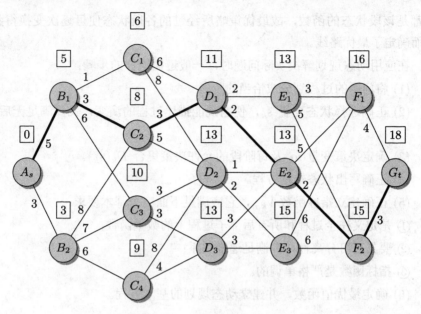

图 5-4　最短路线问题的顺序解法

动态规划的顺序解法的基本方程为

$$\begin{cases} f_k(s_{k+1}) = \mathop{\text{opt}}_{u_k \in D_k(s_{k+1})}\{v_k(s_{k+1}, u_k) + f_{k-1}(s_k)\}, \quad k = 1, 2, \cdots, n, \\ f_0(s_1) = 0. \end{cases}$$

5.2.3　动态规划的基本思想

通过上述分析，可将动态规划的基本思想归纳如下：

(1) 动态规划方法的关键在于正确地写出基本的递推关系式和恰当的边界条件（即基本方程）。而要做到这一点，必须先将问题的过程分成几个相互联系的阶段，恰当地选取状态变量和决策变量，并定义最优值函数，从而把一个多阶段决策问题化成一族同类型的子问题，逐个进行求解。即从边界条件开始，逐段递推寻优，在每一个子问题的求解中，均利用了它前面的子问题的最优化结果，依次进行，最后一个子问题所得的最优解，就是整个问题的最优解。

(2) 在多阶段决策过程中，动态规划方法是既把当前阶段和未来各段分开，又把当前效益和未来效益结合起来考虑的一种最优化方法。因此，每段决策的选取是从全局来考虑的，与该段的最优选择答案一般是不同的。

(3) 在求整个问题的最优策略时，由于初始状态是已知的，而每段的决策都是该段状态的函数，故最优策略所经过的各段状态便可逐次变换得到，从而确定了最优路线。

在应用动态规划解决实际问题时，一般遵循这样的步骤：

(1) 将问题的过程划分成恰当的阶段。

(2) 正确选择状态变量 s_k，使它既能描述过程的演变，又要满足无后效性。

(3) 确定决策变量 u_k 及每阶段的允许决策集合 $D_k(s_k)$。

(4) 正确写出状态转移方程。

(5) 正确建立指标函数 $V_{k,n}$，它应满足下面三个基本要求：

① 是定义在全过程和所有后部子过程上的数量函数；

② 要具有可分离性，并满足递推关系；

③ 指标函数是严格单调的。

(6) 确定最优值函数，并建立动态规划的基本方程。

5.3　动态规划的典型应用

5.3.1　动态规划的一般化应用

动态规划的思想可以应用于求解一些较为一般化的优化问题。

例 5.4　利用动态规划思想求解下述整数规划问题的最优解：

$$\max \quad z = 4x_1 + 5x_2 + 6x_3,$$

$$\text{s.t.} \begin{cases} 3x_1 + 4x_2 + 5x_3 \leqslant 10, \\ x_i \geqslant 0, \quad i = 1, 2, 3, \text{ 且 } x_i \text{ 为整数}. \end{cases}$$

解　(1) 建立动态规划模型。

阶段变量：将给每一个变量 x_i 赋值看做一个阶段，划分为 3 个阶段，阶段变量 $k = 1, 2, 3$。

设状态变量 s_k 表示从第 k 阶段到第 3 阶段约束右端最大值，则

$$s_1 = 10.$$

设决策变量 x_k 表示从第 k 阶段赋给变量 x_k 的值（$k = 1, 2, 3$），则状态转移方程为

$$s_2 = s_1 - 3x_1, \quad s_3 = s_2 - 4x_2;$$

阶段指标为

$$v_1(s_1, x_1) = 4x_1, \quad v_2(s_2, x_2) = 5x_2, \quad v_3(s_3, x_3) = 6x_3;$$

基本方程为

$$\begin{cases} f_k(s_k) = \max_{0 \leqslant x_k \leqslant [\frac{s_k}{a_k}]} \{v_k(s_k, x_k) + f_{k+1}(s_{k+1})\}, & k = 3, 2, 1, \\ f_4(s_4) = 0, \end{cases}$$

其中 $a_1 = 3$, $a_2 = 4$, $a_3 = 5$, $[x]$ 表示不超过 x 的最大整数。

(2) 用逆序法求解。当 $k = 3$ 时,

$$f_3(s_3) = \max_{0 \leqslant x_3 \leqslant [\frac{s_3}{5}]} \{6x_3 + f_4(s_4)\} = \max_{0 \leqslant x_3 \leqslant [\frac{s_3}{5}]} \{6x_3\}.$$

由于 $s_3 = \{0, 1, 2, \cdots, 10\}$,所以当 $s_3 = 0, 1, 2, 3, 4$ 时,$x_3 = 0$;当 $s_3 = 5, 6, 7, 8, 9$ 时,x_3 可取 0 或 1;当 $s_3 = 10$ 时,x_3 可取 $0, 1, 2$,由此确定 $f_3(s_3)$,如表 5.1 所示。

表 5.1

s_3 \ x_3	$6x_3 + f_4(x_4)$			$f_3(s_3)$	x_3^*
	0	1	2		
0	0			0	0
1	0			0	0
2	0			0	0
3	0			0	0
4	0			0	0
5	0	6		6	1
6	0	6		6	1
7	0	6		6	1
8	0	6		6	1
9	0	6		6	1
10	0	6	12	12	2

当 $k = 2$ 时,有

$$f_2(s_2) = \max_{0 \leqslant x_2 \leqslant [\frac{s_2}{4}]} \{5x_2 + f_3(s_3)\} = \max_{0 \leqslant x_2 \leqslant [\frac{s_2}{4}]} \{5x_2 + f_3(s_2 - 4x_2)\}.$$

当 $s_2 = 0, 1, 2, 3$ 时,$x_2 = 0$;当 $s_2 = 4, 5, 6, 7$ 时,$x_2 = 0$ 或 1;当 $s_2 = 8, 9, 10$ 时,$x_2 = 0, 1, 2$。由此确定 $f_2(s_2)$,如表 5.2 所示。

表 5.2

s_2 \ x_2	$5x_2 + f_3(s_2 - 4x_2)$			$f_2(s_2)$	x_2^*
	0	1	2		
0	0+0			0	0
1	0+0			0	0
2	0+0			0	0
3	0+0			0	0
4	0+0	5+0		5	1
5	0+6	5+0		6	0
6	0+6	5+0		6	0
7	0+6	5+0		6	0
8	0+6	5+0	10+0	10	2
9	0+6	5+6	10+0	11	1
10	0+12	5+6	10+0	12	0

当 $k = 1$ 时, 有

$$f_1(s_1) = \max_{0 \leqslant x_1 \leqslant [\frac{s_1}{3}]} \{4x_1 + f_2(s_2)\} = \max_{0 \leqslant x_1 \leqslant [\frac{s_1}{3}]} \{4x_1 + f_2(s_1 - 3x_1)\}.$$

由于 $s_1 = 10$, 所以 x_1 可取 $0, 1, 2, 3$, 由此确定 $f_1(s_1)$, 如表 5.3 所示。

表 5.3

s_1 \ x_1	$4x_1 + f_2(s_1 - 3x_1)$				$f_1(s_1)$	x_1^*
	0	1	2	3		
10	0+12	4+6	8+5	12+0	13	2

按计算顺序反推, 可得最优解为 $x_1^* = 2$, $x_2^* = 1$, $x_3^* = 0$, $\max z = 13$。

例 5.5 用动态规划方法求解下述非线性规划问题:

$$\max \quad z = \prod_{j=1}^{3} j \cdot x_j,$$

$$\text{s.t.} \begin{cases} x_1 + 3x_2 + 2x_3 \leqslant 12, \\ x_j \geqslant 0, \quad j = 1, 2, 3. \end{cases}$$

解 把依次给变量 x_1, x_2, x_3 赋值的过程看做各个阶段，则该问题可划分为三个阶段，即 $k = 1, 2, 3$。状态变量 s_k 表示从第 k 阶段到第 3 阶段约束右端的最大值，因此 $s_1 = 12$。决策变量 x_k 表示第 k 阶段赋给 x_k 的值，允许决策集合为

$$0 \leqslant x_1 \leqslant s_1, \quad 0 \leqslant x_2 \leqslant \frac{s_2}{3}, \quad 0 \leqslant x_3 \leqslant \frac{s_3}{2}.$$

状态转移方程为 $s_2 = s_1 - x_1$，$s_3 = s_2 - 3x_2$；阶段指标为 $v_k(s_k, x_k) = kx_k$；基本方程为

$$\begin{cases} f_k(s_k) = \max\limits_{x_k \in D_k(s_k)} \{v_k(s_k, x_k) \cdot f_{k+1}(s_{k+1})\}, & k = 3, 2, 1, \\ f_4(s_4) = 1. \end{cases}$$

当 $k = 3$ 时，

$$f_3(s_3) = \max_{0 \leqslant x_3 \leqslant \frac{s_3}{2}} \{3x_3 \cdot f_4(s_4)\} = \max_{0 \leqslant x_3 \leqslant \frac{s_3}{2}} \{3x_3\}.$$

显然有 $x_3^* = \dfrac{s_3}{2}$，$f_3(s_3) = \dfrac{3s_3}{2}$。

当 $k = 2$ 时，

$$f_2(s_2) = \max_{0 \leqslant x_2 \leqslant \frac{s_2}{3}} \{2x_2 \cdot f_3(s_2 - 3x_2)\} = \max_{0 \leqslant x_2 \leqslant \frac{s_2}{3}} \{3x_2(s_2 - 3x_2)\}.$$

令 $y_1 = 3x_2(s_2 - 3x_2)$，根据一阶导数条件 $\dfrac{\mathrm{d}y_1}{\mathrm{d}x_2} = 3s_2 - 18x_2 = 0$，得到

$$x_2^* = \frac{s_2}{6},$$

且有 $\dfrac{\mathrm{d}^2 y_1}{\mathrm{d}x_2^2} = -18 < 0$，所以 $x_2^* = \dfrac{s_2}{6}$ 时，y_1 取得最大值，故 $f_2(s_2) = \dfrac{s_2^2}{4}$。

当 $k = 1$ 时，

$$f_1(s_1) = \max_{0 \leqslant x_1 \leqslant s_1} \{x_1 \cdot f_2(s_1 - x_1)\} = \max_{0 \leqslant x_1 \leqslant 12} \left\{ x_1 \cdot \frac{(12 - x_1)^2}{4} \right\}.$$

与前类似，利用一阶导数条件，得到 $x_1^* = 4$，$f_1(s_1) = 64$。

根据计算过程反推，得到该问题的最优解为

$$x_1^* = 4, \ x_2^* = \frac{4}{3}, \ x_3^* = 2, \ z^* = 64.$$

5.3.2 资源分配问题

资源分配问题是将数量一定的一种或若干种资源适当地分配给多个使用者，从而使得所有使用者总的效益最好。根据资源的种类数量，可以分为一

维资源分配问题和多维资源分配问题。根据资源的数量是否连续，可分为离散资源分配问题和连续资源分配问题。这里重点介绍一维资源分配问题。

1. 离散的一维资源分配问题

离散的一维资源分配问题描述如下：现有某种资源，其数量为 q，用于生产 n 种产品，若分配数量 x_i 用于生产第 i 种产品，其收益为 $r_i(x_i)$，问应如何分配这种资源，才能使生产 n 种产品的总收益最大？

这个问题的静态规划模型为

$$\max \quad z = r_1(x_1) + r_2(x_2) + \cdots + r_n(x_n),$$
$$\text{s.t.} \begin{cases} x_1 + x_2 + \cdots + x_n = q, \\ x_i \geqslant 0, \quad i = 1, 2, \cdots, n. \end{cases}$$

在该模型中，如果 $r_i(x_i)$ 为线性函数，则它是一个线性规划问题；如 $r_i(x_i)$ 为非线性函数，则它是一个非线性规划问题。但当 n 较大时，求解较为繁琐。所以，对于这一类问题可以考虑使用动态规划方法进行求解。

根据动态规划的求解思路，可以将上述静态规划问题转化为如图 5-5 所示的动态规划问题。

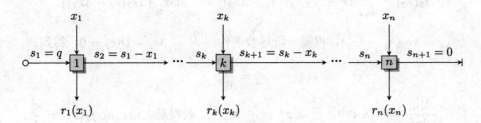

$$f_k(s_k) = \max\{r_k(x_k) + f_{k+1}(s_{k+1})\}$$

图 5-5　离散的一维资源分配问题

动态规划模型建立过程如下：

设状态变量 s_k 表示分配用于生产第 k 种产品至第 n 种产品的资源数量，则 $s_1 = q$；设决策变量 x_k 表示分配给生产第 k 产品的资源数量，则状态转移方程为

$$s_{k+1} = s_k - x_k;$$

允许决策集为 $D_k(s_k) = \{x_k | 0 \leqslant x_k \leqslant s_k\}$。

令最优值函数 $f_k(s_k)$ 表示以数量为 s_k 的资源分配给第 k 种产品至第 n

种产品所得到的最大总收入。动态规划的逆推方程为

$$
\begin{cases}
f_k(s_k) = \max_{0 \leqslant x_k \leqslant s_k} \{r_k(x_k) + f_{k+1}(s_k - x_k)\}, & k = n-1, n-2, \cdots, 1, \\
f_n(s_n) = \max_{x_n = s_n} \{r_n(x_n)\}.
\end{cases}
$$

例 5.6 (离散的一维资源分配问题) 某公司打算在三个不同的地区设置 4 个销售点,根据市场预测部门估计,在不同的地区设置不同数量的销售店,每月可得到的利润如表 5.4 所示。试确定各个地区设置多少个销售点,才能使每月获得的总利润最大。

表 5.4 不同地区设置不同数量销售店的收益

地区 \ 店数	0	1	2	3	4
1	0	16	25	30	32
2	0	12	17	21	22
3	0	10	14	16	17

解 将问题按地区划分为三个阶段, $k = 1, 2, 3$ 分别表示地区 $1, 2, 3$。设 s_k 为分配给第 k 个地区到第 3 个地区的销售店数, x_k 为分配给第 k 个地区的销售店数,则 $0 \leqslant x_k \leqslant s_k$ 且有 $s_{k+1} = s_k - x_k$。 $r_k(x_k)$ 为分配 x_k 个销售店给第 k 地区的收益值, $f_k(s_k)$ 为 s_k 个销售店分配给第 k 个地区到第 3 个地区时所得到的最大收益值。这样得到动态规划的基本方程为

$$
\begin{cases}
f_k(s_k) = \max_{0 \leqslant x_k \leqslant s_k} \{r_k(x_k) + f_{k+1}(s_k - x_k)\}, & k = 3, 2, 1, \\
f_4(s_4) = 0.
\end{cases}
$$

当 $k = 3$ 时,

$$
f_3(s_3) = \max_{0 \leqslant x_3 \leqslant s_3} \{r_3(x_3) + f_4(s_4)\},
$$

s_3 可能取值为 $0, 1, 2, 3, 4$,由于此时只有一个区域,所以 $x_3^* = s_3$。其数值计算如表 5.5 所示。

当 $k = 2$ 时, s_2 可能取值 $0, 1, 2, 3, 4$,根据基本方程

$$
f_2(s_2) = \max_{x_2} \{r_2(x_2) + f_3(s_2 - x_2)\},
$$

计算过程如表 5.6 所示。

117

表 5.5 离散一维资源分配计算表（一）

s_3 \ x_3	$r_3(x_3)$					$f_3(s_3)$	x_3^*
	0	1	2	3	4		
0	0					0	0
1		10				10	1
2			14			14	2
3				16		16	3
4					17	17	4

表 5.6 离散一维资源分配计算表（二）

s_2 \ x_2	$r_2(x_2) + f_3(s_2 - x_2)$					$f_2(s_2)$	x_2^*
	0	1	2	3	4		
0	0+0					0	0
1	0+10	12+0				12	1
2	0+14	12+10	17+0			22	1
3	0+16	12+14	17+10	21+0		27	2
4	0+17	12+16	17+14	21+10	22+0	31	2,3

当 $k = 1$ 时，$s_1 = 4$，根据基本方程

$$f_1(s_1) = \max_{x_1}\{r_1(x_1) + f_2(s_1 - x_1)\},$$

计算过程如表 5.7 所示。

表 5.7 离散一维资源分配计算表（三）

s_1 \ x_1	$r_1(x_1) + f_2(s_1 - x_1)$					$f_1(s_1)$	x_1^*
	0	1	2	3	4		
4	0+31	16+27	25+22	30+12	32+0	47	2

最后根据计算表格的顺序反推算，可以得到该问题的最优分配方案为 $x_1^* = 2$，$x_2^* = 1$，$x_3^* = 1$，最大收益为 47。

上述即为离散的一维资源分配问题，在现实中如原材料分配、投资分配、货物分配等问题，都属于这类问题。

2. 连续的一维资源分配问题

在资源分配问题中，如果资源量是连续变化的，这就是连续的一维资源分配问题。

设有数量为 s_1 的某种资源，可投入 A 和 B 两种生产。第一年中以数量 u_1 投入生产 A，剩下的量 $s_1 - u_1$ 则投入生产 B，年度所得收入为 $g(u_1) = h(s_1 - u_1)$，其中 $g(u_1)$ 和 $h_1(u_1)$ 为已知函数，且 $g(0) = h(0) = 0$。这种资源在投入 A, B 生产后，年终还可以回收再用于下一年的生产。设年回收率分别 $0 < a < 1$ 和 $0 < b < 1$，则在第一年生产后，回收的资源量为 $s_2 = a_1 u_1 + b(s_1 - u_1)$。第二年资源数量 s_2 中的 u_1 和 $s_2 - u_2$ 分别再投入 A, B 两种生产，则第二年可得收入为 $g(u_2) + h(s_2 - u_2)$。如此持续进行 n 年。那么，应当如何分配每年投入 A 生产的资源量 $u_1, u_2, \cdots, u_n$ 以使得 n 年的总收入最大？

由于这类问题具有明显的阶段性特征，而且各阶段（年度）之间相互联系，适合用动态规划的方法进行求解。

设 s_k 为状态变量，表示在第 k 阶段初可投入 A, B 两种生产的资源量，u_k 为决策变量，它表示在第 k 阶段中用于 A 生产的资源量，则 $s_k - u_k$ 为用于 B 生产的资源量，且 $0 \leqslant u_k \leqslant s_k$。状态转移方程为

$$s_{k+1} = au_k + b(s_k - u_k).$$

设最优值函数为 $f_k(s_k)$，它表示从第 k 阶段至第 n 阶段采取最优分配方案进行生产后所得到的最大总收入。由此可以得到该问题的动态规划基本方程为

$$\begin{cases} f_k(s_k) = \max_{0 \leqslant u_k \leqslant s_k} \{g(u_k) + h(s_k - u_k) + f_{k+1}(au_k + b(s_k - u_k))\}, \\ \qquad\qquad\qquad k = n-1, n-2, \cdots, 1, \\ f_n(s_n) = \max_{0 \leqslant u_n \leqslant s_n} \{g(u_n) + h(s_n - u_n)\}. \end{cases}$$

例 5.7 (连续的一维资源分配问题) 某工厂购进 100 台机器，准备生产 A, B 两种产品。若生产产品 A，每台机器每年可收入 45 万元，损坏率为 65%；若生产产品 B，每台机器每年收入为 35 万元，损坏率为 35%。估计三年后将有新机器出现，旧的机器将全部淘汰。试问每年应如何安排生产，使三年后的总收入最大？

解　将三年划分为三个阶段，即 $k = 1, 2, 3$。设 s_k 为第 k 年初所拥有的完好机器数量，x_k 为第 k 年中用于生产产品 A 的机器数量，则用于产品 B 的机器数量为 $s_k - x_k$，故可以得到 $0 \leqslant x_k \leqslant s_k$，状态转移方程为

$$s_{k+1} = 0.35x_k + 0.65(s_k - x_k) = 0.65s_k - 0.3x_k.$$

设第 k 年工厂收入为 $d_k(s_k, x_k)$，则

$$d_k(s_k, s_k) = 45x_k + 35(s_k - u_k) = 35s_k + 10x_k.$$

令 $f_k(s_k)$ 为最优值函数，它表示从第 k 年到第 3 年末采取最优策略时工厂的最大收益，这样可以得到该问题的基本方程为

$$\begin{cases} f_k(s_k) = \max\limits_{0 \leqslant x_k \leqslant s_k} \{35s_k + 10x_k + f_{k+1}(0.65s_k - 0.3x_k)\}, & k = 3, 2, 1, \\ f_4(s_4) = 0. \end{cases}$$

当 $k = 3$ 时，有

$$f_3(s_3) = \max_{0 \leqslant x_3 \leqslant s_3} \{35s_3 + 10x_3 + f_4(0.65s_3 - 0.3x_3)\}$$

$$= \max_{0 \leqslant x_3 \leqslant s_3} \{35s_3 + 10x_3\}.$$

由于 $f_3(s_3)$ 是关于 x_3 的单调增函数，而 $0 \leqslant x_3 \leqslant s_3$，所以得到

$$x_3^* = s_3, \quad f_3(s_3) = 45s_3.$$

当 $k = 2$ 时，有

$$f_2(s_2) = \max_{0 \leqslant x_2 \leqslant s_2} \{35s_2 + 10x_2 + f_3(0.65s_2 - 0.3x_2)\}$$

$$= \max_{0 \leqslant x_2 \leqslant s_2} \{35s_2 + 10x_2 + 45(0.65s_2 - 0.3x_2)\}$$

$$= \max_{0 \leqslant x_2 \leqslant s_2} \{64.25s_2 - 3.5x_2\}.$$

由于 $f_2(s_2)$ 是关于 x_2 的单调减函数，而 $0 \leqslant x_2 \leqslant s_2$，所以得到

$$x_2^* = 0, \quad f_2(s_2) = 64.25s_2.$$

当 $k = 1$ 时，有

$$f_1(s_1) = \max_{0 \leqslant x_1 \leqslant s_1} \{35s_1 + 10x_1 + f_2(0.65s_1 - 0.3x_1)\}$$

$$= \max_{0 \leqslant x_1 \leqslant s_1} \{35s_1 + 10x_1 + 64.25(0.65s_1 - 0.3x_1)\}$$

$$= \max_{0 \leqslant x_1 \leqslant s_1} \{76.762\,5\,s_1 - 9.275x_1\}.$$

由于 $f_1(s_1)$ 是关于 x_1 的单调减函数，而 $0 \leqslant x_1 \leqslant s_1$，所以得到

$$x_1^* = 0, \quad f_1(s_1) = 76.762\,5\,s_1.$$

由于 $s_1 = 100$，所以得到该工厂的三年生产计划为

$$x_1^* = 0, \; s_2 = 65; \quad x_2^* = 0, \; s_3 = 42.25; \quad x_3^* = s_3 = 42.25,$$

即在第一、第二年将所有机器投入产品 B 的生产，最后一年将所有机器投入产品 A 的生产，这样所获最大收益为

$$f_1(s_1) = 76.762\,5\,s_1 = 7\,676.25\,（万元）.$$

5.3.3 生产计划问题

生产计划问题是：设某企业对某种产品要制订一项 n 个阶段的生产计划，已知它的初始库存量为零（为简单起见），每阶段生产该产品的数量有上限的限制；每阶段市场对该产品的需求量是已知的，企业要保证满足需求；在 n 阶段末的终结库存量为零（为简单起见）。问该公司如何制订每个阶段的生产计划，从而使总成本最小？

生产计划问题如果用于商业经营企业也是可以的，这时需要决策的是进货计划。

设 d_k 为第 k 阶段对产品的需求量，x_k 为第 k 阶段该产品的生产量（或采购量），s_k 为第 k 阶段结束时的产品库存量，则有

$$s_k = s_{k-1} + x_k - d_k.$$

设 $c_k(x_k)$ 表示第 k 阶段生产产品量为 x_k 时的成本，一般而言它包括生产的固定成本 K 和可变成本 ax_k（其中 a 为单位可变成本），即

$$c_k(x_k) = \begin{cases} 0, & x_k = 0, \\ K + ax_k, & 0 < x_k \leqslant m, \\ +\infty, & x_k > m, \end{cases}$$

其中 m 为企业的单阶段的最大生产能力。

设 $h_k(s_k)$ 为第 k 阶段结束时有库存量 s_k 所需的存储费用。所以，第 k 阶段的总费用为 $c_k(x_k) + h_k(s_k)$。令最优值函数 $f_k(s_k)$ 表示从第 1 阶段初到第 k 阶段末库存量为 s_k 时的最小总费用，则可以得到该问题的顺序递推方程为

$$\begin{cases} f_k(s_k) = \min\limits_{0 \leqslant x_k \leqslant \lambda_k} \{c_k(x_k) + h_k(s_k) + f_{k-1}(s_{k-1})\}, & k = 1, 2, \cdots, n, \\ f_0(s_0) = 0, \end{cases}$$

其中 $\lambda_k = \min\{s_k + d_k, m\}$。

例 5.8 (生产计划问题) 某工厂在未来 6 个月中面临着如表 5.8 所示的供货需求，要求每月底交货。已知该厂的生产能力为每月 4 百件，该厂仓库的存货能力为 3 百件，每百件货物的费用为 1 万元，而且在进行生产的月份，工厂要支出日常费用 0.4 万元。仓库存储费用为每百件每月 0.1 万元。假设开始时及 6 月底交货后无存货。试问应在每个月各生产多少件产品，才能既满足供应需求又能使总费用最小？

表 5.8 工厂未来 6 个月的供货需求（单位：百件）

月份	1	2	3	4	5	6
需求量	1	2	5	3	2	1

解 设用前述符号，按 6 个月份将此问题划分为 6 个阶段。根据题设条件，该工厂的第 k 月的生产成本为

$$c_k(x_k) = \begin{cases} 0, & x_k = 0, \\ 0.4 + 1 \times x_k, & 0 < x_k \leqslant 4, \\ +\infty, & x_k > 4, \end{cases}$$

第 k 月的存储费用为 $h_k(s_k) = 0.1 s_k$。

(1) 当 $k = 1$ 时，有

$$f_1(s_1) = \min_{x_1 = \min\{s_1 + 1, 4\}} \{c_1(x_1) + h_1(v_1)\}.$$

若 $s_1 = 0$，则 $f_1(0) = \min\limits_{x_1 = 1}\{0.4 + 1 \times x_1 + 0.1 \times 0\} = 1.4$，此时 $x_1^* = 1$。

若 $s_1 = 1$，则 $f_1(1) = \min\limits_{x_1 = 2}\{0.4 + 1 \times x_1 + 0.1 \times 1\} = 2.5$，此时 $x_1^* = 2$。

若 $s_1 = 2$，则 $f_1(2) = \min\limits_{x_1 = 3}\{0.4 + 1 \times x_1 + 0.1 \times 2\} = 3.6$，此时 $x_1^* = 3$。

若 $s_1 = 3$，则 $f_1(3) = \min\limits_{x_1 = 4}\{0.4 + 1 \times x_1 + 0.1 \times 3\} = 4.7$，此时 $x_1^* = 4$。

(2) 当 $k = 2$ 时，有

$$f_2(s_2) = \min_{x_2}\{c_2(x_2) + h_2(s_2) + f_1(s_2 - x_2 + d_2)\}.$$

此时，考虑到后续要求与最大生产能力，s_2 至少应为 1，而 x_2 的取值一方面要保证当前需求 d_2 还要保证既定的 s_2，所以它的范围是变化的。

若 $s_2 = 1$，则

$$f_2(1) = \min_{0 \leqslant x_2 \leqslant 3} \{c_2(x_2) + h_2(1) + f_1(3 - x_2)\}$$

$$= \min\{c_2(3) + h_2(1) + f_1(0), c_2(2) + h_2(1) + f_1(1),$$

$$c_2(1) + h_2(1) + f_1(2), c_2(0) + h_2(1) + f_1(3)\}$$

$$= \min\{0.4 + 1 \times 3 + 0.1 \times 1 + 1.4, 0.4 + 1 \times 2 + 0.1 \times 1 + 2.5,$$

$$0.4 + 1 \times 1 + 0.1 \times 1 + 3.6, 0 + 0.1 \times 1 + 4.7\}$$

$$= 4.8,$$

此时，$x_2^* = 0$。

若 $s_2 = 2$，则

$$f_2(2) = \min_{1 \leqslant x_2 \leqslant 4} \{c_2(x_2) + h_2(2) + f_1(4 - x_2)\}$$

$$= \min\{c_2(4) + h_2(2) + f_1(0), c_2(3) + h_2(2) + f_1(1),$$

$$c_2(2) + h_2(2) + f_1(2), c_2(1) + h_2(2) + f_1(3)\}$$

$$= \min\{0.4 + 1 \times 4 + 0.1 \times 2 + 1.4, 0.4 + 1 \times 3 + 0.1 \times 2 + 2.5,$$

$$0.4 + 1 \times 2 + 0.1 \times 2 + 3.6, 0.4 + 1 \times 1 + 0.1 \times 2 + 4.7\}$$

$$= 6.0,$$

此时，$x_2^* = 4$。

若 $s_2 = 3$，$f_2(3) = \min\limits_{2 \leqslant x_2 \leqslant 4} \{c_2(x_2) + h(3) + f_1(5 - x_2)\} = 7.2$，此时 $x_2^* = 4$。

若 $s_2 = 4$，$f_2(4) = \min\limits_{3 \leqslant x_2 \leqslant 4} \{c_2(x_2) + h(4) + f_1(6 - x_2)\} = 8.4$，此时 $x_2^* = 4$。

若 $s_2 = 5$，$f_2(5) = \min\limits_{4 \leqslant x_2 \leqslant 4} \{c_2(x_2) + h(5) + f_1(7 - x_2)\} = 9.6$，此时 $x_2^* = 4$。

(3) 当 $k = 3$ 时，有

$$f_3(s_3) = \min_{x_3}\{c_3(x_3) + h_3(s_3) + f_2(s_3 - x_3 + d_3)\}.$$

若 $s_3 = 0$，$f_3(0) = \min\limits_{0 \leqslant x_3 \leqslant 4} \{c_3(x_3) + h(0) + f_2(5 - x_3)\} = 9.2$，此时 $x_3^* = 4$。

若 $s_3 = 1$，$f_3(1) = \min\limits_{1 \leqslant x_3 \leqslant 4} \{c_3(x_3) + h(1) + f_2(6 - x_3)\} = 10.5$，此时 $x_3^* = 4$。

若 $s_3 = 2$，$f_3(2) = \min\limits_{2 \leqslant x_3 \leqslant 4} \{c_3(x_3) + h(2) + f_2(7 - x_3)\} = 11.8$，此时 $x_3^* = 4$。

若 $s_3 = 3$，$f_3(3) = \min\limits_{3 \leqslant x_3 \leqslant 4} \{c_3(x_3) + h(3) + f_2(8 - x_3)\} = 13.1$，此时

$x_3^* = 4$。

若 $s_3 = 4$, $f_3(4) = \min\limits_{4 \leqslant x_3 \leqslant 4} \{c_3(x_3) + h(4) + f_2(9 - x_3)\} = 14.4$, 此时 $x_3^* = 4$。

(4) 当 $k = 4$ 时, 有

$$f_4(s_4) = \min\limits_{x_4} \{c_4(x_4) + h_4(s_4) + f_3(s_4 - x_4 + d_4)\}.$$

若 $s_4 = 0$, $f_4(0) = \min\limits_{0 \leqslant x_4 \leqslant 3} \{c_4(x_4) + h(0) + f_3(3 - x_4)\} = 12.6$, 此时 $x_4^* = 3$。

若 $s_4 = 1$, $f_4(1) = \min\limits_{0 \leqslant x_4 \leqslant 4} \{c_4(x_4) + h(1) + f_3(4 - x_4)\} = 13.7$, 此时 $x_4^* = 4$。

若 $s_4 = 2$, $f_4(2) = \min\limits_{1 \leqslant x_4 \leqslant 4} \{c_4(x_4) + h(2) + f_3(5 - x_4)\} = 15.1$, 此时 $x_4^* = 4$。

若 $s_4 = 3$, $f_4(3) = \min\limits_{2 \leqslant x_4 \leqslant 4} \{c_4(x_4) + h(3) + f_3(6 - x_4)\} = 16.5$, 此时 $x_4^* = 4$。

(5) 当 $k = 5$ 时, 有

$$f_5(s_5) = \min\limits_{x_5} \{c_5(x_5) + h_5(s_5) + f_4(s_5 - x_5 + d_5)\}.$$

若 $s_5 = 0$, $f_5(0) = \min\limits_{0 \leqslant x_5 \leqslant 2} \{c_5(x_5) + h(0) + f_4(2 - x_5)\} = 15$, 此时 $x_5^* = 2$。

若 $s_5 = 1$, $f_5(1) = \min\limits_{0 \leqslant x_5 \leqslant 3} \{c_5(x_5) + h(1) + f_4(3 - x_5)\} = 16.1$, 此时 $x_5^* = 3$。

(6) 当 $k = 6$ 时, 有

$$f_6(s_6) = \min\limits_{x_6} \{c_6(x_6) + h_6(s_6) + f_5(s_6 - x_6 + d_6)\}.$$

因为 $s_6 = 0$, 所以 $f_6(0) = \min\limits_{0 \leqslant x_5 \leqslant 1} \{c_6(x_6) + h(0) + f_5(1 - x_6)\} = 16.1$, 此时 $x_6^* = 0$。

最后按计算顺序反推算, 可得到每个月份的最优生产决策为

$$x_1^* = 4,\ x_2^* = 0,\ x_3^* = 4,\ x_4^* = 3,\ x_5^* = 3,\ x_6^* = 0,$$

最小费用为 16.1 万元。

5.3.4 背包问题

背包问题是动态规划中的一个经典问题。有一个人带一个背包上山, 其可携带物品重量的限度为 a 千克, 设有 n 种物品可供他选择装入背包中, 其中第 i 种物品每件的重量为 w_i 千克, 在上山过程中的作用 (或价值) 是

携带数量 x_i 的函数 $c_i(x_i)$，问此人应如何选择携带物品（各几件），以使得所起作用（总价值）最大？这是一维背包问题，如果还考虑背包容量并已知不同物品的体积，那么这就成为二维背包问题。背包问题在现实中有着广泛的应用，类似的问题有工厂里的下料问题、运输中的货物装载问题、卫星内的物品装载问题等。下面用一个实例来说明利用动态规划求解背包问题的基本思路。

例 5.9 (**背包问题**) 某货运汽车的载重量为 13 吨，现需运送 5 种货物。货物的重量及其运送单件货物的利润如表 5.9 所示。试确定如何装载这些货物，使运输利润最大。

表 5.9 货物重量及其单件运输利润

货物	A	B	C	D	E
重量（吨）	1	4	5	3	7
利润（百元）	0.5	3	4	2	9

解 首先根据货物单位重量的价值（即用单件货物利润除以单件货物重量）将货物排序，结果如表 5.10 所示。

表 5.10 货物重量及其单件运输利润

货物	E	C	B	D	A
重量（吨）	7	5	4	3	1
利润（百元）	9	4	3	2	0.5

然后根据表 5.10 按货物的种类将问题划分为 5 个阶段，即 $k = 1, 2, \cdots, 5$。设 x_k 为第 k 种货物的装载数量，且要求 x_k 为整数；s_k 为第 k 种货物至第 5 种货物可用的装载重量，则 $s_1 = 13$。设第 k 种货物的单件重量为 w_k，单件货物利润为 r_k，则装载第 k 种货物 x_k 件时的利润为 $r_k x_k$。状态转移方程为

$$s_{k+1} = s_k - w_k x_k.$$

$f_k(s_k)$ 为最优值，表示从第 k 种货物至第 5 种货物按最优装载量计算得到的最大利润值。则该问题的基本方程为

$$\begin{cases} f_k(s_k) = \max_{0 \leqslant x_k \leqslant [\frac{s_k}{w_k}]} \{r_k x_k + f_{k+1}(s_{k+1})\}, \quad k = 4, 3, 2, 1, \\ f_5(s_5) = \max_{0 \leqslant x_5 \leqslant [\frac{s_5}{w_5}]} \{r_5 x_5\}. \end{cases}$$

其中，$[\cdot]$ 为取整运算。

当 $k = 5$ 时，

$$f_5(s_5) = \max_{0 \leqslant x_5 \leqslant [\frac{s_5}{w_5}]} \{r_5 x_5\} = \max_{0 \leqslant x_5 \leqslant [\frac{s_5}{1}]} \{0.5 x_5\}.$$

由于 s_5 最大可能取值为 13，根据其他货物的重量，s_5 必然为整数，所以 $[\frac{s_5}{1}]$ 可能取值为 0 到 13，这样第 5 阶段的最优决策为

$$x_5^* = s_5, \quad f_5(s_5) = 0.5 x_5^*.$$

当 $k = 4$ 时，有

$$f_4(s_4) = \max_{0 \leqslant x_4 \leqslant [\frac{s_4}{w_4}]} \{r_4 x_4 + f_5(s_5)\} = \max_{0 \leqslant x_4 \leqslant [\frac{s_4}{3}]} \{2 x_4 + 0.5(s_4 - 3x_4)\}$$

$$= \max_{0 \leqslant x_4 \leqslant [\frac{s_4}{3}]} \{0.5 x_4 + 0.5 s_4\}.$$

由于 $[\frac{s_4}{3}]$ 只能取 $0, 1, 2, 3, 4$，所以此阶段的最优决策为

$$f_4(s_4) = \begin{cases} 0.5 s_4, & x_4^* = 0 \text{ 即 } 0 \leqslant s_4 \leqslant 2, \\ 0.5(1 + s_4), & x_4^* = 1 \text{ 即 } 3 \leqslant s_4 \leqslant 5, \\ 0.5(2 + s_4), & x_4^* = 2 \text{ 即 } 6 \leqslant s_4 \leqslant 8, \\ 0.5(3 + s_4), & x_4^* = 3 \text{ 即 } 9 \leqslant s_4 \leqslant 11, \\ 0.5(4 + s_4), & x_4^* = 4 \text{ 即 } 12 \leqslant s_4 \leqslant 13. \end{cases}$$

当 $k = 3$ 时，有

$$f_3(s_3) = \max_{0 \leqslant x_3 \leqslant [\frac{s_3}{w_3}]} \{r_3 x_3 + f_4(s_4)\} = \max_{0 \leqslant x_3 \leqslant [\frac{s_3}{4}]} \{3 x_3 + f_4(s_3 - 3x_3)\}.$$

具体计算过程如表 5.11 所示。

当 $k = 2$ 时，有

$$f_2(s_2) = \max_{0 \leqslant x_2 \leqslant [\frac{s_2}{w_2}]} \{r_2 x_2 + f_3(s_3)\} = \max_{0 \leqslant x_2 \leqslant [\frac{s_2}{5}]} \{4 x_2 + f_3(s_2 - 5x_2)\}.$$

由于排在第一位的货物 E 的单件重量为 7，所以 s_2 取值为 13 或者 6，因此 x_2 可取 1 或者 2。

若 $x_2 = 1$，则 $s_2 = 6$，$f_2(s_2) = 4.5$。

若 $x_2 = 2$，则 $s_2 = 13$，$f_2(s_2) = 10$。

表 5.11　背包问题计算表

s_3	$3x_3 + f_4(s_3 - 3x_3)$				$f_3(s_3)$	x_3^*
	0	1	2	3		
0	0				0	0
1	0+0.5				0.5	0
2	0+1				1	0
3	0+2				2	0
4	0+2.5	3+0			3	1
5	0+3	3+0.5			3.5	1
6	0+4	3+1			4	0,1
7	0+4.5	3+2			5	1
8	0+5	3+2.5	6+0		6	2
9	0+6	3+3	6+0.5		6.5	2
10	0+6.5	3+4	6+1		7	1,2
11	0+7	3+4.5	6+2		8	2
12	0+8	3+5	6+2.5	9+0	9	3
13	0+8.5	3+6	6+3	9+0.5	9.5	3

当 $k = 1$ 时，由于 $s_1 = 13$，所以 x_1 可取 0 或者 1，所以

$$f_1(s_1) = \max_{0 \leqslant x_1 \leqslant [\frac{s_1}{w_1}]} \{r_1 x_1 + f_2(s_2)\} = \max_{0 \leqslant x_1 \leqslant [\frac{13}{7}]} \{9x_1 + f_2(s_1 - 7x_1)\}.$$

若 $x_1 = 1$，则 $f_1(s_1) = 9 + 4.5 = 13.5$。

若 $x_1 = 0$，则 $f_1(s_1) = 0 + 10 = 10$。

所以第一阶段的最优决策为 $x_1^* = 1$。根据上述求解过程逆推得到该问题的最优决策为

$$x_1^* = 1,\ x_2^* = 1,\ x_3^* = 0,\ x_4^* = 0,\ x_5^* = 1,$$

即货物 E, C, A 各运 1 件，最大利润为 13.5 百元。

由上述求解过程发现，背包问题求解过程中由于要求决策变量必须是整数解，所以增加了求解过程的复杂性。一般情况下，应先将货物按单位重量价值进行降序排列，而且在求解过程中还要结合问题的具体参数作出适当的调整，在较简单情况下可以利用分析得到某步的决策，如果情况复杂可充分利用表格的方式进行求解。

5.3.5　不确定采购问题

在实际问题中，还遇到某些多阶段决策过程，不是像前面所讨论的确定性那样状态转移是完全确定的，而是出现了随机性因素，状态转移不能完全确定，它是按照某种已知的概率分布取值。具有这种性质的多阶段决策过程就称为**随机性动态规划问题**。同处理确定性问题类似，用动态规划的方法也可处理这种随机性问题。

例 5.10 (**不确定采购**)　某厂生产上需要在近五周内必须采购一批原料，而估计在未来五周内价格有波动，其浮动价格和概率已测得如表 5.12 所示。试求在哪一周以什么价格购入，可使其采购价格的数学期望值最小，并求出期望值。

表 5.12　原料价格分布

单价	500	600	700
概率	0.3	0.3	0.4

解　这里价格是一个随机变量，是按某种已知的概率分布取值的。用动态规划方法处理，按采购期限 5 周分为 5 个阶段，将每周的价格看做该阶段的状态。设 y_k 为状态变量，表示第 k 周的实际价格；设 x_k 为决策变量，当 $x_k = 1$ 时表示第 k 周决策为采购，当 $x_k = 0$ 时表示第 k 周决策为不采购，决定等待；设 y_{kE} 表示第 k 周决定等待，而在以后采取最优决策时采购价格的期望值；设 $f_k(y_k)$ 表示第 k 周实际价格为 y_k 时，从第 k 周至第 5 周采取最优决策所得的最小期望值。则问题的逆序递推关系为

$$\begin{cases} f_k(s_k) = \min\{y_k, y_{kE}\}, & y_k \in s_k, \\ f_5(y_5) = y_5, & y_5 \in s_5, \end{cases}$$

其中

$$s_k = \{500, 600, 700\}, \quad k = 1, 2, 3, 4, 5.$$

由 y_{kE} 和 $f_k(s_k)$ 的定义可知

$$y_{kE} = E[f_{k+1}(y_{k+1})] = 0.3 f_{k+1}(500) + 0.3 f_{k+1}(600) + 0.4 f_{k+1}(700),$$

并且得出最优决策为

$$x_k = 1, \ f_k(y_k) = y_k; \quad x_k = 0, \ f_k(y_k) = y_{kE}.$$

当 $k=5$ 时，因 $f_5(s_5)=y_5$，$y_5 \in s_5$，故有

$$f_5(500)=500, \quad f_5(600)=600, \quad f_5(700)=700,$$

即在第 5 周时，若所需的原料尚未购入，则无论市场价格是多少，都必须采购，不能再等。

当 $k=4$ 时，由于

$$y_{4E} = 0.3f_5(500) + 0.3f_5(600) + 0.4f_5(700)$$

$$= 0.3 \times 500 + 0.3 \times 600 + 0.4 \times 700 = 610,$$

于是有

$$f_4(y_4) = \min_{y_4 \in s_4}\{y_4, y_{4E}\} = \min_{y_4 \in s_4}\{y_4, 610\}$$

$$= \begin{cases} 500, & 若\ y_4 = 500, \\ 600, & 若\ y_4 = 600, \\ 610, & 若\ y_4 = 700, \end{cases}$$

所以，第 4 周的最优决策为

$$x_4 = \begin{cases} 1, & 若\ y_4 = 500\ 或\ 600, \\ 0, & 若\ y_4 = 700. \end{cases}$$

当 $k=3$ 时，

$$y_{3E} = 0.3f_4(500) + 0.3f_4(600) + 0.4f_4(700)$$

$$= 0.3 \times 500 + 0.3 \times 600 + 0.4 \times 610 = 574,$$

于是

$$f_3(y_3) = \min_{y_3 \in s_3}\{y_3, y_{3E}\} = \min_{y_3 \in s_3}\{y_3, 574\}$$

$$= \begin{cases} 500, & 若\ y_3 = 500, \\ 574, & 若\ y_3 = 600\ 或\ 700, \end{cases}$$

所以，第 3 周的最优决策为

$$x_3 = \begin{cases} 1, & 若\ y_3 = 500, \\ 0, & 若\ y_3 = 600\ 或\ 700. \end{cases}$$

当 $k=2$ 时，

$$y_{2E} = 0.3f_3(500) + 0.3f_3(600) + 0.4f_3(700)$$

$$= 0.3 \times 500 + 0.3 \times 574 + 0.4 \times 574 = 551.8,$$

于是

$$f_2(y_2) = \min_{y_2 \in s_2} \{y_2, y_{2E}\} = \min_{y_2 \in s_2} \{y_2, 551.8\}$$

$$= \begin{cases} 500, & \text{若 } y_2 = 500, \\ 551.8, & \text{若 } y_2 = 600 \text{ 或 } 700, \end{cases}$$

所以，第 2 周的最优决策为

$$x_2 = \begin{cases} 1, & \text{若 } y_2 = 500, \\ 0, & \text{若 } y_2 = 600 \text{ 或 } 700. \end{cases}$$

当 $k = 1$ 时，

$$y_{1E} = 0.3 f_2(500) + 0.3 f_2(600) + 0.4 f_2(700)$$

$$= 0.3 \times 500 + 0.3 \times 551.8 + 0.4 \times 551.8 = 536.3,$$

于是

$$f_1(y_1) = \min_{y_1 \in s_1} \{y_1, y_{1E}\} = \min_{y_1 \in s_1} \{y_1, 536.3\}$$

$$= \begin{cases} 500, & \text{若 } y_1 = 500, \\ 536.3, & \text{若 } y_1 = 600 \text{ 或 } 700, \end{cases}$$

所以，第 1 周的最优决策为

$$x_1 = \begin{cases} 1, & \text{若 } y_1 = 500, \\ 0, & \text{若 } y_1 = 600 \text{ 或 } 700. \end{cases}$$

由此可得最优采购策略为：在第 1、第 2、第 3 周时，若价格为 500 就采购，否则应该等待；在第 4 周时，价格为 500 或 600 时都应采购，否则就等待；在第 5 周时，无论什么价格都要采购。按照该最优策略进行采购时，采购价格的数学期望值为

$$500 \times 0.3(1 + 0.7 + 0.7^3 + 0.7^3 + 0.7^3 \times 0.4)$$

$$+ 600 \times 0.3(0.7^3 + 0.4 \times 0.7^3) + 700 \times 0.4^2 \times 0.7^3$$

$$= 500 \times 0.8011 + 600 \times 0.1441 + 700 \times 0.0548$$

$$\approx 525.$$

在本章中，介绍了动态规划的基本思想与求解问题的思路，并对一些典型的动态规划问题的求解进行了分析。但主要涉及的是确定型的动态规划问题，其他的如不确定型、随机型等动态规划问题并未涉及。需要注意的是，动态规划问题的求解需要创造性的思维，针对不同问题设计求解的过程。

第六章 图与网络分析

内容提要 图是最直接的数学语言，它能直观地反映问题，简化问题的分析过程，在解决实际问题中有着十分广泛的应用。本章主要介绍图论在运筹学中运用。在对图的基本概念讲解的基础上，重点介绍了树与最小支撑树、最短路问题、网络最大流问题、最小费用最大流问题、中国邮递员问题等相关内容。

6.1 图的基本概念

图与网络分析是运筹学应用十分广泛的一个分支，它已广泛应用在物理学、化学、控制论、信息论、科学管理、电子计算机等诸多领域。在实际生活与生产活动中，许多问题都可以使用图与网络的相关理论与方法来解决。

1736 年 29 岁的欧拉向圣彼得堡科学院递交了《哥尼斯堡的七座桥》的论文，开创了数学的一个新的分支——图论与几何拓扑。哥尼斯堡城中有一条普雷格尔河，河中有两个小岛，共有七座桥将它们与两岸连接，如图 6-1（a）所示。当时那里的居民热衷于讨论这样的一个问题：一个散步者能否走

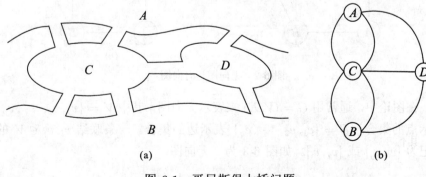

(a)   (b)

图 6-1 哥尼斯堡七桥问题

过七座桥，且每座桥只走一次，再回到出发点。

　　欧拉将此问题归结为如图 6-1（b）所示的一笔画问题，即能否从某一点开始一笔画出这个图形，最后回到出发点，且不重复。欧拉证明了这是不可能实现的，因为该图中每个点都与奇数条线相关联（即这些点都是奇点），不可能将这个图不重复地一笔画成。

　　图论自产生以来，其理论与方法得到广泛关注和充分发展，将庞大复杂的工程系统和管理问题用图描述，可以解决很多工程设计与管理决策中的最优化问题。下面我们将首先介绍图论中的一些基本概念。

　　图论中图通常是一种示意图，它与实际中使用的图（如建筑施工图、机械设计图、地图等）存在着较大的差别。在图论中，图的构成一般包括点和线（边或弧），主要关注的是这些点之间关系，并不关注点的位置、线的形状等一些形式上的因素。如果某个图只是由点和边（非箭线）所组成，则该图为**无向图**；如果某个图是由点和弧（箭线）所组成，则称其为**有向图**。

　　无向图与有向图有着不同的含义，使用哪种图完全取决于实际问题的需要。例如有 6 支球队之间进行比赛，我们用点表示不同的球队，用边表示各个球队之间进行了比赛，这样可以得到如图 6-2（a）所示的无向图。如果我们还要表示各场比赛之间的胜负关系，就需要使用有向图了。如图 6-2（b）所示中，如果弧的箭头指向一方为负方，则图 6-2（b）不仅反映了哪些球队之间进行过比赛，而且还知道了每场比赛的胜负关系。

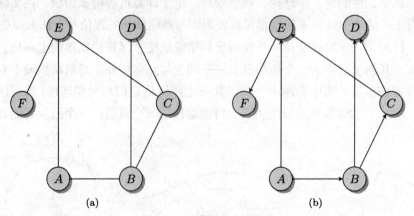

图 6-2　无向图与有向图

　　在图论中，通常用 $G = (V, E)$ 来表示无向图，其中 $V = \{v_1, v_2, \cdots, v_p\}$ 表示点的集合，$E = \{e_1, e_2, \cdots, e_q\}$ 表示边的集合。一条联结 $v_i, v_j \in V$ 的边记为 $[v_i, v_j]$ 或 $[v_j, v_i]$。如图 6-3 为一无向图，

$$V = \{v_1, v_2, \cdots, v_{10}\}, \quad E = \{e_1, e_2, \cdots, e_{14}\},$$

其中，$e_1 = [v_1, v_2]$，$e_2 = [v_2, v_3]$，$e_3 = [v_1, v_3]$，$e_4 = [v_2, v_2]$，$\cdots$，$e_{14} = [v_9, v_{10}]$。

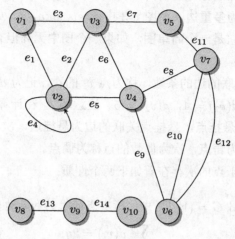

图 6-3　无向图

在图论中，通常用 $D = (V, A)$ 来表示有向图，其中 $V = \{v_1, v_2, \cdots, v_p\}$ 表示点的集合，$A = \{a_1, a_2, \cdots, a_q\}$ 表示弧的集合。一条由 v_i 指向 v_j 的弧记为 (v_i, v_j)。如图 6-4 为一有向图，

$$V = \{v_1, v_2, \cdots, v_{10}\}, \quad A = \{a_1, a_2, \cdots, a_{14}\},$$

其中，$a_1 = (v_1, v_2)$，$a_2 = (v_2, v_3)$，$a_3 = (v_1, v_3)$，$a_4 = (v_2, v_2)$，$\cdots$，$a_{14} = (v_9, v_{10})$。

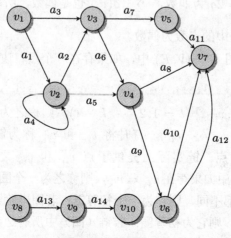

图 6-4　有向图

在无向图 $G = (V, E)$ 中，若边 $e_i = [v_i, v_j]$，则称 v_i, v_j 为边 e_i 的**端点**，且 v_i 和 v_j 是**相邻的**。同时称 e_i 是点 v_i（及 v_j）的**关联边**。如果某条边的两个端点相同，则这条边称为**环**（如图 6-3 中的 e_4）；若两个点之间不止一条边，称这些边为**多重边**（如图 6-3 中的 e_{10} 和 e_{12}）。如果一个图中既无环也无多重边，则它是一个**简单图**，如果一个图中无环但有多重边，则称其为**多重图**。

与点 v_i 相关联的边的条数，称为点 v_i 的**次**，记为 $d(v_i)$ 或 d_i。如图 6-3 中，$d(v_1) = 2$，$d(v_7) = 4$，$d(v_2) = 5$。注意环 e_4 在计算 $d(v_2)$ 时计算两次。次为 1 的点称为**悬挂点**，悬挂点关联的边为**悬挂边**，次为 0 的点为**孤立点**。次为奇数的点称为**奇点**，次为偶数的点称为**偶点**。

无向图中关于点的次存在着如下两个性质：

定理 6.1　图 $G = (V, E)$ 中，所有点的次的和是边数的两倍，即

$$\sum_{v_i \in V} d(v_i) = 2q.$$

这个性质是显然的，因为在计算各点的次时，每条边的两个端点都各计算了一次。

定理 6.2　在图 $G = (V, E)$ 中，奇点的个数为偶数。

证　设 V_1 和 V_2 分别是 G 中奇点和偶点的集合，则有

$$\sum_{v_i \in V_1} d(v_i) + \sum_{v_j \in V_2} d(v_j) = \sum_{v_k \in V} d(v_k) = 2q.$$

因为 $\sum_{v_k \in V} d(v_k) = 2q$ 为偶数，$\sum_{v_j \in V_2} d(v_j)$ 也是偶数，所以 $\sum_{v_i \in V_1} d(v_i)$ 也必定为偶数，这样 V_1 中的点数为偶数。

在一个无向图 $G = (V, E)$ 中，如果存在一个点、边交错的序列

$$(v_{i_1}, e_{i_1}, v_{i_2}, e_{i_2}, \cdots, v_{i_{k-1}}, e_{i_{k-1}}, v_{i_k}),$$

且满足 $e_{i_t} = [v_{i_t}, v_{i_{t+1}}]$（$t = 1, 2, \cdots, k - 1$），则称之为一条联结 v_{i_1} 和 v_{i_k} 的**链**，记为 $(v_{i_1}, v_{i_2}, \cdots, v_{i_k})$，有时将 v_{i_1} 和 v_{i_k} 称为链的两个**端点**，其余点称为链的**中间点**。链实际上提供了点 v_{i_1} 和 v_{i_k} 之间的一条通路。链 $(v_{i_1}, v_{i_2}, \cdots, v_{i_k})$ 中如果存在 $v_{i_1} = v_{i_k}$，则称之为一个**圈**。若链 $(v_{i_1}, v_{i_2}, \cdots, v_{i_k})$ 中所有的点都不同，则它为一个**初等链**；若圈中除开始点和结束点之外所有的点都不同，则它为**初等圈**；若链（圈）中所有边都不同，则称之为**简单链（圈）**。

在一个无向图 $G = (V, E)$ 中，若任意两点之间都至少存在一条链，则称 G 是**连通图**，否则称为**不连通图**。若 G 是不连通图，它的每个连通的部分称为 G 的一个**连通分图**。如图 6-3 为一不连通图，它有两个连通分图。

给定一个图 $G = (V, E)$，若图 $G' = (V, E')$，且存在 $E' \subseteq E$，则称 G' 为 G 的一个**支撑子图**。即支撑子图相对于原图而言是点都在，但边不一定全。如图 6-5 中，图 6-5（a）为原图，图 6-5（b）和图 6-5（c）都是它的支撑子图。

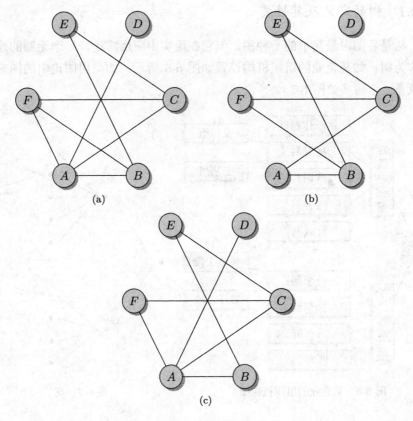

图 6-5 支撑子图

下面我们讨论有向图的相关概念。对于一个既定的有向图 $D = (V, A)$，如果去掉所有弧的方向相应地得到一个无向图，一般将这个无向图称为 D 的**基础图**，记为 $G(D)$。若 $a = (v_i, v_j) \in A$，称 v_i 为 a 的**始点**，称 v_j 为 a 的**终点**，称弧 a 是从 v_i 指向 v_j 的。设 $(v_{i_1}, a_{i_1}, v_{i_2}, a_{i_2}, \cdots, v_{i_{k-1}}, a_{i_{k-1}}, v_{i_k})$ 是 D 中一个点弧交错的序列，且这个序列在其基础图 $G(D)$ 中所对应的点边序列是一条链，则称这个点弧交错序列是 D 的一条链，类似可以定义圈和初等链（圈）。如果 $(v_{i_1}, a_{i_1}, v_{i_2}, a_{i_2}, \cdots, v_{i_{k-1}}, a_{i_{k-1}}, v_{i_k})$ 是 D 中的一条链，并且对 $t = 1, 2, \cdots, k-1$ 均有 $a_{i_t} = (v_{i_t}, v_{i_{t+1}})$，则称之为从 v_{i_1} 到 v_{i_k} 的一条**路**，若路的第一个点和最后一个点相同，则称之为**回路**。类似可以定义初等路、简单有向图、多重有向图等。

6.2 树与最小支撑树

6.2.1 树的定义及其性质

树是各图中最简单的一种图，但它在现实中应用广泛。一个无圈的连通图称为**树**。如某企业的组织机构设置如图 6-6 所示，如果用图论中的图来描述就是一个树（如图 6-7）。

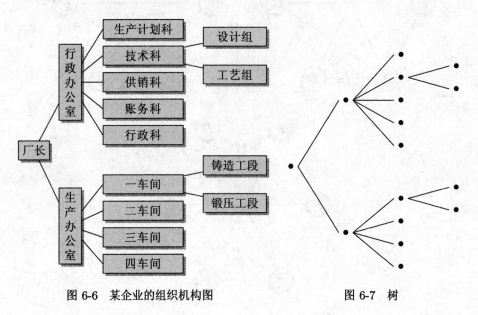

图 6-6 某企业的组织机构图   图 6-7 树

树具有一些特有的性质：

定理 6.3 设图 $G = (V, E)$ 是一个树，且 G 的点数 $p(G) \geqslant 2$，则 G 中至少有两个悬挂点。

定理 6.4 图 $G = (V, E)$ 为一个树的充分必要条件是 G 不含圈，且恰有 $p-1$ 条边。

定理 6.5 图 $G = (V, E)$ 为一个树的充分必要条件是 G 是连通图，且

其点数 $p(G)$ 与边数 $q(G)$ 满足 $q(G) = p(G) - 1$。

定理 6.6 图 $G = (V, E)$ 为一个树的充分必要条件是任意两个顶点之间恰有一条链。

上述这些关于树的基本性质都比较直观，也容易证明。从这些性质中，可以发现，

(1) 在点集合相同的所有图中，树是含边数最少的连通图。如果从一个树中去掉任意一条边，则余下的图是不连通的。

(2) 在树中不相邻的两个点间添上一条边，则恰好得到一个圈。如果再从这个圈上任意去掉一条边，则可以得到一个树。

6.2.2 图的支撑树

对于任意的连通图 $G = (V, E)$，如果它的某个支撑子图 $T = (V, E')$ 正好是一个树，则称 T 为图 G 的**支撑树**。显然，只有连通图才有支撑树，而且支撑树 T 的边数为 $p(G) - 1$，G 中不属于 T 的边数为 $q(G) - p(G) + 1$。

求一个图的支撑树有两种方法：避圈法和破圈法，这两种方法都来源于树的定义与基本性质，比较直观、易懂。避圈法的基本思路是：从连通图 $G = (V, E)$ 中不断地取出一些边来，只有保证新取出来的边与已取出的边不构成圈即可，直到找不到这样的边为止。一般地，设已取出的边的集合为 $\{e_1, e_2, \cdots, e_k\}$，找一条与 $\{e_1, e_2, \cdots, e_k\}$ 中任何一些边不构成圈的边 e_{k+1}，重复这一过程，直到不能进行为止。这时，由所有取出的边所构成的图是一个支撑树。而破圈法的基本思路与这正好相反：破圈法是在图 G 中，不断地寻找圈，一旦找到一个圈，就去掉该圈中的任意一条边，重复这一个过程直到图中不再包含圈为止。

例 6.1 (**图的支撑树**) 利用避圈法和破圈法求图 6-8 的一个支撑树。

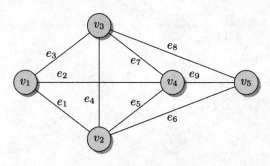

图 6-8 图的支撑树

解　首先利用避圈法。从图中取出 e_1，然后检查余下的边中任意一条与 e_1 均不构成圈，所以可以任意取出一条，如 e_2。再检查余下的边中，e_5 与 $\{e_1, e_2\}$ 构成圈，所以不能取它（而且后续步骤中也不需要再考虑这条边了），其他可以任取一条，如 e_3。在余下的边中，e_4, e_7 与现有的边构成了圈，所以只能在 e_6, e_8 和 e_9 中任取一条，如 e_6。再检查余下的边，再取出任意一条边都与现有的边构成了圈，所以得到了图的支撑树，如图 6-9 所示。事实上，利用避圈法求解图的支撑树时，共取出了 $p(G) - 1$ 条边，所以上述过程只需重复 $p(G) - 1$ 次即可。

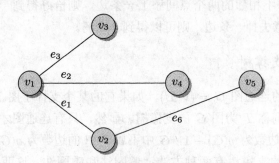

图 6-9　图的支撑树（避圈法）

接下来使用破圈法。由于图 6-8 中，e_1, e_3, e_4 构成了一个圈，所以去掉该圈中的任意一条边，如 e_3。在新得到的图中，e_1, e_2, e_5 构成了圈，去掉任意一条边，如 e_2。余下的图中 e_4, e_5, e_7 构成圈，去掉任意一条边，如 e_7。在余下的图中，e_4, e_8, e_6 构成了圈，去掉任意一条边，如 e_6。在余下的图中 e_4, e_5, e_8, e_9 构成了圈，去掉任意一条边，如 e_8。在余下的图中不再包含圈，即得到图的支撑树，如图 6-10 所示。事实上，利用破圈法求解图的支撑树时，共去掉了 $q(G) - p(G) + 1$ 条边，所以上述过程只需重复 $q(G) - p(G) + 1$ 次即可。

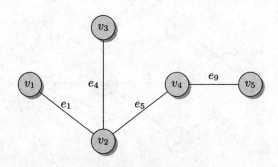

图 6-10　图的支撑树（破圈法）

由上例可以发现，一般情况下一个连通图的支撑树是不唯一的。

6.2.3 最小支撑树问题

前面所接触到的图只是表示了点与边（或弧）的关联关系，反映的信息有限。如果给图 $G = (V, E)$ 中的每一条边 $[v_i, v_j]$ 赋予一个数 w_{ij}，则称这样的图为**赋权图**，w_{ij} 称为边 $[v_i, v_j]$ 上的**权**。权通常是与边有关的数量指标，根据具体问题的需要，可以赋予不同的含义，如时间、费用、距离等。赋权图不仅指出各个点之间的关联关系，而且同时也表示出各点之间的数量关系，它反映了更多的信息，因此在实际中得到了十分广泛的应用。

赋权图可以利用图形方式直接体现，只需在每条边上注上其权即可。但对于一些复杂的图形，或者为了计算与分析的便利，有时也使用**边权矩阵**的方式来描述，如图 6-11 所示的赋权图也可以用 (6.1) 的边权矩阵进行描述：

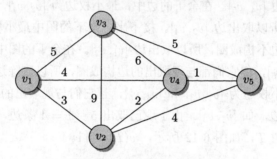

图 6-11 边权矩阵对应的图

$$
\begin{array}{c}
\begin{array}{ccccc}
v_1 & v_2 & v_3 & v_4 & v_5
\end{array} \\
\begin{array}{c}
v_1 \\ v_2 \\ v_3 \\ v_4 \\ v_5
\end{array}
\begin{pmatrix}
0 & 3 & 5 & 4 & \infty \\
3 & 0 & 9 & 2 & 4 \\
5 & 9 & 0 & 6 & 5 \\
4 & 2 & 6 & 0 & 1 \\
\infty & 4 & 5 & 1 & 0
\end{pmatrix}
\end{array}. \tag{6.1}
$$

注意到，无向赋权图的边权矩阵是对称的，而有向赋权图的边权矩阵一般是不对称的。

设有一个连通图 $G = (V, E)$，每条边上都有一个非负权 $w_{ij} \geqslant 0$。如果 $T = (V, E')$ 是 G 的一个支撑树，称 E' 中所有边的权之和为**支撑树 T 的权**，记为 $w(T)$，即

$$
w(T) = \sum_{[v_i, v_j] \in E'} w_{ij}.
$$

如果支撑树 T^* 的权 $w(T^*)$ 是 G 的所有支撑树中权最小的，则称 T^* 是 G 的**最小支撑树**，即

$$w(T^*) = \min_T w(T).$$

由此可见，求图的最小支撑树是一个最优化问题。

通常情况下一个连通图的支撑树是不唯一的，但是一个连通赋权图的最小支撑树一般是唯一的。求解图的最小支撑树问题可以借鉴前述支撑树的求解方法，只是在每个步骤中考虑进去最小支撑树的约束即可。由于假设所有权都是非负的，而支撑树的权是边的权之和，所以在避圈法中选边时只需每次都保证选出权最小的边，而在破圈法中每次只需去掉圈中最大权边即可。

例 6.2（**最小支撑树**）　用避圈法和破圈法求图 6-11 的最小支撑树。

解　首先用避圈法求解。在原图中，边 $[v_4, v_5]$ 的权 $w_{45} = 1$ 为最小，所以首先取出边 $[v_4, v_5]$。在余下的边中，最小权边为 $[v_2, v_4]$，且与现取出的边不构成圈，所以取出边 $[v_2, v_4]$。接下来，余下的图中最小权边为 $[v_1, v_2]$，且与现取出的边不构成圈，所以取出边 $[v_1, v_2]$。在余下的图中，最小权边为 $[v_1, v_4]$ 和 $[v_2, v_5]$，但它们都与现取出的边构成圈，所以删除这两条边。在余下的图中，最小权边为 $[v_1, v_3]$ 和 $[v_3, v_5]$，且它们与现取出的边均不构成圈，所以任取一条边，如 $[v_1, v_3]$。由于现已取出 $5 - 1 = 4$ 条边，所以得到了原图的最小支撑树 T，如图 6-12 所示，$w(T) = 11$。

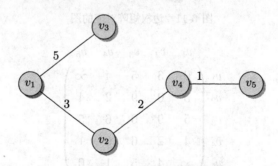

图 6-12　图的最小支撑树（避圈法）

接下来使用避圈法求解。首先在原图中寻找最大权的边为 $[v_2, v_3]$，它在某个圈中，所以去掉该边。在余下图中，最大权边为 $[v_3, v_4]$，也在某个圈中，所以去掉该边。在余下图中，最大权边为 $[v_1, v_3]$ 和 $[v_3, v_5]$，任选一条如 $[v_1, v_3]$，在某个圈中，所以去掉该边。在余下的图中，最大权边为 $[v_3, v_5]$，不在任何一个圈中，所以保留该边。余下的图中，最大权边为 $[v_1, v_4]$ 和 $[v_2, v_5]$，任选一条如 $[v_1, v_4]$，它在某个圈中所以去掉边。在余下的图中，

最大权边为 $[v_2, v_5]$，它在某个圈中，所以去掉这个边。至此，已经去掉了 $9 - 5 + 1 = 5$ 条边，所以得到了原图的最小支撑树 T，如图 6-13 所示，$w(T) = 11$。

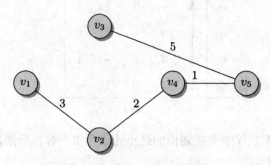

图 6-13 图的最小支撑树（破圈法）

另外一种求解最小支撑树的方法是直接利用边权矩阵进行，称为 **Prim 算法**。其基本思路是从某一点（如 v_1）开始，逐步生成最小支撑树。该方法的基本步骤如下：

(1) 写出边权矩阵，两点间若没有边，则用 ∞ 表示。

(2) 从 v_1 开始标记，在第一行打 $\sqrt{\ }$（从 v_1 出发），划去第一列（保证不再回到 v_1，避免形成圈）。

(3) 从所有打 $\sqrt{\ }$ 的行中找出尚未划掉的最小元素，对该元素画圈，划掉该元素所在列，与该列数对应的行打 $\sqrt{\ }$。

(4) 若所有列都划掉，则已找到最小支撑树 (所有画圈元素所对应的边)；否则，返回第 (3) 步。

例 6.3 (Prim 法) 利用 Prim 法求解图 6-11 的最小支撑树。

解 第 1 步 写出边权矩阵：

	v_1	v_2	v_3	v_4	v_5
v_1	—	3	5	4	∞
v_2	3	—	9	2	4
v_3	5	9	—	6	5
v_4	4	2	6	—	1
v_5	∞	4	5	1	—

第 2 步 第 1 行打 $\sqrt{\ }$，划去第一列。

	v_1	v_2	v_3	v_4	v_5	
v_1	−	3	5	4	∞	√
v_2	3	−	9	2	4	
v_3	5	9	−	6	5	
v_4	4	2	6	−	1	
v_5	∞	4	5	1	−	

第 3 步　第 1 行中未被划掉的最小元素为 3，对其画圈，同时划去第 2 列，对第 2 行打 √。

	v_1	v_2	v_3	v_4	v_5	
v_1	−	③	5	4	∞	√
v_2	3	−	9	2	4	√
v_3	5	9	−	6	5	
v_4	4	2	6	−	1	
v_5	∞	4	5	1	−	

第 4 步　第 1、第 2 行中未被划掉的最小元素为 2，对其画圈，同时划去第 4 列，对第 4 行打 √。

	v_1	v_2	v_3	v_4	v_5	
v_1	−	③	5	4	∞	√
v_2	3	−	9	②	4	√
v_3	5	9	−	6	5	
v_4	4	2	6	−	1	√
v_5	∞	4	5	1	−	

第 5 步　打 √ 行中未被划掉的最小元素为 1，对其画圈，同时划去第 5 列，对第 5 行打 √。

	v_1	v_2	v_3	v_4	v_5	
v_1	+	③	5	4	∞	√
v_2	3	−	9	②	4	√
v_3	5	9	−	6	5	
v_4	4	2	6	+	①	√
v_5	∞	4	5	1	+	√

第 6 步　打 √ 行中未被划掉的最小元素为 5，对其画圈，同时划去第 3 列，对第 3 行打 √。

	v_1	v_2	v_3	v_4	v_5	
v_1	+	③	⑤	4	∞	√
v_2	3	−	9	②	4	√
v_3	5	9	−	6	5	√
v_4	4	2	6	+	①	√
v_5	∞	4	5	1	+	√

至此，找到问题的最小支撑树，所有带圈数字对应的边即为最小支撑树 T，即包括 $[v_1, v_2]$，$[v_1, v_3]$，$[v_2, v_4]$，$[v_4, v_5]$ 四条边，最小支撑树的权为 $w(T) = 11$。

6.3　最短路问题

现实中经常遇到一类问题：寻找在一个网络中从某点到另一点的最短距离。典型的，如图 6-14 所示的交通网络中，每条弧旁边的数字表示两点之间的距离。若从 v_1 出发，到达 v_7 的最短路线是什么呢？

从图中可以发现，从 v_1 出发到达 v_7 有许多线路可供选择，而且每一条线路的距离也是不同的。如路线 $v_1 \rightarrow v_2 \rightarrow v_5 \rightarrow v_7$ 的距离为 13，而路线 $v_1 \rightarrow v_3 \rightarrow v_4 \rightarrow v_5 \rightarrow v_7$ 的距离为 21。如果依靠列举方法得到所有可能的路线与距离，显然是不可行的。我们将最短路问题描述为：在一个给定的有向图 $D = (V, A)$ 中，对于每一条弧相应地有权 $w(v_i, v_j) = w_{ij}$；又给定 D

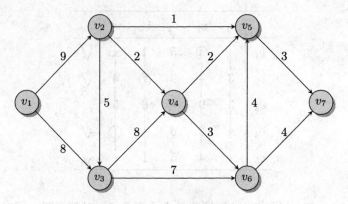

图 6-14　最短路问题

中的两个顶点 v_s 和 v_t，设 P 是 D 中从 v_s 到 v_t 的一条路，定义路 P 的权是 P 中所有弧的权之和，记为 $w(P)$；最短路问题就是要在所有从 v_s 到 v_t 的路中，求一条权最小的路，即求一条从 v_s 到 v_t 的路 P^*，使

$$w(P^*) = \min_P w(P),$$

式中对 D 中所有从 v_s 到 v_t 的路 P 取权最小，称 P^* 是从 v_s 到 v_t 的**最短路**。路 P^* 的权称为从 v_s 到 v_t 的**距离**。

最短路问题是重要的最优化问题之一，它不仅可以直接应用于解决生产实际的许多问题，如管道铺设、线路安排、厂区布局、设备更新等，而且经常被作为一个基本工具，用于解决其他的优化问题，如后面会遇到的最小费用最大流问题。

6.3.1　非负权网络的最短路求法

我们首先讨论非负权网络的最短路求法。在这类网络中的最短路具备这样一个基本的性质，这一性质是求解最短路问题的基本依据，即如果 P 是 D 中从 v_s 到 v_t 的最短路，那么 P 中某一点 v_i 到 v_t 的最短路也是沿着 P 的。

目前公认最好的方法是由 Dijkstra 于 1959 年提出的。该方法的主要特点是以起始点 v_s 为中心向外层层扩展，直到扩展到终点 v_t 为止。求解过程中，与每个点对应，记录下一个数（称为这个点的**标号**），它或者表示从 v_s 到该点的最短路的权（称为 P **标号**或**永久标号**），或者是从 v_s 到这点的最短路的权的上界（称为 T **标号**或**临时标号**）。事实上是将网络中的点划分为 P 和 T 两个集合。方法的每一步是去修改 T 标号，并且把某一个具有 T 标号的点改变为具有 P 标号的点，从而使 D 中具有 P 标号的顶点数多一个，

这样至多经过 $p-1$ 步就可以求出从 v_s 到各点的最短路。

在具体的求解过程中，关键问题有两个：一是如何修改 T 标号；二是依据什么标准将 T 标号点变为 P 标号点。以图 6-14 为例，因为所有的 $w_{ij} \geqslant 0$，$d(v_1, v_1) = 0$ 为最短距离，所以 v_1 是具有 P 标号的点，其余点均属于 T 标号的点。考察从 v_1 出发的两个弧 (v_1, v_2) 和 (v_1, v_3)。如果从 v_1 出发沿 (v_1, v_2) 到达 v_2，路线的距离为 $d(v_1, v_1) + w_{12} = 9$，而沿 (v_1, v_3) 到达 v_3 的距离为 $d(v_1, v_1) + w_{13} = 8$。因为 $\min\{9, 8\} = 8$，所以从 v_1 出发到 v_3 的最短距离必定是 8，这是因为所有的权均非负，从 v_1 经其他点（v_2）再到 v_3 的距离必然不会小于 8。于是将 v_3 纳入 P 标号点的集合，其标号为 8。接下来考虑从 v_1 和 v_3 出发所到达的最近的点，目前从 v_1 出发沿 (v_1, v_2) 到达 v_2，路线的距离为 $d(v_1, v_1) + w_{12} = 9$，v_3 沿 (v_3, v_4) 到 v_4 的距离为 $d(v_1, v_3) + w_{34} = 16$，$v_3$ 沿 (v_3, v_6) 到 v_6 的距离为 $d(v_1, v_3) + w_{36} = 15$。这三个距离中，最小的为 v_1 到 v_2 的距离，基于前述相同的理由，将 v_2 变为 P 标号点，其标号为 9。一直重复这一过程，直到 v_7 得到 P 标号为止，即可得从 v_1 出发到各点的最短路线与距离。

现将 Dijkstra 标号法求网络的最短路的过程总结如下：

(1) 给 v_s 以 P 标号 0，其他点给 T 标号 M。

(2) 从刚得到 P 标号的点（v_k）出发，按下式修改与其相邻的所有具有 T 标号的点的标号：$\min\{T(v_j), P(v_k) + w_{kj}\}$。

(3) 从所有具有 T 标号点中选取一个最小值，将其改为 P 标号，然后重复步骤 (2)，直至所有点都得到 P 标号。

例 6.4 (Dijkstra 标号法) 利用 Dijkstra 标号法求解图 6-14 所示网络中从 v_1 到 v_7 的最短距离。

解 第 1 步　给 v_1 标 P 标号 0，其余点标 T 标号 M（圈中数字为永久标号），如图 6-15 所示。

第 2 步　从 v_1 出发修改与其相邻的具有 T 标号的点 v_2 和 v_3。如图 6-16 所示，v_2 的标号为
$$T(v_2) = \min\{T(v_2), P(v_1) + w_{12}\} = \min\{M, 0 + 9\} = 9,$$
v_3 的标号为
$$T(v_3) = \min\{T(v_3), P(v_1) + w_{13}\} = \min\{M, 0 + 8\} = 8.$$

第 3 步　在所有 T 标号的点中将具有最小标号的点（v_3）变为永久标号，如图 6-17 所示。

145

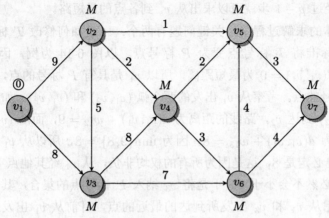

图 6-15　第 1 步

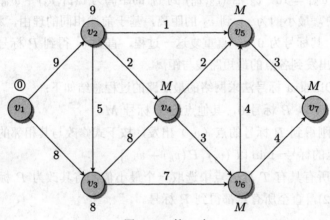

图 6-16　第 2 步

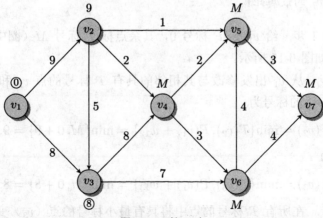

图 6-17　第 3 步

第 4 步　从刚得到 P 标号的点 v_3 出发修改与其相邻的具有 T 标号的点 v_4 和 v_6。如图 6-18 所示，v_4 的标号为

$$T(v_4) = \min\{T(v_4), P(v_3) + w_{34}\} = \min\{M, 8 + 8\} = 16,$$

v_6 的标号为

$$T(v_6) = \min\{T(v_6), P(v_3) + w_{36}\} = \min\{M, 8 + 7\} = 15.$$

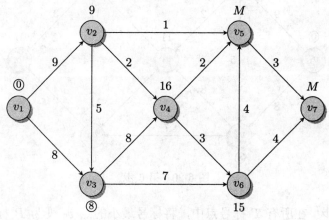

图 6-18　第 4 步

第 5 步　在所有 T 标号点中选取最小的标号点（v_2），将其变为 P 标号点，如图 6-19 所示。

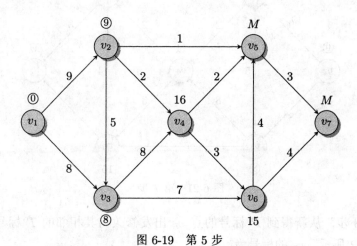

图 6-19　第 5 步

第 6 步　从新得到 P 标号的点 v_2 出发修改与其相邻的 T 标号点 v_4 和 v_5。如图 6-20 所示，v_4 的标号为

147

$$T(v_4) = \min\{T(v_4), P(v_2) + w_{24}\} = \min\{16, 9 + 2\} = 11,$$

v_5 的标号为

$$T(v_5) = \min\{T(v_5), P(v_2) + w_{25}\} = \min\{M, 9 + 1\} = 10.$$

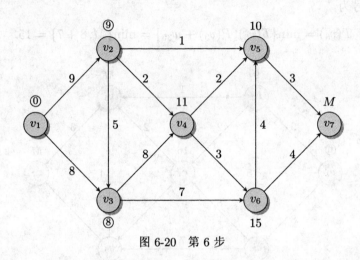

图 6-20 第 6 步

第 7 步 在所有 T 标号点中，将标号最小的点 v_5 变为 P 标号点，如图 6-21 所示。

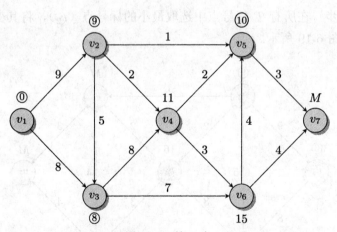

图 6-21 第 7 步

第 8 步 从新得到 P 标号的点 v_5 出发修改与其相邻的 T 标号点 v_7。如图 6-22 所示，v_7 的标号为

$$T(v_7) = \min\{T(v_7), P(v_5) + w_{57}\} = \min\{M, 10 + 3\} = 13.$$

第 9 步 在所有 T 标号点中，将具有最小标号的点 v_4 变为 P 标号点，

如图 6-23 所示。

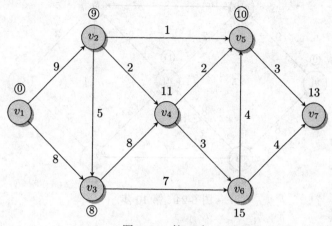

图 6-22 第 8 步

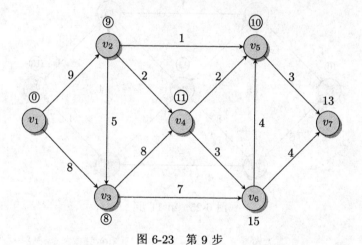

图 6-23 第 9 步

第 10 步 从新得到 P 标号的点 v_4 出发修改与其相邻的 T 标号点 v_6。如图 6-24 所示，v_6 的标号为

$$T(v_6) = \min\{T(v_6), P(v_4) + w_{46}\} = \min\{15, 11 + 3\} = 14.$$

第 11 步 在所有 T 标号点中将标号最小的点 v_7 变为 P 标号点，如图 6-25 所示。

第 12 步 从新得到 P 标号的点 v_7 出发修改与其相邻的 T 标号点。没有这样的点，跳至下一步。

第 13 步 在所有 T 标号点中将最小标号点 v_6 变为 P 标号点，如图 6-26 所示。

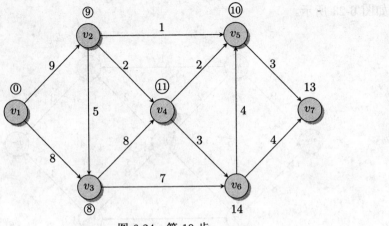

图 6-24 第 10 步

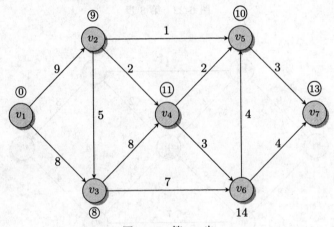

图 6-25 第 11 步

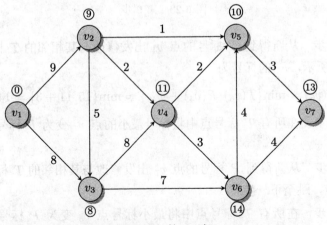

图 6-26 第 13 步

至此所有的点均得到了 P 标号，表明找到了从 v_1 出发到各点的最短路线与距离。最短距离即为各点标号，最短路线如图 6-27 所示。

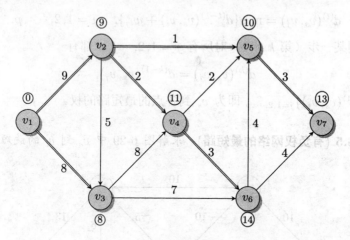

图 6-27　最短路问题

6.3.2　有负权网络的最短路求法

Dijkstra 标号法只适用于无负权网络的最短路问题。对有负权网络该算法是失效的。如图 6-28 所示的赋权有向图中，如果用 Dijkstra 方法，可得到从 v_1 到 v_3 的最短距离为 2，这显然不对，因为从 v_1 经 v_2 到达 v_3 的最短距离为 -4。

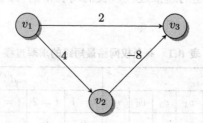

图 6-28　有负权网络的最短路问题

在存在负权的网络中，不妨设从任一点 v_i 到任一点 v_j 都有一条弧，如果 $(v_i, v_j) \notin A$，则添加弧 (v_i, v_j)，并令 $w_{ij} = +\infty$。显然，从 v_s 到 v_j 的最短路总是从 v_s 出发，沿着一条路线到达某个点 v_i，再沿弧 (v_i, v_j)。由于最短路中某一点到终点的最短路也是沿着这条路线的，即从 v_s 到 v_i 的这条路线必定是从 v_s 到 v_i 的最短路，所以 $d(v_s, v_j)$ 必定满足下述方程：

$$d(v_s, v_j) = \min_i \{d(v_s, v_i) + w_{ij}\}.$$

为了求得这个方程的解，可用如下递推公式：

开始时，令 $d^{(1)}(v_s, v_j) = w_{sj}$，$j = 1, 2, \cdots, p$。对 $t = 2, 3, \cdots,$

$$d^{(t)}(v_s, v_j) = \min_i \{d^{(t-1)}(v_s, v_i) + w_{ij}\}, \quad j = 1, 2, \cdots, p.$$

若进行到某一步（第 k 步），对所有 $j = 1, 2, \cdots, p$ 都有

$$d^{(k)}(v_s, v_j) = d^{(k-1)}(v_s, v_j),$$

则 $\{d^{(k-1)}(v_s, v_j)\}_{j=1,2,\cdots,p}$ 即为 v_s 到各点的最短路的权。

例 6.5（有负权网络的最短路）　求解图 6-29 中 v_s 到 v_t 的最短路。

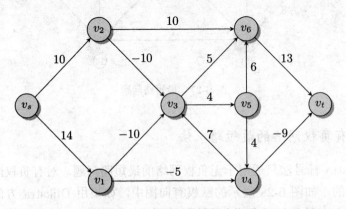

图 6-29　负权网络的最短路问题

解　为了实现上述的递推过程，我们用表格的方式进行运算，具体过程体现于表 6.1 中。

表 6.1　有负权网络最短路的求解过程

	\multicolumn{8}{c}{w_{ij}}	\multicolumn{6}{c}{$d^{(t)}(v_s, v_j)$}
	v_s	v_1	v_2	v_3	v_4	v_5	v_6	v_t	$t=1$	$t=2$	$t=3$	$t=4$	$t=5$	$t=6$
v_s	0	14	10	∞	∞	∞	∞	∞	0	0	0	0	0	0
v_1	∞	0	∞	-10	-5	∞	∞	∞	14	14	14	14	14	14
v_2	∞	∞	0	-10	∞	∞	10	∞	10	10	10	10	10	10
v_3	∞	∞	∞	0	∞	4	5	∞	∞	0	0	0	0	0
v_4	∞	∞	∞	7	0	∞	∞	-9	∞	9	9	8	8	8
v_5	∞	∞	∞	∞	4	0	6	∞	∞	∞	4	4	4	4
v_6	∞	∞	∞	∞	∞	∞	0	13	∞	20	5	5	5	5
v_t	∞	∞	∞	∞	∞	∞	∞	0	∞	∞	0	0	-1	-1

注意到，$t = 6$ 所在列与 $t = 5$ 所在列的距离相同，所以 $t = 5$ 所在列即为 v_s 出发到各点的最短距离，具体路线如图 6-30 所示。

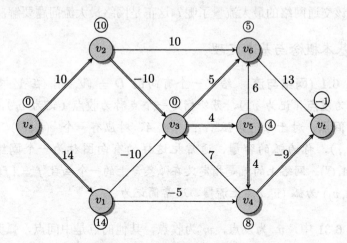

图 6-30　有负权网络的最短路问题

6.4 网络最大流问题

网络最大流问题是解决在一个每条弧都存在容量上限的网络，允许最大通过的流量的问题。现实中，许多系统包含了流量问题，例如公路系统中有车辆流，控制系统中有信息流，供水系统中水流，金融系统中有现金流等。如图 6-31 所示是联结某产品产地 v_s 和销地 v_t 的交通网，每条弧 (v_i, v_j) 代表从 v_i 到 v_j 的运输线，产品经这条弧由 v_i 输送到 v_t，弧旁数字表示这条运输线的最大通过能力（第 1 个数字）和现有流量（第 2 个数字）。产品经

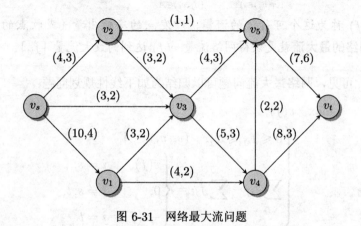

图 6-31　网络最大流问题

过交通网从 v_s 输送到 v_t，现在要求制定一个运输方案使从 v_s 到 v_t 的产品数量最多。目前图 6-31 中表示的运输方案可以输送 9 个产品，但它是否已经达到了该交通网络的最大流量了呢？这正是网络最大流问题要解决的。

6.4.1 基本概念与基本定理

定义 6.1（网络与流） 给定一个有向图 $D = (V, A)$，在 V 中指定一个点，称为**发点**（记为 v_s），另外指定一个点称为**收点**（记为 v_t），其余的点称为**中间点**。对于每一条弧 $(v_i, v_j) \in A$，对应有一个 $c(v_i, v_j) \geqslant 0$（或简记为 c_{ij}），称为弧的**容量**，通常把这样的有向图称为一个**网络**，记为 $D = (V, A, C)$。网络上的流是指定义在弧集合上的一个函数 $f = \{f(v_i, v_j)\}$，并称 $f(v_i, v_j)$ 为弧 (v_i, v_j) 上**流量**，通常简记为 f_{ij}。

在图 6-31 中，v_s 为发点，v_t 为收点，其他的点是中间点，弧旁数字为 (c_{ij}, f_{ij})。图中所示的方案可以看做网络上的一个流，如 $f_{13} = 2$，$f_{23} = 2$ 等。

定义 6.2（可行流与最大流） 满足下述条件的流 f 称为**可行流**：
(1) 容量限制条件：对每一条弧 $(v_i, v_j) \in A$，存在 $0 \leqslant f_{ij} \leqslant c_{ij}$；
(2) 平衡条件：对于中间点，流出量等于流入量，即 $\forall i \, (i \neq s, t)$ 有

$$\sum_{(v_i, v_j) \in A} f_{ij} - \sum_{(v_j, v_i) \in A} f_{ji} = 0;$$

对发点 v_s，记 $\displaystyle\sum_{(v_s, v_j) \in A} f_{sj} - \sum_{(v_j, v_s) \in A} f_{js} = v(f)$；于是对于收点 v_t，

$$\sum_{(v_t, v_j) \in A} f_{tj} - \sum_{(v_j, v_t) \in A} f_{jt} = -v(f),$$

式中 $v(f)$ 称为这个可行流的**流量**，即发点的净输出量（或收点的净输入量）。**网络的最大流**就是使得网络流量 $v(f)$ 达到的最大流量 $\{f_{ij}\}$。

由此可见，网络最大流问题可以归结为如下线性规划问题：

$$\max \quad v(f),$$

$$\text{s.t.} \begin{cases} 0 \leqslant f_{ij} \leqslant c_{ij}, & (v_i, v_j) \in A, \\ \sum f_{ij} - \sum f_{ji} = \begin{cases} v(f), & i = s, \\ 0, & i \neq s, t, \\ -v(f), & i = t. \end{cases} \end{cases}$$

根据可行流的定义，容易验证图 6-31 中给出的流量为可行流。对于网络中给定的可行流，若某条弧存在 $f_{ij} = c_{ij}$，则称其为**饱和弧**，如图 6-31 中的 (v_2, v_5) 和 (v_4, v_5)；若某条弧存在 $f_{ij} < c_{ij}$，则称其为**非饱和弧**；若某条弧存在 $f_{ij} = 0$，则称其为**零流弧**；若 $f_{ij} > 0$，则称其为**非零流弧**。

若 μ 是网络中联结发点 v_s 和收点 v_t 的一条链，定义链的方向是从 v_s 到 v_t，则链上的弧被分为两类：一类是弧的方向与链的方向一致，称为**前向弧**，前向弧的集合记为 μ^+；另一类是弧的方向与链的方向相反，称为**后向弧**，后向弧的集合记为 μ^-。如图 6-31，在链 $\mu = (v_s, v_1, v_3, v_5, v_4, v_t)$ 中，

$$\mu^+ = \{(v_s, v_1), (v_1, v_3), (v_3, v_5), (v_4, v_t)\},$$
$$\mu^- = \{(v_4, v_5)\}.$$

定义 6.3 (增广链) 设 f 是网络的一条可行流，μ 是从 v_s 到 v_t 的一条链。若 μ 满足下列条件，则称其为（关于可行流 f 的）一条增广链:

(1) 在弧 $(v_i, v_j) \in \mu^+$ 上，$0 \leqslant f_{ij} < c_{ij}$，即前向弧 μ^+ 中每条弧都是非饱和弧;

(2) 在弧 $(v_i, v_j) \in \mu^-$ 上，$0 < f_{ij} \leqslant c_{ij}$，即后向弧 μ^- 中每条弧都是非零流弧。

如图 6-31 中链 $\mu = (v_s, v_1, v_3, v_5, v_4, v_t)$ 满足增广链的要求，为一增广链。

定义 6.4 (截集与截量) 给定网络 $D = (V, A, C)$，若点集 V 被划分为两个非空集合 S 和 T，且 $v_s \in S$，$v_t \in T$，$S \cap T = \emptyset$，$S \cup T = V$，则将始点在 S、终点在 T 中的所有弧构成的集合（记为 (S, T)）称为（分离 v_s 和 v_t 的）**截集**。把截集 (S, T) 中所有弧的容量之和称为这个截集的**容量**（简称为截量），记为 $c(S, T)$，即

$$c(S, T) = \sum_{(v_i, v_j) \in (S, T)} c_{ij}.$$

显然，若把某一截集的弧从网络中去掉，则从 v_s 到 v_t 便不存在路，所以截集是从 v_s 到 v_t 的必经之道。而且不难证明，任何一个可行流的流量都不会超过任一截集的容量。

关于网络中的流量问题存在着如下的定理：

定理 6.7 可行流 f^* 为最大流的充分必要条件是网络中不存在关于 f^* 的增广链。

证 若 f^* 是最大流，设网络中存在关于 f^* 的增广链 μ，令

$$\theta = \min\left\{ \min_{\mu^+}\{c_{ij} - f_{ij}^*\}, \min_{\mu^-} f_{ij}^* \right\},$$

根据增广链的定义，可知 $\theta > 0$。若令

$$f_{ij}^{**} = \begin{cases} f_{ij}^* + \theta, & (v_i, v_j) \in \mu^+, \\ f_{ij}^* - \theta, & (v_i, v_j) \in \mu^-, \\ f_{ij}^*, & (v_i, v_j) \notin \mu, \end{cases}$$

容易验证 $\{f_{ij}^{**}\}$ 仍然是一个可行流，但 $v(f^{**}) = v(f^*) + \theta > v(f^*)$。这与 f^* 是最大流的假设相矛盾，所以当网络达到最大流时网络不存在增广链。

另一方面，假设网络中不存在关于 f^* 的增广链，证明 f^* 是最大流。令 $v_s \in S$，若 $v_i \in S$ 且 $f_{ij}^* < c_{ij}$ 或者 $f_{ji} > 0$，则令 $v_j \in S$。由于不存在关于 f^* 的增广链，所以必有 $v_t \notin S$。这样记 $T = V \backslash S$，于是得到一个截集 (S, T)，而且必然存在

$$f_{ij}^* = \begin{cases} c_{ij}, & (v_i, v_j) \in (S, T), \\ 0, & (v_i, v_j) \in (T, S), \end{cases}$$

所以 $v(f^*) = c(S, T)$，于是 f^* 必是最大流。定理得证。

在上述定理的证明过程中，若 f^* 是最大流，则网络中必存在一个截集 (S, T)，使 $v(f^*) = c(S, T)$。故有如下定理：

定理 6.8 (最大流量最小截量定理) 任一网络 D 中，从 v_s 到 v_t 的最大流的流量等于分离 v_s 和 v_t 的最小截集的容量。

上述定理的证明过程同时也为求解网络最大流量问题提供了求解的思路，即首先判断网络中是否存在关于当前流量的增广链，若没有，则达到最大流；若存在增广链，则可以通过定理证明的第一步方法来调整网络的流量，直至达到网络的最大流为止。

6.4.2 求解网络最大流的标号法

求解网络最大流的标号法包括两个基本过程：标号过程与调整过程。

1. 标号过程

标号过程的主要目的是寻找网络中的增广链。

开始时，总是先给 v_s 标上 $(0, +\infty)$。标号中第一数字 0 表示增广链的起点，第二个数字 $+\infty$ 表示增广链的流量调整量，由于现在是起点其调整

假设为 $+\infty$。这时 v_s 是标号的点，但是未检查点，网络中其余的点都是未标号点。一般地，取一个标号而未检查点 v_i，对一切未标号点 v_j：

(1) 若在弧 (v_i, v_j) 上 $f_{ij} < c_{ij}$，则给 v_j 标号 $(v_i, l(v_j))$。标号中第一个表示 v_j 的标号是由 v_i 出发得到的，$l(v_j)$ 表示目前为止增广链可调整的流量，其确定方法为

$$l(v_j) = \min\{l(v_i), c_{ij} - f_{ij}\},$$

这样点 v_j 就成为一个新的标号而未检查点。

(2) 若在弧 (v_j, v_i) 上存在 $f_{ji} > 0$，则给 v_j 标号 $(-v_i, l(v_j))$。同样标号的第一个数字表示 v_j 的标号是由 v_i 反向出发得到的，$l(v_j)$ 表示目前为止增广链可调整的流量，其确定方法为

$$l(v_j) = \min\{l(v_i), f_{ji}\},$$

这样点 v_j 就成为一个新的标号而未检查点。

重复上述步骤，一旦 v_t 得到标号，表明找到了一条从 v_s 到 v_t 的增广链，转入下面的调整过程。若所有标号都已检查过，而标号过程进行不下去时，则算法结束，这时的可行流就是网络的最大流。

2. 调整过程

利用网络中各点的第一个标号，从 v_t 出发，利用反向追踪的方法找出增广链 μ。然后令

$$f'_{ij} = \begin{cases} f_{ij} + l(v_t), & (v_i, v_j) \in \mu^+, \\ f_{ij} - l(v_t), & (v_i, v_j) \in \mu^-, \\ f_{ij}, & (v_i, v_j) \notin \mu, \end{cases}$$

得到网络的新流量分布，再重复前述的标号过程。

例 6.6（**最大流的标号法**） 利用标号法求图 6-31 所示网络的最大流，弧旁数字为 (c_{ij}, f_{ij})。

解 (1) 标号过程：

① 首先给 v_s 标 $(0, +\infty)$。

② 检查 v_s 点，从它出发可以给 v_1, v_2, v_3 标号，任取一个，如给 v_1 标 $(v_s, 6)$。

③ 检查 v_1 点，可以给 v_3, v_4 标号，任取一个，如给 v_3 标 $(v_1, 1)$。

④ 检查 v_3 点，可以给 v_2, v_4, v_5 标号，任取一个，给 v_5 标 $(v_3, 1)$。

⑤ 检查 v_5 点，可以给 v_2, v_4, v_t 标号，作取一个，给 v_4 标 $(-v_5, 1)$。

⑥ 检查 v_4 点，只可以给 v_t 标号 $(v_4, 1)$。至此得到了网络中的一条增广链（如图 6-32 所示的双线），转入调整过程。

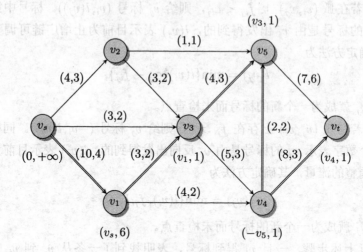

图 6-32　网络最大流问题的标号法（一）

(2) 调整过程：根据标号过程得到的增广链 $v_s \rightarrow v_1 \rightarrow v_3 \rightarrow v_5 \rightarrow v_4 \rightarrow v_t$，确定流量调整量为 $l(v_t) = 1$，对该增广链的前向弧增加流量，后向弧减少流量，得到如图 6-33 所示的新流量，当前网络的流量 $v(f) = 10$。

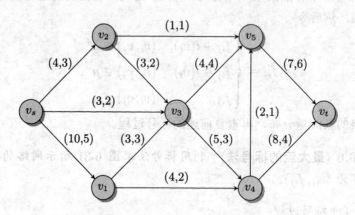

图 6-33　网络最大流问题的标号法（二）

(3) 标号过程：

① 首先，给 v_s 标 $(0, +\infty)$。

② 检查 v_s 点，从它出发可以给 v_1, v_2, v_3 标号，任取一个，如给 v_1 标 $(v_s, 5)$。

③ 检查 v_1 点，只可以给 v_4 标号 $(v_1, 2)$。

④ 检查 v_4 点，可以给 v_3, v_5, v_t 点标号，任取一个，给 v_t 标 $(v_4, 2)$。至此得到了网络中的一条增广链（如图 6-34 所示的双线），转入调整过程。

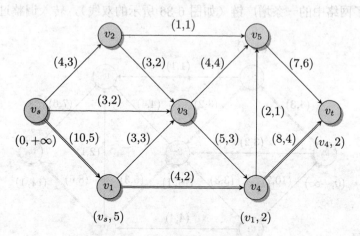

图 6-34　网络最大流问题的标号法（三）

(4) 调整过程：根据标号过程得到的增广链 $v_s \to v_1 \to v_4 \to v_t$，确定流量调整量为 $l(v_t) = 2$，由于该增广链中的弧均为前向弧，所以所有前向弧增加流量，得到如图 6-35 所示的新流量，当前网络的流量 $v(f) = 12$。

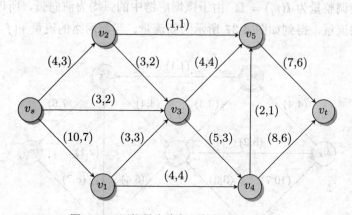

图 6-35　网络最大流问题的标号法（四）

(5) 标号过程：

① 首先，给 v_s 标 $(0, +\infty)$。

② 检查 v_s 点，从它出发可以给 v_1, v_2, v_3 标号，但若给 v_1 标号后，无法继续标号，所以在 v_2, v_3 中任取一个，如给 v_2 标 $(v_s, 1)$。

③ 检查 v_2 点，从它出发只能给 v_3 标号 $(v_2, 1)$。

④ 检查 v_3 点，从它出发能给 v_1 和 v_4 标号，但与前述原因相同 v_1 标

号后，无法继续标号过程，所以只能给 v_4 标 $(v_3, 1)$。

⑤ 检查 v_4 点，从它出发可以给 v_5 和 v_t 标号，所以给 v_t 标 $(v_4, 1)$。至此得到了网络中的一条增广链（如图 6-36 所示的双线），转入调整过程。

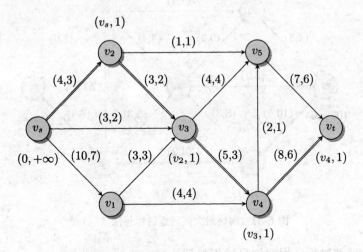

图 6-36　网络最大流问题的标号法（五）

(6) 调整过程：根据标号过程得到的增广链 $v_s \rightarrow v_2 \rightarrow v_3 \rightarrow v_4 \rightarrow v_t$，确定流量调整量为 $l(v_t) = 1$，由于该增广链中的弧均为前向弧，所以所有前向弧增加流量，得到如图 6-37 所示的新流量，当前网络的流量 $v(f) = 13$。

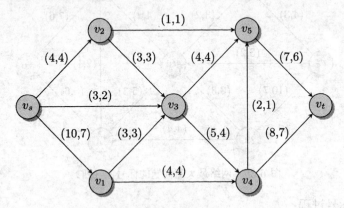

图 6-37　网络最大流问题的标号法（六）

(7) 标号过程：

① 首先给 v_s 标 $(0, +\infty)$。

② 检查 v_s 点，给 v_3 标 $(v_s, 1)$。

③ 检查 v_3 点，给 v_4 标 $(v_3, 1)$。

④ 检查 v_4 点，给 v_t 标 $(v_4, 1)$。至此得到了网络中的一条增广链（如图 6-38 所示的双线），转入调整过程。

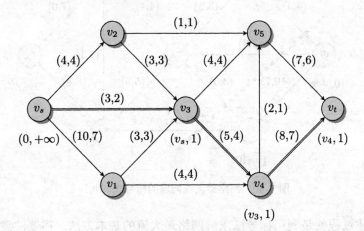

图 6-38 网络最大流问题的标号法（七）

(8) 调整过程：根据标号过程得到的增广链 $v_s \to v_3 \to v_4 \to v_t$，确定流量调整量为 $l(v_t) = 1$，由于该增广链中的弧均为前向弧，所以所有前向弧增加流量，得到如图 6-39 所示的新流量，当前网络的流量 $v(f) = 14$。

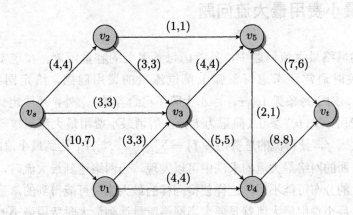

图 6-39 网络最大流问题的标号法（八）

(9) 标号过程：

① 首先给 v_s 标 $(0, +\infty)$。

② 检查 v_s 点，只能给 v_1 标 $(v_s, 3)$。

③ 检查 v_1 点，不能给其他点标号。至此已得到该网络的最大流量。而且此时网络中的点被分两类：有标号与无标号，这两类点的划分正好可以得到网络的最小截集，如图 6-40 所示。

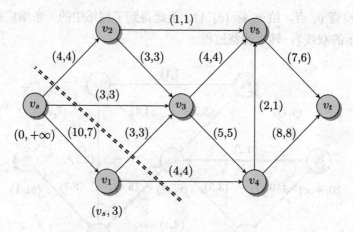

图 6-40　网络最大流问题的标号法（九）

上述过程就是利用标号法求解网络最大流的基本方法。需要注意的，网络中弧的容量一但给定，网络的最大流量就是确定的，但在一般情况下，这些流量在弧上的分配可能是不同的。因为在寻找增广链的过程中有时存在着多条线路可供选择，选择不同得到的流量分布就会不同。

6.5 最小费用最大流问题

前述网络最大流问题中，只考虑每条弧上的容量限制。在现实中，与流量相关时通常还考虑每条弧上单位流量的费用问题。给定网络 $D = (V, A, C)$，对于每条弧 $(v_i, v_j) \in A$ 上除了已给容量 c_{ij} 外，还给定一个单位流量的费用 $b(v_i, v_j) \geqslant 0$（简记为 b_{ij}），所谓最小费用最大流问题就是要求一个最大流 f，使得流的总费用 $b(f) = \sum_{(v_i, v_j) \in A} b_{ij} f_{ij}$ 达到最小值。

从前面的网络最大流的求法中可以发现，当网络达到最大流时，流量在弧集合上的分布可能不同，这样使得同样的最大流量可能得到的流量费用也就不同，最小费用最大流就是要求当网络流量达到最大时费用最小的流量分布。所以最小费用最大流问题可以分解为两个步骤：首先确定网络的最大流量，然后调整弧集合上流量的分布，以使得网络的费用最小。但在实际求解时，通常将上述两个过程整合到一起来进行。我们知道，确定网络的最小费用可以使用前面的最短路的求法，而最大流求法是在增广链上增加流量。只要保证根据费用确定的网络中从 v_s 到 v_t 的最短路是增广链，这样在最短路增加流量所带来的费用增加是最少的（因为流量与费用都是非负的）。但是，如何保证从 v_s 到 v_t 的最短路总是增广链呢？我们知道，增广链的要求是前向弧流量小于容量，后向弧的流量非负，所以当前向弧的流量等于容量或后向弧的流量为零时都不应该出现在最短路中。

为了实现上述要求，首先设网络的初始流量为零。然后将网络中的弧都转化为双向的弧，其费用权重按如下方式确定：

$$w_{ij} = \begin{cases} b_{ij}, & f_{ij} < c_{ij}, \\ +\infty, & f_{ij} = c_{ij}, \end{cases}$$

$$w_{ji} = \begin{cases} -b_{ij}, & f_{ji} > 0, \\ +\infty, & f_{ji} = 0. \end{cases}$$

按此方式可以构造一个关于网络费用的赋权有向图 $W(f)$，其前向弧的流量均小于容量，后向弧的流量均不为 0，在该图中寻找从 v_s 到 v_t 最短路，如果存在，则它必为一条增广链。然后在该增广链上按标号法调整网络流量，具体调整方法为

$$f_{ij}^{(k)} = \begin{cases} f_{ij}^{(k-1)} + \theta, & (v_i, v_j) \in \mu^+, \\ f_{ij}^{(k-1)} - \theta, & (v_i, v_j) \in \mu^-, \\ f_{ij}^{(k-1)}, & (v_i, v_j) \notin \mu, \end{cases}$$

其中，

$$\theta = \min \left\{ \min_{\mu^+}\{c_{ij} - f_{ij}\}, \min_{\mu^-} f_{ij} \right\}.$$

按此方法即可增加网络流量，且增加的费用最少。若不存在从 v_s 到 v_t 的最短路，则表明网络已经达到最大流量，当前流量即为最小费用最大流。

例 6.7（**最小费用最大流**） 求图 6-41 所示网络的最小费用最大流，弧旁数字为 (b_{ij}, c_{ij})。

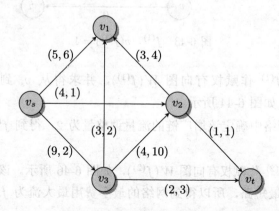

图 6-41　最小费用最大流问题

解　(1) 取 $f^0 = 0$ 为初始可行流。

(2) 构造赋权有向图 $W(f^{(0)})$，并求得从 v_s 到 v_t 的最短路 $v_s \to v_2 \to v_t$，如图 6-42 所示。

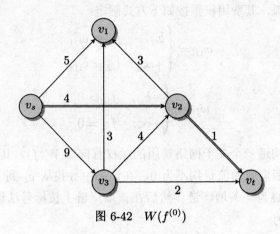

图 6-42　$W(f^{(0)})$

(3) 在原网络中确定该增广链的流量调整量为 1，得到 $f^{(1)}$，如图 6-43 所示。

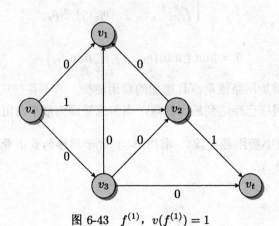

图 6-43　$f^{(1)}$，$v(f^{(1)}) = 1$

(4) 根据 $f^{(1)}$ 作赋权有向图 $W(f^{(1)})$，并求得从 v_s 到 v_t 的最短路 $v_s \to v_3 \to v_t$，如图 6-44 所示。

(5) 在原网络中确定该增广链的流量调整量为 2，得到 $f^{(2)}$，如图 6-45 所示。

(6) 根据 $f^{(2)}$ 作赋权有向图 $W(f^{(2)})$，如图 6-46 所示。该网络中不存在从 v_s 到 v_t 的最短路，所以得到网络的最小费用最大流为 $f^{(2)}$，总费用为 27。

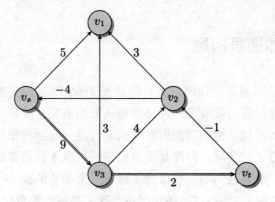

图 6-44 $W(f^{(1)})$

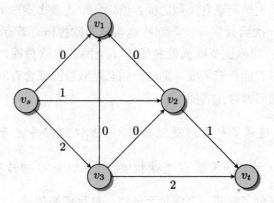

图 6-45 $f^{(2)}$, $v(f^{(2)}) = 3$

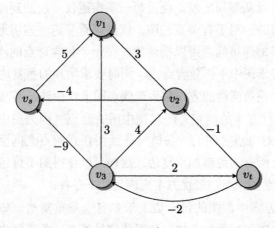

图 6-46 $W(f^{(2)})$

6.6 中国邮递员问题

中国邮递员问题是由我国学者管梅谷于 1962 年首先提出的。邮递员负责某一片区邮件投递与收取工作，每天他从邮局出发，沿街道去收集和投递信件，然后回到邮局。他期望把所有的街道只走一遍回到邮局，但有时必须重复走一些街道才能实现。问题是重复走哪些街道才是最省的？用图的语言描述就是：在一个连通图中，每条边上赋予一个非负的权 $w(e_{ij})$，要求一个圈（未必是简单圈），使得过每条边至少一次，并使圈的总权最小。

可以发现，中国邮递员问题本质上是一笔画问题。一笔画问题与本章开始讲的哥尼斯堡七桥问题有类似之处。给定一个连通多重图 G，若存在一条链，过每条边一次而且仅一次，则称这条链为**欧拉链**。若存在一个简单圈，过每条边一次，则称这个圈为**欧拉圈**。一个图若有欧拉圈，则称之为**欧拉图**。显然一个图若能一笔画成，则这个图必是欧拉圈或含有欧拉链。

关于一笔画问题存在着如下性质：

定理 6.9 连通多重图 G 是欧拉图，当且仅当 G 中无奇点。

定理 6.10 连通多重图 G 有欧拉链，当且仅当 G 中恰有两个奇点。

上述定理提供了判断一个图是否能够一笔画成的依据，同时也为求解中国邮递员问题提供了思路。根据上述性质，如果邮递员所负责的区域图中没有奇点，他就可以从邮局出发，经过每一条街道仅一次回到邮局，这样所走的路程也是最短的。对于有奇点的图，就必须重复走一些街道才能回到出发点。所以，中国邮递员问题可以描述为：在一个包含奇点的连通图中，增加一些重复边使得该图中不再包含奇点，同时要求增加的重复边的总权最小。

求解中国邮递员问题的方法称为**奇偶点图上作业法**，其基本步骤如下：

(1) 初始可行方案的确定：配对图中所有奇点（因为图中的奇点总是偶数个），确定每对奇点之间的一条链（连通图任意两点之间至少有一条链），然后在这条链上所有的边都加重复边。这样可以使得图不再包含奇点。

(2) 可行方案的调整：最优方案应满足如下条件：

① 在最优方案中，图的每一边上最多有一条重复边。如果某条边存在着多条重复边，应去掉偶数条边，使得该边最多有一条重复边。

② 在最优方案中，图中每个圈上的重复边的总权不应大于该圈总权的一半。如果存在重复边的总权大于该圈总权的一半，则应将现有的重复边去

掉，而在没有重复边的边上加重复边。

当上述两个条件都得到满足时，就得到了中国邮递员问题的最优解了。

例 6.8（中国邮递员问题）　求解如图 6-47 所示的中国邮递员问题，边旁数字为两点之间的距离。

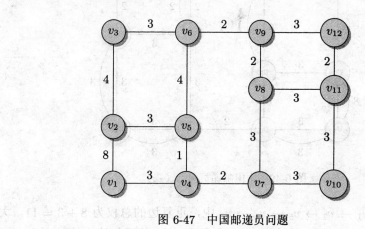

图 6-47　中国邮递员问题

解　(1) 确定图中的奇点，包括 $v_2, v_4, v_5, v_6, v_7, v_8, v_9, v_{11}$ 共 8 个。配对这些奇点，如 $(v_2, v_{11}), (v_4, v_7), (v_5, v_8), (v_6, v_9)$ 组成 4 对。

(2) 在每对奇点间确定一条链，并对该链中的边都加上一条重复边。假设 4 对奇点之间的链分别为 (v_2, v_{11})：$v_2 \rightarrow v_1 \rightarrow v_4 \rightarrow v_7 \rightarrow v_{10} \rightarrow v_{11}$；$(v_4, v_7)$：$v_4 \rightarrow v_7$；$(v_5, v_8)$：$v_5 \rightarrow v_6 \rightarrow v_9 \rightarrow v_8$；$(v_6, v_9)$：$v_6 \rightarrow v_9$。每条链上加重复边后得到图 6-48。

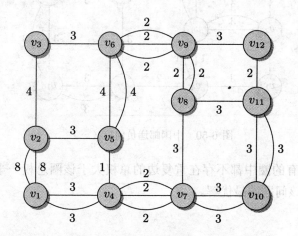

图 6-48　中国邮递员问题（一）

(3) 删除边 $[v_4, v_7]$ 和 $[v_6, v_9]$ 上多余的重复边，得到图 6-49。此时重复边的总权为 23。

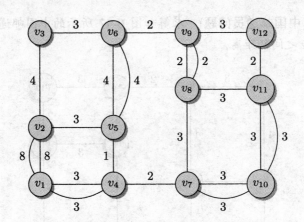

图 6-49　中国邮递员问题（二）

(4) 在圈 $v_1 \rightarrow v_2 \rightarrow v_5 \rightarrow v_4 \rightarrow v_1$ 中，重复边的总权为 $8 + 3 = 11$，大于该圈总权的一半 7.5，所以将 $[v_1, v_2]$ 和 $[v_1, v_4]$ 的重复边去掉，在 $[v_2, v_5]$ 和 $[v_4, v_5]$ 上加上重复边得到图 6-50 所示的结果。此时，重复边的总权为 16，减少了 7。

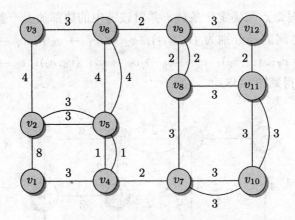

图 6-50　中国邮递员问题（三）

(5) 在所有的圈中都不存在重复边的总权大于该圈总权一半的情况，所以图 6-50 为该问题的最优解。

第七章 网络计划与优化

内容提要 网络计划与优化主要解决多项工程或项目的合理组织、安排与优化问题。本章主要介绍网络计划的关键路径法，以及基于关键路径的工期优化、资源优化、成本优化等问题。

7.1 网络计划

网络计划与优化是运筹学中一个重要的内容，而且在现实生活中应用十分广泛。它主要解决的是多任务工程或项目的合理组织、安排与优化问题。

我们知道，一项工程或项目总是包括许多小的工作或任务，这些工作或任务之间可能存在多样的相互联系，而且在不同阶段可能对资源的需求也会存在差异，网络计划与优化的首要任务就是将这些相互关联的工作或任务通过一个网络形式描述出来，据此来确定工程或项目的工期、资源需求等，然后结合现实情况展开工期、资源、成本等方面的优化研究，以保证工程或项目保质保量按期完成。

网络计划与优化在现实生活中应用广泛，而且取得显著的效果。

7.1.1 网络图的绘制

网络图用于描述工程项目内各子项工作或任务之间的关系。网络图的绘制是进行网络计划与优化的前提。

目前存在着两种广泛使用的网络图形式：一是双节点的网络图（Activity on Arrow，AOA）；二是单节点的网络图（Activity on Node，AON）。

1. 双节点网络图

双节点网络图是通过两个节点、一条箭线来表示一项工作。若某项工作的代号为 a，完成时间为 t，则该项工作可用如图 7-1 所示的方式进行描述。

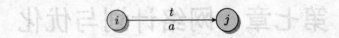

图 7-1 双节点表示法

在图 7-1 中，i 节点表示工作 a 开始，称为**箭尾事项**；j 节点表示工作 a 结束，称为**箭头事项**；它们之间通过一条从箭尾事项指向箭头事项的箭线连接，在这条箭线上方标注工作 a 的持续时间，下方标注工作 a 的代号。

当确定了网络中所有工作的先后与逻辑关系后，就可以按上述方式描述整个工程了。网络中工作之间的关系主要考虑两种：如果工作 a 完成后工作 b 才能开始，那么工作 a 就是工作 b 的**紧前工序**，而工作 b 是工作 a 的**紧后工序**。注意，紧前工序、紧后工序是一个相对的概念，某一工序既可以是某项工序的紧前工序，同时也可以是其他工序的紧后工序。而且，某项工序的紧前工序或紧后工序也可以是不唯一的。

例 7.1 (双节点网络图的绘制) 某项工程的所有工序的逻辑关系及工序持续时间如表 7.1 所示，试用双节点法绘制网络图。

表 7.1 工序之间的关系

工序	紧后工序	工序时间	工序	紧后工序	工序时间
a	d	6	h	l	9
b	e, h	12	i	m	3
c	f, g	6	j	m	9
d	h	3	k	n	6
e	i	6	l	—	15
f	i	6	m	—	6
g	j, k	3	n	—	12

解 根据表 7.1 所示的工序之间的逻辑关系，得到图 7-2。

在绘制双节点网络图时，有时为了准确地表达工序之间的逻辑，必须人为加入一些**虚工序**，这种工序现实是不存在的，只是为准确表达工序之间的逻辑关系而人为加入的，如图 7-2 中的工序 o，所以这种工序的作业时间为 0，即不需要耗费任何时间（资源）。但在引入虚工序时应注意的原则是在一个网络中应尽量用最少的虚工序，即只有在迫不得已的情况才能引入虚工序。一般地，在如下情况会需要引入虚工序：

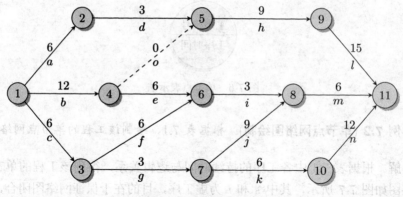

图 7-2 双节点网络图

(1) 相邻两个节点之间只能有一条弧。如图 7-3 中，a 工序与 b 工序的两个相关事项相同，此时必须引入一道工序，才能准确表示两个不同的工序 a 和 b，如图 7-4 所示。

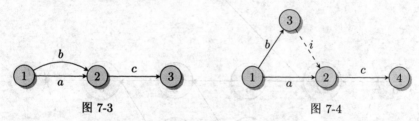

图 7-3   图 7-4

(2) 当多个工序都有一个共同的紧后（或紧前）工序的同时，这多个工序中的一个或几个工序还另有其他的紧后（或紧前）工序。例如，若存在 a 的紧后工序为 c 和 d，而且 b 的紧后工序为 d 时，必须引入虚工序才能表达清楚工序之间的逻辑关系，如图 7-5 所示。

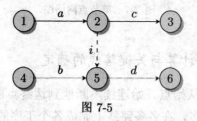

图 7-5

2. 单节点网络图

另外一种常用于绘制网络图的方法是使用单节点表示工序，用箭线表示工序间的逻辑关系，用这种方式绘制得到的网络图称为**单节点网络图**。如图 7-6 所示，在单节点中一般将一个节点划分为两部分，上半部分表示工序代号（或名称），下半部分表示工序持续时间。

图 7-6　单节点表示法

例 7.2 (单节点网络图绘制)　根据表 7.1，绘制该工程的单节点网络图。

解　根据表 7.1 中各工序的持续时间与逻辑关系，得到该工程的单节点网络图如图 7-7 所示，其中 s 和 t 为虚工序，目的在于保证网络图闭合，从而使得工程只有一个开始点和一个结束点。

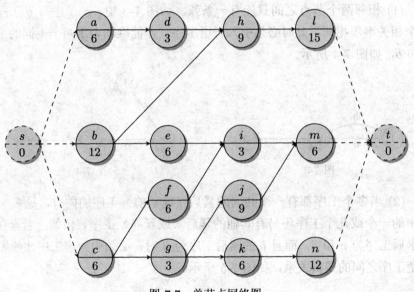

图 7-7　单节点网络图

7.1.2　时间参数的计算与关键路线的确定

在一个网络中，从始点开始连续不断地到达终点的一条通路称为**路线**。通常这样的路线有很多，在各条路线上完成各个工序的时间之和也不完全相等，这些时间表示既定路线的时间长度。以图 7-2 为例，该网络中存在的路线及其时间长度如表 7.2 所示。

从表 7.2 中可以发现，不同路线都从工程开始走到了工程结束，但时间不同。为了保证整个工程的完成，应该选择最长的时间作为工程的工期。完成各个工序需要时间最长的路线称为**关键路线**或**主要矛盾线**，组成关键路

表 7.2　网络中不同的路线及其时间长度

序号	路线	工序组成	时间
1	1—2—5—9—11	a, d, h, l	33
2	1—4—6—8—11	b, e, i, m	27
3	1—3—7—10—11	c, g, k, n	27
4	1—3—6—8—11	c, f, i, m	21
5	1—3—7—8—11	c, g, j, m	24
6	1—4—5—9—11	b, o, h, l	36

线的工序称为**关键工序**。如图 7-2 中，路线 1—4—5—9—11 为关键路线，b, o, h, l 为关键工序，完成整个工程的工期为 36。

通过上述简单的分析可以发现：

(1) 要缩短工程的工期，需要缩短关键工序所需的时间。

(2) 关键路线是相对的，可以变化的。如采取一定措施后，原来关键工序所需时间得到缩减，这时原来的非关键工序有可能就成为了关键工序，从而使得关键路线发生变化。

由此可见，在网络图中找出关键路线是编制网络计划的基本思想，但是关键路线的确定依赖于工序所需时间以及相关的时间参数的计算。所以，进行网络计划与优化的前提是网络时间参数的计算。

通常网络时间参数包括三种：工序持续时间、事项时间和工序时间，下面分别展开介绍。

1. 工序持续时间（T_{ij}）

工序持续时间是指网络图中完成某工序时所需的时间，通常用 T_{ij} 来表示。对于工序持续时间的确定通常有如下两种方式：

(1) 确定型：每项工序持续时间存在着一个确定的值。如在具备工时定额和劳动定额的任务中，工序持续时间可依据相关定额资料进行确定，或者可依据相关统计资料，根据统计分析结果进行确定。如每个车床完成加工一个螺丝的时间、流水线上完成某项工作的时间、汽车装配线安装车门所需的时间等。

(2) 概率型：对于一些新的工作，如开发性、试制性的工作，往往不具备相关的定额数据资料，当工序的持续时间难以准确估计时，可以采用三点时间估计法来确定工序的持续时间。利用三点时间估计法时，工序持续时间的估计值为

$$T_{i,j} = \frac{a + 4m + b}{6}, \tag{7.1}$$

估计的方差为

$$\sigma^2 = \left(\frac{b-a}{6}\right)^2, \tag{7.2}$$

其中 a 为最快可能完成时间（乐观时间），m 为最可能完成时间（正常时间），b 为最慢可能完成时间（悲观时间）。

2. 事项时间

(1) 事项的最早时间（$T_E(j)$）

若事项 j 为箭尾事项，则该事项的最早时间 $T_E(j)$ 表示以它为始点的各工序最早可能开始的时间；若事项 j 为箭头事项，则 $T_E(j)$ 表示以它为终点的各工序的最早可能完成时间。所以，$T_E(j)$ 应等于从始点事项到该事项的最长路线上所有工序的持续时间总和。具体计算时，可按下述递推公式按照编号从小到大顺序逐个计算。设网络初始编号为 1，则

$$\begin{cases} T_E(1) = 0, \\ T_E(j) = \max_i \{T_E(i) + T_{ij}\}. \end{cases}$$

例 7.3 (**事项最早时间的计算**)　试计算图 7-2 所示网络中各事项的最早时间。

解　图 7-8 中我们用方框加数字表示各事项的最早时间。计算时，从初始编号开始，从左往右，依次计算到达某点的路线的时间最大值，即为该事项的最早时间。

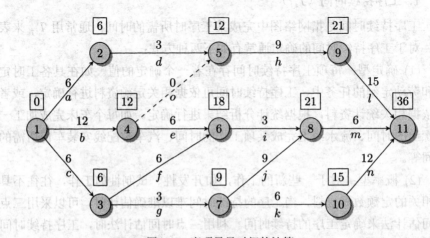

图 7-8　事项最早时间的计算

(2) 事项的最迟时间（$T_L(i)$）

事项的最迟时间表示在不影响任务总工期的条件下，以它为始点的工作（i 为箭尾事项）最迟必须开始的时间，或以它为终点的各工作（i 为箭头事项）最迟必须完成的时间。由于一般情况下我们都把任务的最早完工时间作为任务的总工期，所以事项最迟时间的计算公式为

$$\begin{cases} T_L(n) = T_E(n), \\ T_L(i) = \min_j \{T_L(j) - T_{i,j}\}. \end{cases}$$

可见，该过程也是一个递推计算，但与最早时间的计算相反，按编号从大到小依次计算到达某点的最小值。

例 7.4（事项最迟时间的计算） 试计算图 7-2 所示网络中各事项的最迟时间。

解 图 7-9 中我们用圆圈加数字表示各事项的最迟时间。计算时，首先让 $T_L(11) = T_E(11)$，然后从右往左，依次计算到达各点的最小时间即可。

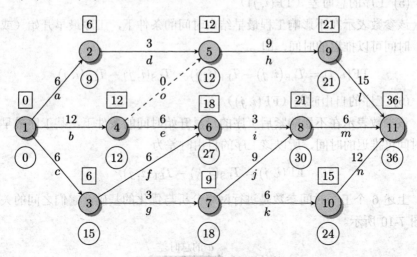

图 7-9　事项最迟时间的计算

3. 工序时间

工序时间是在前述工序持续时间、事项时间参数的基础上通过计算得到的，包括工序的最早开始时间、最早结束时间、最迟结束时间、最迟开始时间、总时差、自由时差等 6 个参数，它们是确定网络关键路线和网络优化的基础和依据。

(1) 工序的最早开始时间（$T_{ES}(i,j)$）

任何一个工序都必须在其紧前工序结束后才能开始，所以紧前工序的最

早结束时间即为工序的最早可能开始时间，称为工序的最早开始时间，用 $T_{ES}(i,j)$ 表示，它等于该工序箭尾事项的最早时间，即 $T_{ES}(i,j) = T_E(i)$。

(2) 工序的最早结束时间（$T_{EF}(i,j)$）

该参数表示工序最早可能结束时间，所以它等于工序的最早开始时间加上该工序的持续时间，即 $T_{EF}(i,j) = T_{ES}(i,j) + T_{ij}$。

(3) 工序的最迟结束时间（$T_{LF}(i,j)$）

该参数表示在不影响工程最早结束时间的条件下，某项工序最迟必须结束的时间，所以它应等于该项工序的箭头事项的最迟时间，即

$$T_{LF}(i,j) = T_L(j).$$

(4) 工序的最迟开始时间（$T_{LS}(i,j)$）

该参数表示在不影响工程最早结束时间的条件下，工序最迟必须开始的时间，所以它等于该项工序的最迟结束时间减去该项工序的持续时间，即

$$T_{LS}(i,j) = T_{LF}(i,j) - T_{ij}.$$

(5) 工序的总时差（$TF(i,j)$）

该参数表示在不影响工程最早结束时间的条件下，工序最早开始（或结束）时间可以推迟的时间，即

$$TF(i,j) = T_{LF}(i,j) - T_{EF}(i,j) = T_{LS}(i,j) - T_{ES}(i,j).$$

(6) 工序的自由时差（$FF(i,j)$）

该参数表示在不影响紧后工序的最早开始时间的条件下，某工序最早结束时间可推迟的时间，所以该工序的自由时差为

$$FF(i,j) = T_{ES}(j,k) - T_{EF}(i,j).$$

上述 6 个工序时间参数是进行网络分析与优化的基础，它们之间的关系如图 7-10 所示。

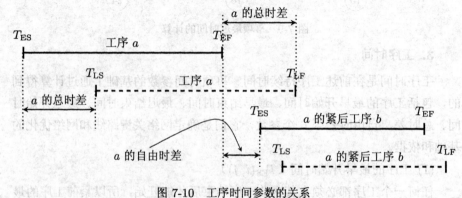

图 7-10 工序时间参数的关系

在一个工程网络中，若某项工序的总时差为零，则意味着该项工序的开始和结束时间没有一点活动的余地。由这些工序所组成的线路就是网络中的关键路线，这些工序就是关键工序。

例 7.5 (工序时间参数的计算)　试计算图 7-2 所示网络中各工序的时间参数，并确定网络的关键路线与关键工序。

解　根据前述网络中事项时间的计算结果，结合工序时间参数的定义，容易得到各工序的时间参数。为清晰起见，我们对某项工序采取如下的表格来表示工序的 6 个时间参数：

工序名称		
T_{ES}	TF	T_{LS}
T_{EF}	FF	T_{LF}

各工序时间参数计算结果如图 7-11 所示。

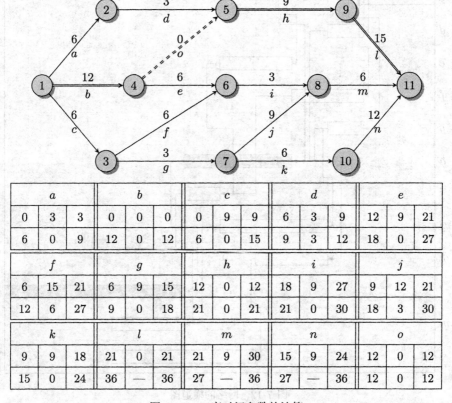

	a			b			c			d			e	
0	3	3	0	0	0	0	9	9	6	3	9	12	9	21
6	0	9	12	0	12	6	0	15	9	3	12	18	0	27

	f			g			h			i			j	
6	15	21	6	9	15	12	0	12	18	9	27	9	12	21
12	6	27	9	0	18	21	0	21	21	0	30	18	3	30

	k			l			m			n			o	
9	9	18	21	0	21	21	9	30	15	9	24	12	0	12
15	0	24	36	—	36	27	—	36	27	—	36	12	0	12

图 7-11　工序时间参数的计算

根据计算结果，工序 b, o, h 和 l 的总时差为 0，所以这些工序为关键工序，从而形成的网络关键路线为 $1 \rightarrow 4 \rightarrow 5 \rightarrow 9 \rightarrow 11$（在图 7-11 中以双线标出）。

需要说明的是，前面的例子均是以双节点网络图为基础展开相关参数计算的说明，单节点网络图中时间参数的计算过程是类似的，就不再重复。

根据网络时间参数的计算结果，通常将网络计划体现在**横道图**（或称**甘特图**）中。横道图将各工序的时间安排体现在一张以时间为横轴的图中，可以清楚了解工序之间的逻辑关系以及工序的时间参数。如前述例子的计算结果的横道图如图 7-12 所示。

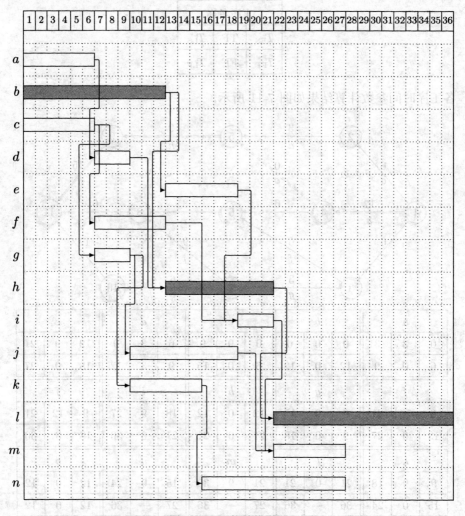

图 7-12　网络的横道图

178

7.2 网络优化

在工程实施中，经常会遇到一些资源的约束与限制，如工程完工时间不超过两个月、工程可使用的人员最多不超过 40 人、工程总成本要控制在 200 万元以内等。当进行网络计划时，出现这些要求以后，就必须对网络进行优化，以满足这些要求。网络优化问题总体上可以划分为三种类型：工期优化、资源优化和时间－费用优化。

7.2.1 工期优化

工期优化主要是指根据对计划进度的要求，缩短工程的完成时间。我们知道，工程的工期是由网络的关键路线的长度所决定的，所以要缩短工程的工期，就必须从关键工序着手。比如

(1) 技术措施：采取技术措施，缩短关键工序的作业时间；

(2) 管理措施：采取合理的组织措施，充分利用非关键工序的总时差，合理调配技术力量及人力、财力、物力等资源，缩短关键工序的作业时间。

这样两种方式依赖于工程实施单位的技术力量与管理水平，与运筹学的研究内容关系不大，所以在此不作具体展开。

7.2.2 资源优化

在编制网络计划安排工程进度的同时，通常还要考虑尽量合理地利用现有资源，并缩短工程周期。但是，由于一项工程所包括的工序繁多，涉及的资源利用情况比较复杂，往往不可能在编制网络计划时，一次把进度和资源利用都能够作出统筹合理的安排，常常是需要进行多次综合平衡后，才能得到在时间进度及资源利用等方面都比较合理的计划方案。具体的做法如下：

(1) 优先安排关键工序所需要的资源。

(2) 利用非关键工序的总时差，调整非关键工序的开始时间，错开各工序的开始时间，拉平资源的需求高峰。

(3) 在确实受到资源限制，或者在考虑综合经济效益的条件下，也可以适当地推迟工程工期。

下面以一个实例来说明资源优化的基本思路。

表 7.3 为某项工程各工序的工序时间及所需要的人数，现共有可利用人数 10 人，需要确定工程完工时间最短的各工序的进度计划。

表 7.3 工序参数

工序代号	紧前作业	工序时间（天）	需要人员数
a	—	4	9
b	—	2	3
c	—	2	6
d	—	2	4
e	b	3	8
f	c	2	7
g	f, d	3	2
h	e, g	4	1

尽管目前进行网络计划时需要考虑时间与资源（人）的因素，但是通常先考虑时间的优化，确定工程的关键路线，然后再考虑调整非关键工序的开始时间，错开资源需求的高峰，以期在现有资源条件下保证工程工期。

根据表 7.3 绘制网络图（图 7-13），并计算时间参数（表 7.4），确定工程的工期为 11 天，关键工序为 $c \to f \to g \to h$（如图 7-13 中双线所示）。

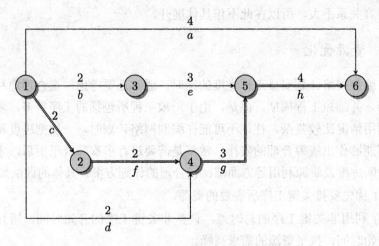

图 7-13 工程网络图

若所有工序均按最早开始时间实施，则整个工程实施过程中对资源（人）的需求情况如图 7-14 所示。图 7-14 反映了工程实施过程，对资源的需求划分为多个阶段及每个阶段的资源需求情况，所以这个图也称为**资源负荷图**。

表 7.4　时间参数计算结果

工序代号	节点	T_{ij}	T_{ES}	T_{EF}	T_{LF}	T_{LS}	TF	FF
a	$1 \to 6$	4	0	4	11	7	7	—
b	$1 \to 3$	2	0	2	4	2	2	0
c	$1 \to 2$	2	0	2	2	0	0	0
d	$1 \to 4$	2	0	2	4	2	2	2
e	$3 \to 5$	3	2	5	7	4	2	2
f	$2 \to 4$	2	2	4	4	2	0	0
g	$4 \to 5$	3	4	7	7	4	0	0
h	$5 \to 6$	4	7	11	11	7	0	—

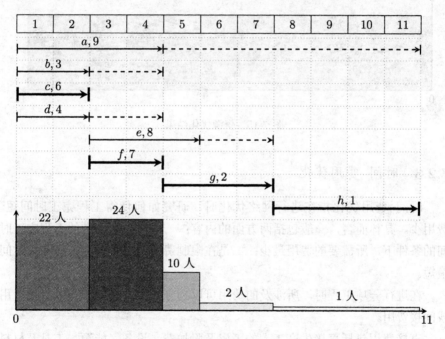

图 7-14　资源负荷图

　　从图 7-14 所示的资源负荷图可以发现，整个工程若按工序的最早开始时间运行，则对于资源的需求呈现出阶段性和极度的不平衡，而且也超出目前可利用的资源量 10 人。所以必须调整非关键工序的开始时间以拉平资源需求的高峰。调整后结果如图 7-15 所示，可以发现在这个问题中，资源量（10 人）是可以满足要求的。但是要注意的是，在拉平资源负荷高峰过程中还可以采取非关键工序分段作业及减少所需资源等措施，必要时也可以根据计划目标和综合经济效益的要求，适当地延长工期。

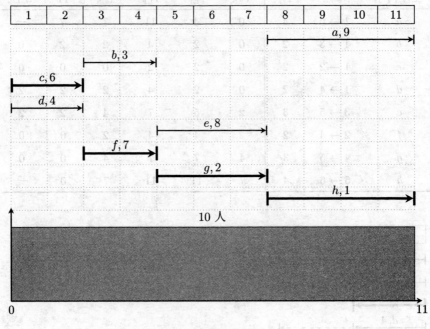

图 7-15 资源优化结果

7.2.3 时间-费用优化

时间-费用优化指在进行网络优化时，研究如何使得工程完工时间短、费用少。具体而言，一般包括两方面的内容：一是在保证既定的工程完工时间的条件下，所需要的费用最少；二是在限制费用的条件下，工程完工时间最短。

在进行一项工程时，所涉及的费用可以划分到两大类型中去：直接费用或间接费用。

直接费用包括直接生产工人的工资及附加费，设备、能源、工具及材料消耗等直接与完成工序有关的费用。为缩短工序的作业时间，需要采取一定的技术组织措施，相应地要增加一部分直接费用，在一定条件下和一定范围内工序的作业时间越短，直接费用越多。

间接费用包括管理人员的工资、办公费用等，该费用通常按施工时间长短分摊，在一定生产规模内，工序作业时间越短，分摊的间接费用就越少。

所以，工程（工序）的总费用由上述两种费用构成，它们与工程（工序）完工时间的关系如图 7-16 所示。

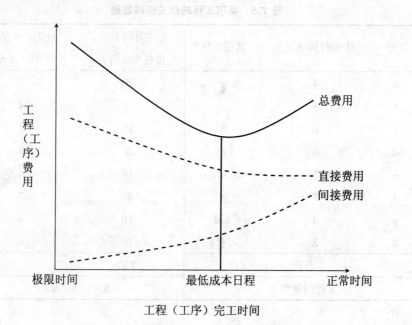

图 7-16 网络费用类型及其与工程完工时间的关系

在图 7-16 中，正常时间是指在现有的生产技术条件下，由各工序的作业时间所构成的工程完工时间。而极限时间是指为了缩短各工序的作业时间而采取一切可能的技术组织措施之后，可能达到的最短作业时间和完成工程的最短时间。

在进行时间-费用优化时，需要计算在采取各种技术组织措施之后，工程的不同的完工时间所对应的工序总费用和工程所需要的总费用。使得工程费用最低的工程完工时间称为**最低成本日程**。在进行网络计划与优化时，无论是以降低费用为主要目标，还是以尽量缩短工程完工时间为主要目标，都要计算最低成本日程，从而提出时间-费用的优化方案。

网络的时间-费用优化是一个非常繁琐、计算量较大的工作，下面仅以一个实例来说明网络时间-费用优化的基本思路。

例 7.6（**时间-费用优化**） 已知某项工程的相关资料如表 7.5 所示，求该工程的最低成本日程。

解 首先绘制网络图，按工序的正常作业时间计算相关时间参数，确定工程的关键路线，结果如图 7-17 所示。

表 7.5 某项工程的相关资料数据

工序	作业时间（天）	紧前工序	正常时间下的直接费用（百元）	赶工一天所需费用（百元）
a	4	—	20	5
b	8	—	30	4
c	6	b	15	3
d	3	a	5	2
e	5	a	18	4
f	7	a	40	7
g	4	b,d	10	3
h	3	e,f,g	15	6
合计			153	
工程间接费用			5（百元/天）	

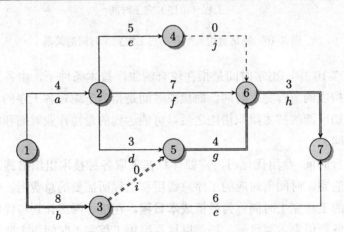

图 7-17 某工程的网络图

该工程的关键路线为 $b \to g \to h$（图 7-17 中以双线表示），工期为 15 天，当前工程的总费用为 $153 + 5 \times 15 = 228$ 百元。

为了缩短工程的工期，必须缩短关键路线。对于关键工序 h，由于赶工作业一天的费用 6 百元超过了工程间接费用 5 百元/天，所以缩短工序 h 是得不偿失的。再看 b,g 这两道工序，它们的单位赶工费用都低于单位工程间接费用，所以赶工作业是可行的。但是要注意的是，它们赶工作业只能缩短一天工期，不然 $a \to f \to h$ 就成为了关键路线。若 b,g 赶工作业超过一天，但工程的工期却只能缩短一天，这样多赶工的时间是不会缩短间接费用，却只增加了直接费用，是不可行的。进一步，b 缩短一天增加的费用为 4，g 缩短一天增加的费用为 3，所以 g 缩短一天的作业时间更优。这样得到的工程工期为 14 天，总费用为 $228 - 5 + 3 = 226$ 百元。如图 7-18 所示。

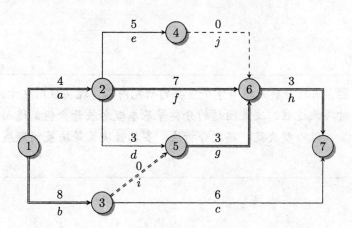

图 7-18　某工程的工期–成本优化结果

事实上，在图 7-18 中，关键路线有两条：$a \to f \to h$ 和 $b \to g \to h$，若还要做缩短工程工期的方案，则有：(1) 单独缩短 h 的作业时间；(2) 同时相同缩短 a, f 和 b, g 的作业时间。读者可自行验证这两种方案都是不可行的。

第八章 决策分析方法

内容提要　决策分析是运筹学中重要的研究内容，现实应用也十分广泛。本章将对决策过程、决策问题的分类等基本概念展开分析，进而对不确定性决策、风险型决策、层次分析法、多属性决策等决策问题展开具体分析。

8.1 决策分析的基本概念

8.1.1 决策问题概述

决策是人们在政治、经济、技术和日常生活中普遍存在的一种选择方案的行为，尤其是在企业的经营活动中，正确地作出科学决策有着举足轻重的重要意义。企业在其经营活动中无时无刻都面临着许多的决策问题，如企业的新产品研发、产品的生产计划、市场营销决策、技术创新投入、人才使用规划等，正如诺贝尔奖获得者 Simon 所言"管理就是决策"。

在进行决策分析时，通常涉及许多因素，如决策者心理、决策环境描述、决策方案、决策收益等，但一个决策模型一般应包括三个基本要素：

(1) 不可控因素——自然状态。它是不以人的意志为转移的客观因素，通常指决策者所面临的决策环境，一般称为**决策的状态空间**。决策的状态空间可以是连续的或者是离散的（有限的或无限可列的）。离散情况下有限状态空间可表示为 $\Theta = \{\theta_1, \theta_2, \cdots, \theta_n\}$，其中 Θ 的元素 $\theta_j (j = 1, 2, \cdots, n)$ 称为**状态变量**。

(2) 可控因素——决策方案。它是有待决策者进行选择的主观因素，其集合称为**决策空间**，记为 $A = \{a_1, a_2, \cdots, a_m\}$，其中 A 的元素 $a_i (i = 1, 2, \cdots, m)$ 称为**决策变量**或**决策方案**。同样，决策空间也可以是连续的或者是离散的（有限的或无限可列的），而且一般要求至少有两个或两个以上的方案。

(3) 损益值——决策收益。它是指在客观条件为某种状态 θ_j 时，决策者选择决策方案 a_i 的收益或损失，记其为 r_{ij}。显然它是 θ_j 和 a_i 的函数，即 $r_{ij} = r(a_i, \theta_j)$, $i = 1, 2, \cdots, m$; $j = 1, 2, \cdots, n$。通常采用矩阵的方式来描述决策的损益值（损益矩阵）：

$$\boldsymbol{R} = (r_{ij})_{m \times n} = \begin{pmatrix} r(a_1, \theta_1) & r(a_1, \theta_2) & \cdots & r(a_1, \theta_n) \\ r(a_2, \theta_1) & r(a_2, \theta_2) & \cdots & r(a_2, \theta_n) \\ \vdots & \vdots & & \vdots \\ r(a_m, \theta_1) & r(a_m, \theta_2) & \cdots & r(a_m, \theta_n) \end{pmatrix}$$

$$= \begin{pmatrix} r_{11} & r_{12} & \cdots & r_{1n} \\ r_{21} & r_{22} & \cdots & r_{2n} \\ \vdots & \vdots & & \vdots \\ r_{m1} & r_{m2} & \cdots & r_{mn} \end{pmatrix}.$$

损益值是进行决策的依据，决策者总是寻求损失（费用、成本、风险）最小或收益（利润、效益、效率、效用、价值）最大或目标达到满意值的最优方案。

这样，当上述三个基本要素一旦给定以后，即可构成一个基本的决策模型 $D = (\Theta, A, \boldsymbol{R})$。有时一个决策模型描述中还可能包括一些针对决策者的假设，如决策者的价值观、决策者对待风险的态度等。

8.1.2 决策的过程

决策都应该按照一定的科学方法和过程来展开，才能保证决策的质量。一般的企业决策过程如图 8-1 所示。

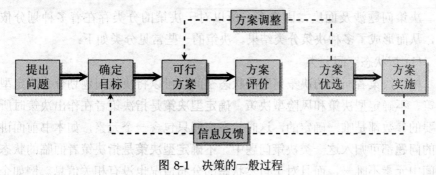

图 8-1 决策的一般过程

具体而言，决策过程各步骤的主要内容如下：

(1) 提出问题。决策分析的第一步是要明确问题，即决策要解决什么样的问题。对于企业而言，这一过程可能包括企业的内、外部环境分析。

(2) 确定目标。在这一过程中决策者要明确的是，决策的目标是什么，什么样的目标是可以接受的。一般而言，通常的决策目标可能是成本最低或利润最大等。

(3) 可行方案。在这一过程中，决策者应该尽可能地找到解决问题所有可行的方案，通常要求方案应该尽可能地全面，甚至有时候可以先不考虑方案的可行性，即这一阶段强调方案的数量而不是方案的质量。有很多的方法是可以采用的，典型的如头脑风暴法。

(4) 方案评价。在这一过程中，决策者应对上述所有的方案确立一个明确的评价标准来进行方案的评价，而评价结果通常是一个方案的排序。应注意的是，评价一个方案的标准可能是单一的，也可能是多方面的，而且通常从不同的方面进行评价可能会得到不同的排序结果。如某个方案在利润方面可能是最好的，但它的成本却不一定是最低的。所以，在进行方案评价时要确定一个合理的、科学的、可信的评价标准。

(5) 方案优选。在方案优选阶段，决策者应根据方案评价的结果，综合考虑多方面的因素进行方案的选择，应该遵循的依据是如何保障决策目标的实现。这一过程可能会出现找不到合适方案的情况，这时应返回第 (3) 步，继续查找其他的可行方案。

(6) 方案实施。根据方案优选的结果进行方案的实施。在实施过程中，要不断地与决策目标进行对照，发现偏离时，应及时调整方案或目标。

上述的决策过程是针对一般情况而言的，从理论上讲，所有的决策问题都应遵循这样的过程来展开，但并不排除一些特殊情况下的特殊处理。

8.1.3 决策的分类

决策问题涉及面广，因素多，所以对于决策的分类存在着多种划分依据，从而形成了多种决策分类结果。决策的一些常见分类如下：

(1) 按状态空间分类

根据决策者面临的决策问题的状态空间，可以将决策问题划分为确定型决策、不确定型决策和风险型决策。**确定型决策**是指决策者在作出决策时所需要的参数都是唯一确定的，这时状态空间只包含一个元素，如本书前面讲到的问题都可归入这一类决策问题中。**不确定型决策**是指决策者面临的状态空间中元素不唯一，而且对于自然状态的分布情况也没有相关信息。例如企业准备上市一种全新设计的产品，目前仅知道这种产品未来的市场需求可能会是高、中或低，这种条件下企业需要决定是否投产该产品，这一决策属于不确定型决策的范畴。**风险型决策**指决策者面临的状态空间中元素不唯一，而且存在对自然状态的概率分布的相关信息。如前述的新产品是否投产的问题，如果企业还进一步知道市场需求的概率分布信息，这时的决策问题就属于风险型决策。

(2) 按性质的重要性分类

依据决策问题性质的重要性可以将决策问题划分为战略决策、策略（管理）决策和战术（业务）决策。**战略决策**往往在一个相当长的时期内影响全局，如企业的长远发展规划、生产规模的确定、产品品种结构的设计、新产品开发和市场开拓等发展战略问题的决策都属于此类。战略决策需要考虑外界的动态环境与企业生产经营活动保持平衡，属于高层次决策。**策略决策**是为完成战略决策所规定的内容而进行的决策，如对一个企业产品规格的选择，一个组织财务与物资供应系统设计与选择，工艺方案和设备的选择等。**战术决策**又称为**作业决策**或**业务决策**，属于基层决策，其目的是为提高日常工作的效率，如库存管理、生产管理、技术管理等。

(3) 按决策的结构分类

依据决策的结构，决策可分为程序化决策和非程序化决策。**程序化决策**是一种有明确判别准则和目标，可以按一定程度（或规则）反复进行的决策，如订货和物资供应。许多组织基层单位的决策问题多属于此类。**非程序化决策**是指决策问题的结构不是十分清楚的一次性重大决策，无法用固定的程序和方法来进行。它的科学性和合理性更多地取决于决策者的素质和创新能力。

(4) 按问题描述的性质分类

按问题描述的性质可将决策分为定量决策和定性决策。简单而言，用数值模型表示的决策叫做**定量决策**，不能用数值模型表示的决策叫做**定性决策**。在实际工作中，往往需要用定性决策与定量决策相结合的方法进行综合决策，但总的发展趋势是尽可能地把决策问题定量化。

(5) 按目标数量和属性的多少分类

按目标数量和属性的多少可以把决策问题分为单目标决策和多目标决策两大类。当决策目标唯一时，称之为**单目标决策**，否则称为**多目标决策**。

决策的分类还有其他若干种，如按决策过程的连续性可分为单项决策和序贯决策；按决策问题的大小可分为宏观决策和微观决策；按参与决策的人数可分为个人决策和群体决策等。

8.2 不确定型决策

不确定型决策是指决策者所面临的状态空间中元素不唯一，而且决策者并不知道状态空间的概率分布情况。如下例就是一个典型的不确定型决策问题。

例 8.1 (不确定型决策) 某企业在研究是否投产一种新型产品，目前存在三种方案：

方案一（a_1）：在原有生产线基础上新增生产线；

方案二（a_2）：对原有生产线进行改造以适应新产品生产的需要；

方案三（a_3）：新建一个工厂。

而未来市场的需求情况是不确定的，但是存在三种可能的情况：需求低（θ_1）、需求一般（θ_2）和需求高（θ_3）。企业对各种方案在不同未来市场需求条件下的利润进行了估算，如表 8.1 所示。

表 8.1 不确定型决策

利润　　　状态 方案	θ_1	θ_2	θ_3
a_1	−4	13	15
a_2	4	7	8
a_3	−6	12	17

这时由于决策者对环境情况了解较少，往往倾向于根据主观判断（或经验）来进行决策。通常根据决策对待不确定性的态度不同，可将不确定型决策的方法划分为 5 种准则，即悲观主义准则、乐观主义准则、折衷主义准则、等可能性准则、最小后悔值准则。

8.2.1 悲观主义准则

悲观主义准则也称为**保守主义准则、max min 准则、小中取大准则**，它是保守悲观论者偏爱的决策方法。悲观主义者认为在对未来环境情况不了解时，应从不利的角度来考虑问题，所以应该根据最不利条件各个方案的收益情况来确定最好的选择，这样可以保证即使真的最不利条件出现了，决策者仍然可以得到的是最好的结果。但是，如果不是最不利条件出现，则决策者并没有实现最大的收益。悲观主义准则是：先找出每个方案在各种状态下的最小收益值，再从这些最小收益值中选一个最大值，它所对应的决策就是最优决策，其实质是一种提高收益下界的决策方法。其计算方法为

$$a^* = \max_i \min_j \{r_{ij}\}.$$

在例 8.1 中，当 $i = 1$ 时，$\min_j\{r_{1j}\} = -4$；当 $i = 2$ 时，$\min_j\{r_{2j}\} = 4$；当 $i = 3$ 时，$\min_j\{r_{3j}\} = -6$。所以

$$a^* = \max_i \min_j \{r_{ij}\} = \max\{-4, 4, -6\} = 4,$$

最优决策为 a_2。这一过程也可以在收益表中实现（如表 8.2 所示）。

表 8.2　不确定型决策–悲观主义准则

利润　　状态 方案	θ_1	θ_2	θ_3	min
a_1	−4	13	15	−4
a_2	4	7	8	4√
a_3	−6	12	17	−6

从决策结果来看，即使未来市场需求最不利的情况出现，选择方案二也可以保证企业获利 4，但是同时企业损失了其他有利情况下获取更高收益的机会。

8.2.2　乐观主义准则

乐观主义准则也称为 **max max 准则**，它是爱冒风险的乐观主义者偏好的方法。乐观的决策者对待不确定性的态度与悲观决策者的截然相反，当他面临情况不明的决策问题时，他绝不放弃任何一个可获得最好结果的机会，以争取好中之好的乐观态度来选择他的决策方案。根据此准则，决策者从最有利用的结果去考虑问题，先找出每个方案在不同自然状态下最大的收益值，再从这些最大值收益中选取一个最大值，相应方案即为最优方案。其计算方法为

$$a^* = \max_i \max_j \{r_{ij}\}.$$

以例 8.1 为例，其计算如表 8.3 所示。

从决策结果来看，如果未来的市场需求如乐观主义的决策者所愿，则企业可获得 17 的利润，但同时可注意到选择方案三企业也面临着承受最大损

失 -6 的风险。

表 8.3 不确定型决策–乐观主义准则

利润 状态 方案	θ_1	θ_2	θ_3	max
a_1	-4	13	15	15
a_2	4	7	8	8
a_3	-6	12	17	17$\checkmark$

8.2.3 折衷主义准则

前述中，无论是悲观主义准则还是乐观主义准则都走向了两个极端，于是研究者们提出把这两种准则结合起来的方法——**折衷主义准则**，这种方法要求决策者给定一个乐观系数 α，其取值于 [0,1] 区间，所以有时这种方法也称为**乐观系数法**。根据给定的乐观系数，对于每一个方案可以按下式得到一个折衷收益值：

$$H(a_i) = \alpha \max_j \{r_{ij}\} + (1-\alpha) \min_j \{r_{ij}\}, \quad i = 1, 2, \cdots, m,$$

然后在这些折衷值中选取一个最大值，作为决策选择的依据。

容易发现，当 $\alpha = 1$ 时，该准则与乐观主义准则一致，而当 $\alpha = 0$ 时，它与悲观主义准则一致。当 $0 < \alpha < 1$ 时，该准则介于乐观主义准则与悲观主义准则之间，这也是该准则被称为折衷主义准则的原因。乐观系数的确定可以依赖于一些其他方法。

下面以 $\alpha = 0.8$ 来讨论例 8.1 在折衷主义准则下的最优决策，计算表格见表 8.4。

表 8.4 不确定型决策–折衷主义准则

利润 状态 方案	θ_1	θ_2	θ_3	$H(a_i)$ ($\alpha = 0.8$)
a_1	-4	13	15	11.2
a_2	4	7	8	7.2
a_3	-6	12	17	12.4$\checkmark$

8.2.4 等可能性准则

等可能性准则的依据是 19 世纪数学家 Laplace 提出的"理由不充足推理",所以该准则也称为 **Laplace 准则**。他认为,当一个人面临着某事件集合,在没有什么确切信息来说明这一事件比另一事件有更多发生机会时,只能认为各事件发生的机会是均等的,即每一事件发生的概率均为 $\frac{1}{n}$。然后计算各方案的收益期望值,再在其中选择一个最大值,它所对应的方案即为决策方案。事实上,由于各个事件发生的概率相等,期望值实际上就是算术平均值,所以该准则也被称为**平均主义准则**。

以例 8.1 为例,其计算如表 8.5 所示。

表 8.5 不确定型决策–等可能性准则

利润 ＼ 状态 方案	θ_1	θ_2	θ_3	平均值
a_1	-4	13	15	$24/3\checkmark$
a_2	4	7	8	$19/3$
a_3	-6	12	17	$23/3$

由决策结果来看,最优决策是选择方案一,它意味着平均来看方案一的收益是最大的。

8.2.5 最小后悔值准则

最小后悔值准则是由经济学 Savage 提出的,所以也称为 **Savage 准则**。决策者制定决策之后,若实际情况未能符合理想,则必定后悔。如在例 8.1 中,如果决策选择了方案二,当实际市场需求为 θ_3 时,决策就会后悔,而选择方案三就不会后悔。所以,这种方法就是将各自然状态下的最大收益值作为理想目标,并将该状态中的最大值与其他值之差作为后悔值,以衡量决策者后悔的程度。后悔值的计算方法为

$$r'_{ij} = \max_i\{r_{ij}\} - r_{ij}, \quad i = 1, 2, \cdots, m, \, j = 1, 2, \cdots, n.$$

最小后悔值准则要求首先得到各方案的最大后悔值,然后在其中选择最小值,它对应的方案即为最优决策。

以例 8.1 为例,具体计算如表 8.6 所示。所以,依据最小后悔值准则,该问题的最优决策是选择方案一。

表 8.6 不确定型决策−最小后悔值准则

后悔值 \ 状态 \ 方案	θ_1	θ_2	θ_3	max
a_1	8	0	2	8$\checkmark$
a_2	0	6	9	9
a_3	10	1	0	10

最后需要说明的，从以上的分析发现同一不确定型决策问题，用不同的准则进行求解，得到的最优决策并不必然一致。这一点与实际情况是一致的，因为决策者对不确定性的偏好不同，对同一问题的处理原则不可能是一样的，自然造成决策的结果之间存在差别。一般说来，保守型方法对小型或资金薄弱的企业较为适用；对于大型企业，有较雄厚的实力，可以为取得较大利润做一些适当的冒险，采用一些风险高的决策。

8.3 风险型决策

风险型决策是指决策者对客观情况不甚了解，但对将发生各事件的概率是已知的。决策者往往通过调查，根据过去的经验或主观估计等途径获得这些概率。在风险型决策中，一般采用期望值作为决策准则，常用的有最大期望收益准则和最小期望后悔值准则。

8.3.1 最大期望收益准则

最大期望收益（Expected Monetary Value，EMV）**准则**是风险型决策的基本方法，该准则以每个方案的期望收益作为判断方案优劣的标准，选择期望收益最大的方案作为决策方案。具体而言，方案 a_i 的期望收益为

$$\text{EMV}(a_i) = \text{EMV}_i = \sum_{j=1}^{n} p_j r_{ij}, \quad i = 1, 2, \cdots, m.$$

仍然以例 8.1 为基础，如果企业根据以往类似产品的经验，确定该新产品未来市场需求三种状态发生的概率分别为 $0.2, 0.5$ 和 0.3，这时企业的决策即为风险型决策。

根据期望收益的计算方法，三种方案的期望收益分别为

$$\text{EMV}_1 = -4 \times 0.2 + 13 \times 0.5 + 15 \times 0.3 = 10.2,$$

$$\text{EMV}_2 = 4 \times 0.2 + 7 \times 0.5 + 8 \times 0.3 = 6.7,$$

$$\text{EMV}_3 = -6 \times 0.2 + 12 \times 0.5 + 17 \times 0.3 = 9.9.$$

根据最大期望收益准则，该风险型决策问题的最优决策为选择方案一。上述
过程也可以用表格方式体现（见表 8.7）。

表 8.7 风险型决策—最大期望收益准则

| 利润　　　　状态及概率 | θ_1 | θ_2 | θ_3 | 期望 |
方案	0.2	0.5	0.3	收益值
a_1	−4	13	15	10.2✓
a_2	4	7	8	6.7
a_3	−6	12	17	9.9

另外，在风险型决策中通常会使用决策树这种工具来描述决策过程，上
述求解过程的决策树描述方式如图 8-2 所示。

在决策树中，包括决策节点、状态节点、树枝、树叶等要素。如图 8-2
中，最左边的节点为决策节点，通常用方框表示；中间的 2, 3, 4 号节点为状

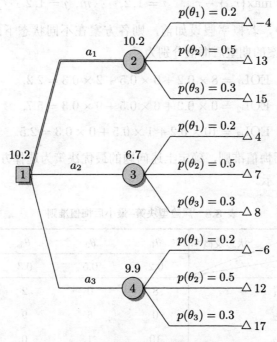

图 8-2 风险型决策的决策树

态节点，通常用圆圈表示；决策树的最右边的节点为树叶节点，它表示树的节尾。决策节点后面的枝表示当前决策的可选择方案，状态节点后面的枝表示当前状态包括的多种状态。

在决策树中进行计算时，从树叶开始从右向左进行计算。如图 8-2 中，首先计算各状态节点的期望值，标于各状态节点上方；然后沿图向左，如遇到决策节点则进行比较不同方案的期望收益值，作出决策。图 8-2 中，向左来到决策节点 1，比较三个方案的期望收益，方案 a_1 的期望收益最大，所以在这个决策节点应选择方案 a_1（图中以双线表示决策结果）。

8.3.2 最小期望后悔值准则

最小期望后悔值（Expected Opportunity Loss，EOL）**准则**也是风险型决策中常用的决策方法，它以方案的期望后悔值作为判断方案优劣的标准，以最小期望后悔值所对应的方案为最优决策。

方案 i 的期望后悔值计算公式为

$$\text{EOL}(a_i) = \text{EOL}_i = \sum_{j=1}^{n} p_j r'_{ij}, \quad i = 1, 2, \cdots, m,$$

其中 r'_{ij} 为前述的后悔值，

$$r'_{ij} = \max_i \{r_{ij}\} - r_{ij}, \quad i = 1, 2, \cdots, m, \ j = 1, 2, \cdots, n.$$

在例 8.1 中，若概率假设如前，则各方案在不同状态下的后悔值如表 8.6 所示，各方案的期望后悔值分别为

$$\text{EOL}_1 = 8 \times 0.2 + 0 \times 0.5 + 2 \times 0.3 = 2.2,$$

$$\text{EOL}_2 = 0 \times 0.2 + 6 \times 0.5 + 9 \times 0.3 = 5.7,$$

$$\text{EOL}_3 = 10 \times 0.2 + 1 \times 0.5 + 0 \times 0.3 = 2.5.$$

根据最小期望后悔值准则，确定上述问题的最优决策为选择方案一。其计算表格如表 8.8 所示。

表 8.8 风险型决策–最小后悔值准则

后悔值 ＼ 状态及概率 方案	θ_1 0.2	θ_2 0.5	θ_3 0.3	期望 后悔值
a_1	8	0	2	2.2√
a_2	0	6	9	5.7
a_3	10	1	0	2.5

注意到，风险型决策问题的两种决策准则得到的决策结果是一致的。事实上可以证明这不是偶然而是必然一致的。

8.3.3 Bayes 决策方法

前面的 EMV 准则和 EOL 准则都是基于经验分布的一种决策方法，但由于现实环境的变化，这些经验分布中一般存在着较大的风险因素。所以，决策者通常都会采用调查手段和方法（如实验、抽样调查、试销等）来获取一些新数据，从而调整这种经验分布，然后再根据调整后的概率进行决策。而这种概率调整的过程中使用了概率论中著名的 Bayes 公式，所以把这种决策方法常称为 **Bayes 决策方法**。一般来说，把未调整前的概率称为**先验概率**，把经 Bayes 公式调整后得到的概率称为**后验概率**。

Bayes 公式主要是用来研究事物发生的原因，即要知道在 A 发生的条件下，某个"原因" B_i 发生的概率。设 $B_1, B_2, \cdots, B_n$ 是一组互斥的完备事件集，即所有的 B_i 互不相容且满足 $\cup_{i=1}^n B_i = \Phi$（全集），并设 $P(B_i) > 0$，则对于事件 A 发生的条件下，有

$$P(B_i|A) = \frac{P(B_i)P(A|B_i)}{\sum_{i=1}^n P(B_i)P(A|B_i)} = \frac{P(B_iA)}{P(A)}, \quad i = 1, 2, \cdots, n.$$

下面将通过一个实例来说明如何利用 Bayes 公式求解风险型决策问题。

例 8.2 (Bayes 决策) 某厂在考虑是否采用一种新技术，预计其市场反映好的概率为 0.6，采用新技术的收益为 80 万元；市场反映差的概率为 0.4，此时采用新技术会亏损 30 万元。另外，企业也可以进一步发展现有技术，这种方案下，如市场反映好企业由于没有及时更新技术会亏损 40 万元，而如果市场反映差，企业可以获得 100 万元的收益。企业的收益情况如表 8.9 所示。为了做更科学合理的决策，企业决定委托一家市场调查公司对产品未来的销路情况进行市场调查与预测，费用为 2.5 万元，得到各种市场反映下调查结果的条件概率，如表 8.10 所示。那么该企业的最优决策是什么？

表 8.9　企业先验收益情况

利润 ＼ 状态及概率	市场反映好（θ_1）	市场反映差（θ_2）
方案	0.6	0.4
采用新技术 (a_1)	80	−30
发展现有技术 (a_2)	−40	100

表 8.10 条件概率

状态 销路	市场反映好 (θ_1)	市场反映差 (θ_2)
好 (z_1)	0.80	0.10
一般 (z_2)	0.10	0.75
差 (z_3)	0.10	0.15

解 为了便于问题分析, 首先画出该问题的决策树, 如图 8-3 所示。

从决策树分析来看, 企业首先要决策是否进行市场调查, 如果不调查, 再决策是采用新技术还是发展现有技术; 如果进行市场调查, 调查结果可能有三种情况: 销路好、一般和差, 在每种情况下再决定是采用新技术还是发展现有技术。

如果企业决策不进行市场调查, 则企业依据关于市场的先验信息进行决策, 这一过程称为**先验决策**。而企业进行市场调查后, 得到了关于产品销路的进一步信息, 然后依据 Bayes 公式调整关于市场的先验信息, 进而在不同调查结果下进行是否采用新技术的决策, 这一过程称为**后验决策**。

首先看企业的先验决策, 企业采用新技术的期望收益为
$$\text{EMV}(a_1) = 0.6 \times 80 + 0.4 \times (-30) = 36,$$
企业采用发展现有技术的期望收益为
$$\text{EMV}(a_2) = 0.6 \times (-40) + 0.4 \times 100 = 16,$$
所以在先验信息条件下, 决策问题的最优决策是选择采用新技术, 获得期望收益为 36 万元, 记为 $\text{EMV}_0^* = 36$ 万元。

当企业进行市场调查时, 调查结果会有三种情况, 在不同调查结果下企业再决策是否采用新技术, 但决策仍然依赖于市场反映好、反映差的概率。所以, 在后验决策过程中首先要利用 Bayes 公式进行相关概率的计算。

根据题设数据可知,
$$P(\theta_1) = 0.6, \quad P(\theta_2) = 0.4,$$
$$P(z_1|\theta_1) = 0.80, \quad P(z_1|\theta_2) = 0.10,$$
$$P(z_2|\theta_1) = 0.10, \quad P(z_2|\theta_2) = 0.75,$$
$$P(z_3|\theta_1) = 0.10, \quad P(z_3|\theta_2) = 0.15.$$

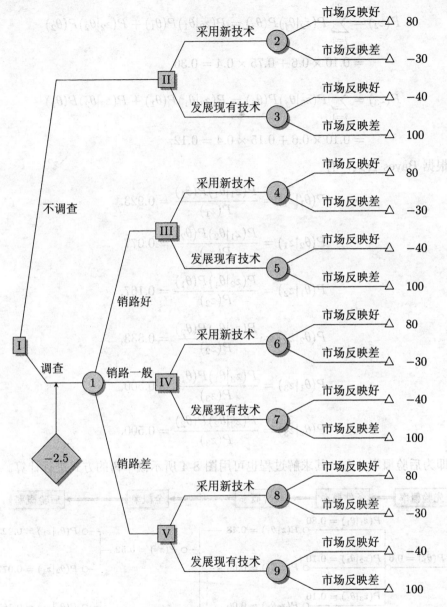

图 8-3 Bayes 决策的决策树

为了进行后验决策，需要知道的概率为 $P(z_i)$ 和 $P(\theta_j|z_i)$, $i = 1, 2, 3$, $j = 1, 2$, 而这些概率的计算方法如下：

$$P(z_1) = \sum_{j=1}^{2} P(z_1|\theta_j)P(\theta_j) = P(z_1|\theta_1)P(\theta_1) + P(z_1|\theta_2)P(\theta_2)$$

$$= 0.80 \times 0.6 + 0.10 \times 0.4 = 0.52,$$

$$P(z_2) = \sum_{j=1}^{2} P(z_2|\theta_j)P(\theta_j) = P(z_2|\theta_1)P(\theta_1) + P(z_2|\theta_2)P(\theta_2)$$

$$= 0.10 \times 0.6 + 0.75 \times 0.4 = 0.36,$$

$$P(z_3) = \sum_{j=1}^{2} P(z_3|\theta_j)P(\theta_j) = P(z_3|\theta_1)P(\theta_1) + P(z_3|\theta_2)P(\theta_2)$$

$$= 0.10 \times 0.6 + 0.15 \times 0.4 = 0.12;$$

根据 Bayes 公式，有

$$P(\theta_1|z_1) = \frac{P(z_1|\theta_1)P(\theta_1)}{P(z_1)} = 0.923,$$

$$P(\theta_2|z_1) = \frac{P(z_1|\theta_2)P(\theta_2)}{P(z_1)} = 0.077,$$

$$P(\theta_1|z_2) = \frac{P(z_2|\theta_1)P(\theta_1)}{P(z_2)} = 0.167,$$

$$P(\theta_2|z_2) = \frac{P(z_2|\theta_2)P(\theta_2)}{P(z_2)} = 0.833,$$

$$P(\theta_1|z_3) = \frac{P(z_3|\theta_1)P(\theta_1)}{P(z_3)} = 0.500,$$

$$P(\theta_2|z_3) = \frac{P(z_3|\theta_2)P(\theta_2)}{P(z_3)} = 0.500,$$

即为后验概率分布。其求解过程也可用图 8-4 所示概率树的方式进行计算。

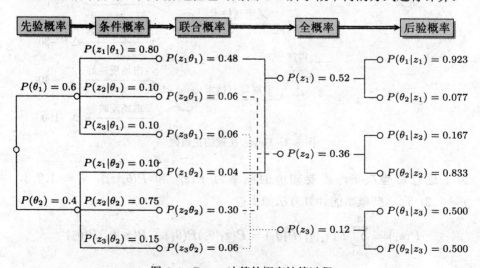

图 8-4　Bayes 决策的概率计算过程

由上述概率的计算结果就可以计算相关的期望收益，通过比较作出决策，具体过程反映在图 8-5 中。

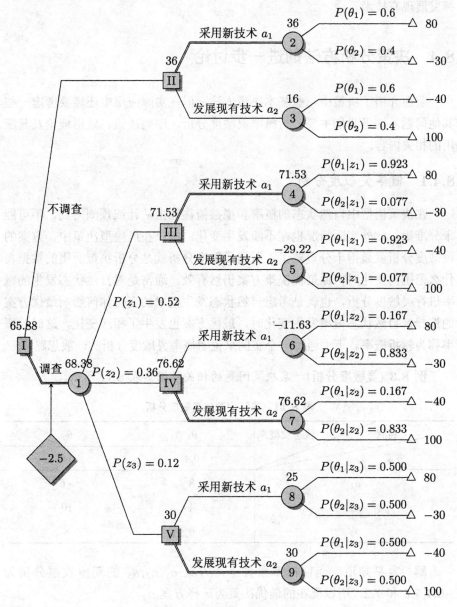

图 8-5 Bayes 决策的决策树

根据图 8-5，企业不进行市场调查时，最优决策为采用新技术，得到的期望收益为 $\text{EMV}_0^* = 36$ 万元。如果企业进行市场调查，获得的期望收益为 $\text{EMV}_1^* = 68.38$ 万元，除了调查费用 2.5 万元外，还有 65.88 万元的期望收益。所以，企业的最优决策应该是进行市场调查，如果调查结论为"销路好"，则采用新技术；如果调查结论为"销路一般"或者"销路差"，则应选择发展现有技术。

8.4 决策分析方法的进一步讨论

前面介绍了决策中一些基本决策方法，但在实际应用中还需要考虑一些其他问题。这里我们主要分析概率灵敏度分析、序列决策、效用理论及其应用的相关内容。

8.4.1 概率灵敏度分析

在决策模型中自然状态的概率和损益值往往由估计或预测得到，不可能十分准确，此外实际情况也在不断发生变化。所以在风险型决策中，方案的灵敏度分析就显得十分重要了。所谓**灵敏度分析**就是分析决策所用的数据在什么范围内变化时，原最优决策方案仍然有效。通常是对自然状态发生的概率进行灵敏度分析，也就是考虑自然状态发生概率的变化如何影响最优方案的选择。自然状态概率发生变化时，最优方案也发生了相应变化，这时的概率称为**转折概率**。下面通过一个实例来说明概率灵敏度分析的一般思路。

例 8.3 (**灵敏度分析**) 某决策问题的相关数据如表 8.11 所示。

表 8.11 决策问题的灵敏度分析

利润 \ 状态及概率	θ_1	θ_2
方案	0.4	0.6
a_1	8	-6
a_2	4	10
a_3	6	8

解 容易知道，当前概率条件下，方案 a_1, a_2, a_3 的期望收益分别为 $-0.4, 7.6$ 和 7.2，所以现在的最优决策为选择方案 a_2。

为了研究概率变化对决策方案选择的影响，现假设 θ_1 发生的概率为 p_1，则 θ_2 发生的概率为 $1 - p_1$，由此得到不同方案的期望收益分别为

$$\text{EMV}_1 = 8p_1 - 6(1 - p_1),$$

$$\text{EMV}_2 = 4p_1 + 10(1 - p_1),$$

$$\text{EMV}_3 = 6p_1 + 8(1 - p_1).$$

为了便于分析，将这三个方案的期望收益与状态概率的关系绘制在图 8-6 中。由图 8-6 可以发现，三条期望收益曲线相交于三点。为保证期望收益最优，应该保证在不同概率下选择最高的期望收益曲线。所以可以得到

当 $0 \leqslant p_1 \leqslant 0.5$ 时，EMV_2 最大，此时的最优决策方案为 a_2；

当 $0.5 \leqslant p_1 \leqslant 0.875$ 时，EMV_3 最大，此时的最优决策方案为 a_3；

当 $0.875 \leqslant p_1 \leqslant 1$ 时，EMV_1 最大，此时的最优决策方案为 a_1。

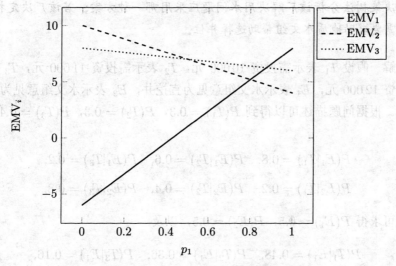

图 8-6　决策问题的灵敏度分析图

上述分析中，$p_1 = 0.5$ 和 $p_1 = 0.875$ 为概率转折点。事实上，上述的灵敏度分析只是一个简单的基本思路，当方案数和状态数增多后，灵敏度分析就会越复杂。

8.4.2　序列决策

有些决策问题当进行决策后产生一些新情况，并需要进行新的决策，接着又有可能出现一些新情况，又需要进行新的决策，这种需要根据情况变化连续做出决策的问题称为**序列决策**。对于序列决策问题，使用的基本规则还是将期望收益作为方案选择的依据，通常使用决策树进行序列决策问题的分析。

例 8.4（序列决策）　某市郊工厂为解决用水有两个可供选择的方案：

(1) 铺设连接城市自来水网的管道，需投资 11 000 元；

(2) 就地挖井，但因井位选择上的差别，需要投资额可能为 10 000 元（概率 0.3）、11 000 元（概率 0.3）、12 000 元（概率 0.4）。

无论铺设管道或挖井，均能解决工厂规划期内的用水问题。为了确定一个较好的井位，可请当地水文组帮助选择，但需花费 150 元。又水文组提供的意见仅是在某一地点是否适宜挖井。据资料统计，在过去类似挖掘投资为 10 000 元的井中，水文组认为宜挖的占 80%，认为不宜挖的占 20%；在挖掘投资为 11 000 元的井中，水文组认为宜挖的占 60%，不宜挖的占 40%；在挖掘投资为 12 000 元的井中，水文组认为宜挖的占 20%，不宜挖的占 80%。试用决策树法分析该厂解决用水问题应采用哪一种方案；若该厂决定挖井，是否需要求助地质水文组帮助选择井位。

解 假设 T_1 表示需投资 10 000 元，T_2 表示需投资 11 000 元，T_3 表示需投资 12 000 元，E_1 表示水文组意见为宜挖井，E_2 表示水文组意见为不宜挖井。根据问题描述可以得到 $P(T_1) = 0.3$，$P(T_2) = 0.3$，$P(T_3) = 0.4$，而且有

$$P(E_1|T_1) = 0.8, \quad P(E_1|T_2) = 0.6, \quad P(E_1|T_3) = 0.2,$$

$$P(E_2|T_1) = 0.2, \quad P(E_2|T_2) = 0.4, \quad P(E_2|T_3) = 0.8,$$

这样可求得 $P(E_1) = 0.5$，$P(E_2) = 0.5$，以及

$$P(T_1|E_1) = 0.48, \quad P(T_2|E_1) = 0.36, \quad P(T_3|E_1) = 0.16,$$

$$P(T_1|E_2) = 0.12, \quad P(T_2|E_2) = 0.24, \quad P(T_3|E_2) = 0.64.$$

决策树分析如图 8-7 所示。

决策结果为：该厂应请水文地质队帮助选择宜挖井的地点。如果水文地质队提出宜挖井时，则挖井；如果水文地质队提出不宜挖井时，则应采用与城市自来水网连接的方案。

8.4.3 效用理论及在决策分析中的应用

用期望值法进行决策分析求得的最优方案是期望报酬值最大意义下的方案，它只能保证在统计意义上达到预期目标，即当决策问题多次反复出现时，用期望收益值最优来指导决策效果较好。在具体一次实践中，期望收益值不一定是实际报酬值。

例如，某公司有笔闲置资金，有两种可供选择的投资方案 a_1 和 a_2。方案 a_1 为投资到某种风险基金，根据往年的收益情况来看，该基金盈利的概

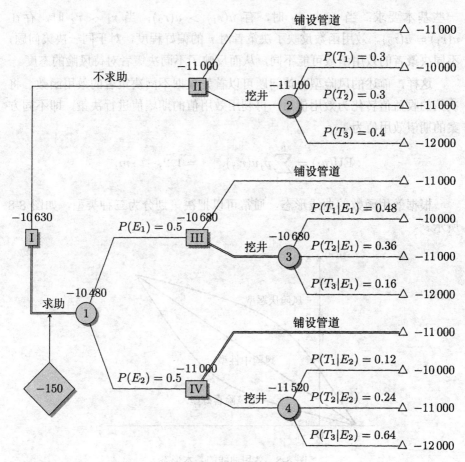

图 8-7 序列决策示例

率为 0.7, 盈利后的收益为 10 万元; 基金亏损的概率为 0.3, 亏损金额为 3 万元。方案 a_2 为银行储蓄, 收益为 5 万元。显然这是一个风险型决策问题, 根据最大期望收益准则容易得到最优方案为 a_1, 获得 6.1 万元的期望收益。这是一个统计意义上的期望值, 如果基金盈利, 选择此方案的实际收益为 10 万元, 多于期望收益和确定收益 (银行储蓄的收益)。但如果亏损, 则实际收益为 −3 万元, 低于期望收益和确定收益。这样看来, 追求期望收益值是有风险的, 而不同的决策者对待风险的态度是不同的。效用理论为描述决策者对待风险的态度提供了方法。

简单而言, 一个决策问题中所有可能收益的集合称为**收益集**, 记为 R。如果一个决策者认为 R 中的 r_1 优于 r_2, 用 $r_1 \succ r_2$ 或 $r_2 \prec r_1$ 表示; 如果他认为 r_1 和 r_2 是相当的, 记为 $r_1 \sim r_2$。

效用函数是定义在收益集 R 上的一个实函数 $u(r)$, 它满足这样的一些基本要求：当 $r_1 \succ r_2$ 时，有 $u(r_1) > u(r_2)$；当 $r_1 \sim r_2$ 时，存在 $u(r_1) = u(r_2)$。效用函数反映了决策者对 r 的偏好程度，对于同一决策问题，不同决策者的效用函数可能不同，从而反映了不同决策者对待风险的态度。

这样，前述的风险型决策问题可以首先根据不同决策者的效用函数，将决策的收益值转化为效用值后，再利用效用值的期望值进行决策，即不同方案的期望效用值为

$$\mathrm{EU}(a_i) = \sum_{j=1}^{n} p_j u(r_{ij}), \quad i = 1, 2, \cdots, m.$$

根据效用函数的曲线形态，通常可以把决策划分为三种类型，如图 8-8 所示。

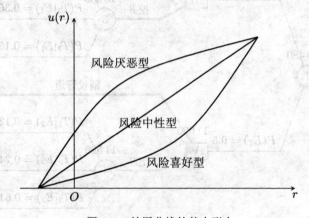

图 8-8　效用曲线的基本形态

风险中性型决策者的效用曲线为一条直线，他认为收入金额的增长与效用值的增长成等比关系；风险厌恶型决策者的效用曲线是一条上凸曲线，他对损失金额愈多愈敏感，相反地对收入的增加比较迟钝，即他不愿意承担损失的风险；风险喜好型的决策者效用曲线是一条下凸曲线，他对损失金额比较迟钝，相反地对收入的增加比较敏感，即他可以承受损失的风险。

在决策风险时通常使用决策者风险厌恶的假设，因为一般情况下决策是尽量地避免承担风险。常用的效用函数有

(1) 线性函数　$u(r) = c_1 + a_1(r - c_2)$；

(2) 指数函数　$u(r) = c_1 + a_1(1 - \mathrm{e}^{a_2(r-c_2)})$；

(3) 双指数函数　$u(r) = c_1 + a_1(2 - \mathrm{e}^{a_2(r-c_2)} - \mathrm{e}^{a_3(r-c_3)})$；

(4) 指数加线性函数　$u(r) = c_1 + a_1(1 - \mathrm{e}^{a_2(r-c_2)}) + a_3(r - c_3)$；

(5) 幂函数　$u(r) = a_1 + c_1(r - a_2)^{a_3}$；

(6) 对数函数 $u(r) = c_1 + a_1 \ln(c_2 r - c_3)$。

下面通过一个实例来说明如何利用期望效用值进行决策分析。

例 8.5 (效用函数的应用)   某工厂正考虑是现在还是明年扩大生产规模的问题。由于可能出现的市场需求情况不一样，预期利润也不同。已知市场需求为高、中、低的概率及不同方案时的预期利润（单位：万元）如表 8.12 所示。对该厂来说损失 1 万元效用值为 0，获利 10 万元效用值为 100，对以下事件效用值无差异：

(1) 肯定得 8 万元或 0.9 概率得 10 万元和 0.1 概率失去 1 万元；

(2) 肯定得 6 万元或 0.8 概率得 10 万元和 0.2 概率失去 1 万元；

(3) 肯定得 1 万元或 0.25 概率得 10 万元和 0.75 概率失去 1 万元。

试用效用值决策，并与利用实际盈利额时的决策进行比较。

表 8.12   效用函数的应用

利润　　　　市场需求及概率 方案	高（E_1）	中（E_2）	低（E_3）
	0.2	0.5	0.3
现在扩大	10	8	−1
明年扩大	8	6	1

解   根据题意可知，$u(-1) = 0$，$u(10) = 100$，

$$u(8) = 0.9 \times u(10) + 0.1 \times u(-1) = 90,$$

$$u(6) = 0.8 \times u(10) + 0.2 \times u(-1) = 80,$$

$$u(1) = 0.25 \times u(10) + 0.75 \times u(-1) = 25.$$

这样，企业选择现在扩大生产规模时的期望效用值和期望收益值分别为

$$EU_1 = 0.2 \times 100 + 0.5 \times 90 + 0.3 \times 0 = 65,$$

$$EMV_1 = 0.2 \times 10 + 0.5 \times 8 + 0.3 \times (-1) = 5.7;$$

企业选择明年扩大生产规模时的期望效用值和期望收益值分别为

$$EU_2 = 0.2 \times 90 + 0.5 \times 80 + 0.3 \times 25 = 65.5,$$

$$EMV_2 = 0.2 \times 8 + 0.5 \times 6 + 0.3 \times 1 = 4.9.$$

所以，根据最大期望效用准则企业应该选择明年扩大生产规模，根据最大期望收益准则企业应选择现在扩大生产规模。由此可见，把收益作为决策目标和把效用值作为决策目标，其结果可能是不同的。一般利用效用函数进行决

策分析更能反映决策者的主观愿望。

8.5　层次分析法

层次分析法（Analytic Hierarchy Process，AHP）是美国著名的运筹学家 Saaty 等人在 20 世纪 70 年代提出的一种定性与定量分析相结合的决策分析方法，这一方法的特点是在对复杂决策问题的本质、影响因素以及内在关系等进行深入分析之后，构建一个层次结构模型，然后利用较少的定量信息，把决策的思维过程数学化，从而为求解多目标、多准则或无结构特性的复杂决策问题提供一种简便的决策方法。具体地说，它是指将决策问题的有关元素分解成目标、准则、方案等层次，用一定标度对人的主观判断进行客观量化，在此基础上进行定性分析和定量分析的一种决策方法。层次分析法把人的思维过程层次化、数量化，并用数学为分析、决策、预报或控制提供定量的依据。它尤其适合于人的定性判断起重要作用的、对决策结果难于直接准确计量的场合。

8.5.1　层次分析法的原理

下面以一个实例来说明层次分析的原理。

某风险投资机构准备对三个风险项目 A,B,C 中的一个最佳项目进行投资。在对风险项目进行选择时，该机构主要考虑如下因素：

(1) 技术水平（C_1）：指技术开发方面的各种不确定因素，如技术难度、技术适用性、技术成熟性、技术配套性、技术生命周期等；

(2) 市场潜力（C_2）：指难以确定的市场需求、产品竞争力、上市时机、市场扩展速度、潜在竞争者影响、产品替代性等；

(3) 管理水平（C_3）：主要指人员素质与经验、领导判断与决策的科学化、企业组织合理性、项目管理机制等；

(4) 领导者素质（C_4）：主要指创业者的专业知识水平、领导水平、能力、性格等因素。

对于上述问题，为了便于理清分析思路，层次分析法首先需要构造一个层次结构模型，如图 8-9 所示。

建立问题的层次结构模型是 AHP 法中最重要的一步，把复杂问题分解成为元素的各个组成部分，并按元素的相互关系及其隶属关系形成不同的层次，同一层次的元素作为准则对下一层次的元素起支配作用，同时它又受

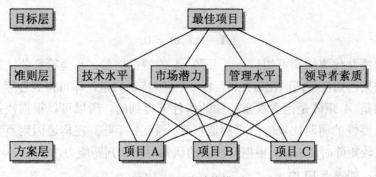

图 8-9 层次结构模型

上一层次元素的支配。最高层次只有一个元素, 它表示决策者所要达到的目标, 称为**目标层**; 中间层次一般为准则、子准则, 表示衡量是否达到目标的判断准则, 称为**准则层**; 最低层表示要选用的解决问题的各种措施、决策、方案等, 称为**方案层**。构造好各类问题的层次结构模型是一项细致的分析工作, 需要一定经验。根据层次结构图确定每一层的各因素相对重要性的权数, 直到计算出方案层各方案的相对权数, 这就给出了各方案的优劣次序, 以便供决策使用。

利用层次模型确定元素的权数是 AHP 法的核心内容。设有 n 个目标 (或属性) $A_1, A_2, \cdots, A_n$, 它们的权重分别为 $w_1, w_2, \cdots, w_n$, 且满足

$$\sum_{i=1}^{n} w_i = 1, \quad 0 \leqslant w_i \leqslant 1.$$

若将它们的权重两两比较, 其比值可构成一个 $n \times n$ 矩阵 $\boldsymbol{A}$, 通常称为**判断矩阵**,

$$\boldsymbol{A} = \begin{pmatrix} w_1/w_1 & w_1/w_2 & \cdots & w_1/w_n \\ w_2/w_1 & w_2/w_2 & \cdots & w_2/w_n \\ \vdots & \vdots & \ddots & \vdots \\ w_n/w_1 & w_n/w_2 & \cdots & w_n/w_n \end{pmatrix}.$$

若再以权重向量 $\boldsymbol{w} = (w_1, w_2, \cdots, w_n)^{\mathrm{T}}$ 右乘 $\boldsymbol{A}$ 矩阵, 则可得到

$$\boldsymbol{Aw} = \begin{pmatrix} w_1/w_1 & w_1/w_2 & \cdots & w_1/w_n \\ w_2/w_1 & w_2/w_2 & \cdots & w_2/w_n \\ \vdots & \vdots & \ddots & \vdots \\ w_n/w_1 & w_n/w_2 & \cdots & w_n/w_n \end{pmatrix} \begin{pmatrix} w_1 \\ w_2 \\ \vdots \\ w_n \end{pmatrix} = n\boldsymbol{w},$$

即

$$(\boldsymbol{A} - n\boldsymbol{I})\boldsymbol{w} = \boldsymbol{0}.$$

由线性代数知识可知，$\boldsymbol{w}$ 为矩阵 $\boldsymbol{A}$ 的特征向量，n 为特征值。也就是说，如果已知权重两两比较矩阵 $\boldsymbol{A}$，求得其特征向量，即可得到各因素的权重。但是 $\boldsymbol{A}$ 矩阵是因素权重已知的条件下得到的，所以可以根据决策者对因素重要性的两两比较的结果构造得到一个 $\bar{\boldsymbol{A}}$ 矩阵。在构造因素重要性的两两比较矩阵时，Saaty 根据一般人的认知习惯和判断能力，引入 $1\sim 9$ 的标度体系，如表 8.13 所示。

表 8.13　AHP 法标度体系

相对重要程度（a_{ij}）	定义	说明
1	同等重要	因素 i 与因素 j 相同重要
3	略微重要	因素 i 比因素 j 略微重要
5	相当重要	因素 i 比因素 j 相当重要
7	明显重要	因素 i 比因素 j 明显重要
9	绝对重要	因素 i 比因素 j 绝对重要
2, 4, 6, 8		两个相邻判断的中间值

判断矩阵 $\boldsymbol{A}$ 具有如下特点：

$$a_{ii} = 1, \quad a_{ij} = \frac{1}{a_{ji}}, \quad a_{ij} = \frac{a_{ik}}{a_{jk}}.$$

而且可以证明，判断矩阵具有唯一非零的最大特征值 $\lambda_{\max} = n$。

若给出的判断矩阵 $\bar{\boldsymbol{A}}$ 具有上述特征，则该矩阵具有完全一致性。然而人们对复杂事物的各因素采用两两比较时，不可能做到判断的完全一致，而存在着估计误差，这必然导致特征值及特征向量也有偏差。为了避免误差太大，要对 $\bar{\boldsymbol{A}}$ 的一致性进行检验，一致性指标（Consistence Index，CI）为

$$\mathrm{CI} = \frac{\lambda_{\max} - n}{n - 1}, \tag{8.1}$$

其中 $\lambda_{\max}$ 为判断矩阵 $\bar{\boldsymbol{A}}$ 的最大特征值。当 $\mathrm{CI} = 0$ 时，$\bar{\boldsymbol{A}}$ 完全一致；CI 值越大，判断矩阵的一致性越差。一般只要 $\mathrm{CI} \leqslant 0.1$，就可以认为判断矩阵的一致性可以接受，否则要重新进行两两比较判断。

另外，判断矩阵的阶数 n 越大，判断的一致性将越差，故应放宽对高阶判断矩阵一致性的要求。当判断矩阵的阶数 n 较小时，应提高对判断矩阵一致性的要求。所以引入不同阶矩阵的随机指标（Random Index，RI），如表

8.14 所示，并取 CI 与 RI 的比值 CR 作为衡量判断矩阵一致性的指标，即

$$CR = \frac{CI}{RI}.\tag{8.2}$$

同样要求 CR 值不能超过 0.1。

表 8.14 n 阶矩阵的 RI 值

n	2	3	4	5	6	7	8	9	10
RI	0.00	0.58	0.90	1.12	1.24	1.32	1.41	1.45	1.49

8.5.2 层次分析法的计算过程

一般情况下，在 AHP 法中计算判断矩阵的最大特征值与特征向量并不需要太高的精度，所以一般采用近似方法进行计算，其中最为常用的是方根法。AHP 法的计算步骤如下：

(1) 根据层次模型，构建不同层次的判断矩阵。设有目标层 A、准则层 $C = \{C_1, C_2, \cdots, C_k\}$、方案层 $P = \{P_1, P_2, \cdots, P_n\}$ 构成的典型层次模型（当层次增多以后，计算过程类似）。则可以得到一个 A-C 判断矩阵 $\boldsymbol{A}$ 和 k 个 C-P 判断矩阵 $\boldsymbol{C}_i$，如下：

$\boldsymbol{A}$	C_1	C_2	$\cdots$	C_k
C_1	a_{11}	a_{12}	$\cdots$	a_{1k}
C_2	a_{21}	a_{22}	$\cdots$	a_{2k}
$\vdots$	$\vdots$	$\vdots$	$\ddots$	$\vdots$
C_k	a_{k1}	a_{k2}	$\cdots$	a_{kk}

$\boldsymbol{C}_i$	P_1	P_2	$\cdots$	P_n
P_1	a_{11}	a_{12}	$\cdots$	a_{1n}
P_2	a_{21}	a_{22}	$\cdots$	a_{2n}
$\vdots$	$\vdots$	$\vdots$	$\ddots$	$\vdots$
P_n	a_{n1}	a_{n2}	$\cdots$	a_{nn}

(2) 利用方根法求各判断矩阵的特征向量及最大特征值。方根法的具体过程如下：

① 计算判断矩阵每行所有元素的几何平均值：

$$\bar{w}_i = \sqrt[n]{\sum_{j=1}^{n} a_{ij}}, \quad i = 1, 2, \cdots, n,$$

得到 $\bar{\boldsymbol{w}} = (\bar{w}_1, \bar{w}_2, \cdots, \bar{w}_n)^{\mathrm{T}}$。

② 将得到的 $\bar{w}_i$ 作归一化处理，即计算

211

$$w_i = \frac{\bar{w}_i}{\sum_{j=1}^n \bar{w}_j}, \quad i = 1, 2, \cdots, n,$$

得到 $\boldsymbol{w} = (w_1, w_2, \cdots, w_n)^{\mathrm{T}}$ 即为所求特征向量的近似值，也就是各因素的相对权重。

③ 计算判断矩阵的最大特征值

$$\lambda_{\max} = \sum_{i=1}^n \frac{(\boldsymbol{A}\boldsymbol{w})_i}{nw_i},$$

其中 $(\boldsymbol{A}\boldsymbol{w})_i$ 为向量 $\boldsymbol{A}\boldsymbol{w}$ 的第 i 个元素。

(3) 根据(8.1)和(8.2)式计算判断矩阵一致性指标，检验其一致性。

(4) 进行组合权重计算。若目标层 A 对准则层 C 的相对权重为

$$\boldsymbol{w}^{(1)} = (w_1^{(1)}, w_2^{(1)}, \cdots, w_k^{(1)})^{\mathrm{T}},$$

准则层的各准则 $\boldsymbol{C}_i$ 对方案层 n 个方案的相对权重为

$$\boldsymbol{w}_l^{(2)} = (w_{1l}^{(2)}, w_{2l}^{(2)}, \cdots, w_{nl}^{(2)})^{\mathrm{T}}, \quad l = 1, 2, \cdots, k,$$

那么各方案对目标而言，其相对权重可通过权重 $\boldsymbol{w}^{(1)}$ 和 $\boldsymbol{w}_l^{(2)}(l = 1, 2, \cdots, k)$ 组合得到，其计算如表 8.15 所示。

表 8.15　权重组合计算

C 层 $\rightarrow$	因素及权重				组合权重
P 层 $\downarrow$	C_1	C_2	$\cdots$	C_k	$\boldsymbol{v}^{(2)}$
	$\boldsymbol{w}_1^{(2)}$	$\boldsymbol{w}_2^{(2)}$	$\cdots$	$\boldsymbol{w}_k^{(2)}$	
P_1	$w_{11}^{(2)}$	$w_{12}^{(2)}$	$\cdots$	$w_{1k}^{(2)}$	$v_1^{(2)} = \sum_{j=1}^k w_j^{(1)} w_{1j}^{(2)}$
P_2	$w_{21}^{(2)}$	$w_{22}^{(2)}$	$\cdots$	$w_{2k}^{(2)}$	$v_2^{(2)} = \sum_{j=1}^k w_j^{(1)} w_{2j}^{(2)}$
$\vdots$	$\vdots$	$\vdots$		$\vdots$	$\vdots$
P_n	$w_{n1}^{(2)}$	$w_{n2}^{(2)}$	$\cdots$	$w_{nk}^{(2)}$	$v_n^{(2)} = \sum_{j=1}^k w_j^{(1)} w_{nj}^{(2)}$

这时所得到的 $\boldsymbol{v}^{(2)} = (v_1^{(2)}, v_2^{(2)}, \cdots, v_n^{(2)})$ 即为 P 层各方案的相对权重。根据这一权重的大小，即可对各方案进行排序，得到决策。

下面我们对前述风险投资问题进行 AHP 法的计算。根据决策者对 4 个准则对于实现总目标的重要性，建立 A-C 层的判断矩阵，得到

$$\begin{pmatrix} 1 & 1/2 & 3 & 1/9 \\ 5 & 1 & 6 & 1/4 \\ 1/3 & 1/6 & 1 & 1/8 \\ 9 & 4 & 8 & 1 \end{pmatrix}.$$

根据方根法的计算过程, 得到 4 个准则的相对权重为

$$\boldsymbol{w}^{(1)} = (0.077\,4, 0.251\,8, 0.043\,9, 0.626\,9)^{\mathrm{T}},$$

其中最大特征值、一致性指标和一致性检验指标分别为

$$\lambda_{\max} = 4.266\,1, \quad \mathrm{CI} = 0.088\,7, \quad \mathrm{CR} = 0.098\,5 < 0.10,$$

说明判断矩阵满足一致性要求, 可以作为 4 个准则的相对权重。

按照同样的方法, 可以得到 C_i-P 层的相对权重, 如表 8.16 所示。

表 8.16 C_i-P 层的相对权重

技术水平 C_1	A	B	C	权重结果	CR 值
A	1	2	5	0.581 6	
B	1/2	1	3	0.309 0	0.003 2
C	1/5	1/3	1	0.109 5	
市场潜力 C_2	A	B	C	权重结果	CR 值
A	1	3	1	0.428 6	
B	1/3	1	1/3	0.142 8	0.00
C	1	3	1	0.428 6	
管理水平 C_3	A	B	C	权重结果	CR 值
A	1	1	2	0.4	
B	1	1	2	0.4	0.00
C	1/2	1/2	1	0.2	
领导者素质 C_4	A	B	C	权重结果	CR 值
A	1	1/7	1/3	0.087 9	
B	7	1	3	0.669 5	0.006
C	3	1/3	1	0.242 6	

最后, 根据表 8.15 进行合成以确定每个方案的得分, 从而进行方案排序, 结果如表 8.17 所示。从表 8.17 可以看出, 项目 B 的综合评价最好, 所以最佳选择是项目 B, 其次是项目 C, 最后是项目 A。

表 8.17 权重组合计算

方案 \ 准则及权重	技术水平 0.0774	市场潜力 0.2518	管理水平 0.0439	领导者素质 0.6269	权重组合结果
A	0.5816	0.4286	0.4	0.0879	0.2256
B	0.3090	0.1428	0.4	0.6694	0.4968
C	0.1095	0.4286	0.2	0.2426	0.2775

8.6 多属性决策方法

多属性决策是一个较新的决策问题类别,在经济管理等许多领域有着广泛的实际应用。前面讲到的决策问题中,决策者在进行决策时只考虑不同方案的收益这一个属性。但是有些决策作出时必须考虑不同方案的多个属性,如评选优秀学生时不能只凭学习成绩这一个属性,同时还需要考虑品德、实践能力、身体素质等多个属性。但当属性多于一个时,由于各属性之间存在着相关关系或冲突,备选方案之间就不像单属性决策那样是完全有序的了,因此多属性决策问题与单属性决策问题的主要区别就在于它需要决策者的偏好信息作为决策依据。例如,有三个同学参加优秀学生的评比,同学 A 成绩最好,同学 B 品德突出,同学 C 社会实践能力最强,这时要选出一个优秀学生就会受决策者偏好的影响。如果决策者认为社会实践能力最重要,那么有理由相信同学 C 获评优秀学生的可能性较大一些。决策者的偏好取决于主观与客观因素,主观因素如决策者个人经验、知识水平、喜好等;客观因素则受到决策目标、技术条件、实验条件等的限制。多属性决策重点研究关于离散的、有限个备选方案的决策问题,其实质是利用已有的决策信息通过一定的方式对备选方案进行排序并择优,所以有时候多属性决策与评价问题有着密切关系。

8.6.1 多属性决策问题的基本概念

多属性决策问题广泛地存在于社会、经济、管理等各个领域中,如投资决策、项目评估、质量评估、方案优选、企业选址、资源分配、科研成果评价、绩效考评、经济效益评估等。决策者要从具有多个属性的一组备选方案中进行选择,其目的是要从多个备选方案中选择一个相对最优的方案,使该方案的各个属性能最大限度地达到决策者满意。属性是指"目标"或"指标"，上述各个备选方案通常都具有多个属性，而各个属性一般具有不同的量纲，各个属性之间还有可能存在冲突。多属性决策往往只含有有限个预先制订的方案，最优方案的确定与其属性满足程度有关。

多属性决策问题可以描述为：给定一组可能的备选方案 $A = \{a_1, a_2, \cdots, a_m\}$，对于每个方案 a_i 都具有若干属性 $C = \{c_1, c_2, \cdots, c_n\}$，决策的目的就是从这一组备选方案中找到一个使决策者达到最满意的方案，或者对这一组方案进行综合评价排序，且排序结果能够反映决策者的意图。不同备选方案 a_i 的不同属性 c_j 的值用 x_{ij} 表示，通常将多属性决策问题描述为一个属性表格，如表 8.18 所示。

表 8.18 多属性决策问题的数据结构

备选方案 \ 属性	c_1	c_2	$\cdots$	c_n
a_1	x_{11}	x_{12}	$\cdots$	x_{1n}
a_2	x_{21}	x_{22}	$\cdots$	x_{2n}
$\vdots$	$\vdots$	$\vdots$		$\vdots$
a_m	x_{m1}	x_{m2}	$\cdots$	x_{mn}

例 8.6 (多属性决策问题) 某企业需要在 6 个待选的零部件生产企业 A_i ($i = 1, 2, \cdots, 6$) 中选择一个合作伙伴，企业在选择时主要从产品质量（如合格率）、产品价格（元/件）、售后服务（响应时间）、技术水平（先进程度）、供应能力（件/周）等 5 个属性对备选供应商进行考察，通过调查得到 6 家企业的相关情况如表 8.19 所示。

表 8.19 供应商的数据

供应商 \ 属性	产品质量 (c_1)	产品价格 (c_2)	售后服务 (c_3)	技术水平 (c_4)	供应能力 (c_5)
A_1	0.83	326	3.2	0.20	250
A_2	0.90	295	2.4	0.25	180
A_3	0.99	340	2.2	0.12	300
A_4	0.92	287	2.0	0.33	200
A_5	0.87	310	0.9	0.20	150
A_6	0.95	303	1.7	0.09	175

这是一个典型的多属性决策问题。企业在选择供应商时需要从 5 个方面综合考虑，而备选供应商在各个属性上的表现也存在差异。如 A_5 的售后服务的响应时间最短，但其产品质量却不尽如人意。所以，企业在选择时需要权衡多个属性的综合表现情况，通常采用赋予各个属性不同权重水平以体现决策者的偏好。另一方面，各个属性值的单位是不同的，如产品质量用合格率来体现，其值为百分比，而产品价格的单位为元/件。也就是说，属性值的量纲是不同的，没有办法直接进行相关的运算。如将产品质量与产品价格相加是没有任何实际意义的。这样，为了进行各个属性的综合比较，要保证各个属性数据都是无量纲的。而且，各个属性值的方向也存在差异，如产品质量应该是越大越好（称为效益型属性），产品价格应该越小越好（称为成本型属性），供应能力在某个值或某个区间内是最好的（称为中间型属性）。所以，为了进行不同方案的综合比较，应该让各个属性值的方向一致。

属性数据的去量纲和方向调整是进行多属性决策的基础性工作，通常一并进行，称为**数据的规范化处理**。

8.6.2　属性数据的规范化处理

由于属性数据的量纲、数据方向、数量级等方面的不一致，为了进行备选方案的综合比较，在进行多属性决策时首先需要对属性数据进行规范化处理，常用的方法如下：

1. 线性变换

令原始属性值矩阵为 $\boldsymbol{X} = (x_{ij})$，变换后的矩阵为 $\boldsymbol{Y} = (y_{ij})$。线性变换方法为

$$
y_{ij} = \begin{cases} \dfrac{x_{ij}}{x_{ij}^{\max}}, & \text{若 } j \text{ 为效益型属性,} \\[2mm] \dfrac{x_{ij}^{\min}}{x_{ij}}, & \text{若 } j \text{ 为成本型属性,} \end{cases}
$$

其中 $x_{ij}^{\max} = \max\limits_{i}\{x_{ij}\}$，$x_{ij}^{\min} = \min\limits_{i}\{x_{ij}\}$。

经过线性变换后，y_{ij} 为无量纲的，而且对于效益型属性和成本型属性最优值均为 1，而且越接近 1 越优。需要说明的是，上述变化中效益型属性是线性变换，而成本型属性是非线性的变换。

2. 0-1 变换

属性值经过线性变换后最优值为 1，但最差值一般不为 0；若最差值为 0，最优值往往不为 1。为了使每个属性值变换后的最优值为 1 且最差值为

0，可以使用 0-1 变换来实现。其变换方法为

$$
y_{ij} = \begin{cases} \dfrac{x_{ij} - x_{ij}^{\min}}{x_{ij}^{\max} - x_{ij}^{\min}}, & \text{若 } j \text{ 为效益型属性}, \\[4mm] \dfrac{x_{ij}^{\max} - x_{ij}}{x_{ij}^{\max} - x_{ij}^{\min}}, & \text{若 } j \text{ 为成本型属性}. \end{cases}
$$

3. 向量规范化

向量规范化方法对于成本型属性和效益型属性都使用相同的方法，即

$$
y_{ij} = \frac{x_{ij}}{\sqrt{\sum_{i=1}^{m} x_{ij}^2}}.
$$

这种变换方法从属性值的大小上无法分辨属性的优劣，它的最大特点是规范化后各方案的同一属性值的平方和为 1。

4. 中间型属性数据的变换

中间型属性值既非效益型也不是成本型，即其值太大或太小都不好，而介于某个区间范围内最好。若对于某个属性 c_j，给定的最优属性区间为 $[x_j^-, x_j^+]$，其中 x_j^- 为该属性的最优下界，x_j^+ 为该属性的最优上界，则

$$
y_{ij} = \begin{cases} 1 - \dfrac{x_j^- - x_{ij}}{x_j^- - x_{ij}^{\min}}, & \text{若 } x_{ij}^{\min} \leqslant x_{ij} < x_j^-, \\[4mm] 1, & \text{若 } x_j^- \leqslant x_{ij} \leqslant x_j^+, \\[4mm] 1 - \dfrac{x_{ij} - x_j^+}{x_{ij}^{\max} - x_j^+}, & \text{若 } x_j^+ < x_{ij} \leqslant x_{ij}^{\max}, \\[4mm] 0, & \text{其他}. \end{cases}
$$

这种变换实际上是将原属性变换为一个梯形模糊数，变换后的值类似于模糊隶属度，如图 8-10 所示。当最优值为点值时（即 $x_j^- = x_j^+$ 时），得到的是一个三角模糊数。

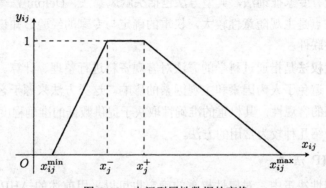

图 8-10 中间型属性数据的变换

217

在例 8.6 中，产品质量、技术水平为效益型数据，产品价格和售后服务为成本型数据，供应能力为中间型数据（假设最优区间为 $[180,250]$），则利用前述 0-1 变换和中间型数据变换的规则得到变化后的属性决策表为表 8.20。

表 8.20 变换后的属性决策表

属性 供应商	产品质量 (c_1)	产品价格 (c_2)	售后服务 (c_3)	技术水平 (c_4)	供应能力 (c_5)
A_1	0.000 0	0.264 2	0.000 0	0.458 3	1.000 0
A_2	0.437 5	0.849 1	0.347 8	0.666 7	1.000 0
A_3	1.000 0	0.000 0	0.434 8	0.125 0	0.000 0
A_4	0.562 5	1.000 0	0.521 7	1.000 0	1.000 0
A_5	0.250 0	0.566 0	1.000 0	0.458 3	0.000 0
A_6	0.750 0	0.698 1	0.652 2	0.000 0	0.833 3

8.6.3 属性权重确定的常用方法

决策者为了在具有多个属性的备选方案中作出选择，通常需要设定不同属性的权重以反映决策者在方案选择时的偏好，所以权重反映了：（1）决策者对目标属性的重视程度；（2）各目标属性值的差异程度；（3）各目标属性值的可靠程度。权重应当综合反映这三种因素的作用，而且通过权重可以使用各种方法将多属性决策问题化为单属性问题求解。

目前存在着多种权重确定的方法，但基本上可分为主观赋权法和客观赋权法两类。

主观赋权法是指人们依照经验主观确定属性权重。在赋权的过程中充分发挥专家作用，利用专家的知识、经验来确定权数。所以，这类方法实际上是专家调查、专家征询法，典型方法包括头脑风暴法、Delphi 法等。这类方法的主要缺点是主观随意性较大，权重的确定与专家的经验、知识水平等有着较大的关联性。

客观赋权法是指通过科学的方法对客观资料进行整理、计算、分析而得到的权重，避免了人为因素和主观因素的影响。这类方法来源于客观实际数据，有较强的客观性，其权重的准确性取决于提供数据的准确程度。

下面介绍几种较为常用的方法。

1. AHP 法

在多属性决策中，对属性权重的确定也可以采用前述的 AHP 法。根据决策者对各个属性的相对重要性的判断得到判断矩阵后，可以利用前面的 AHP 法计算各属性的权重。

如前述的供应商选择的决策问题中，如果对 5 个属性的相对重要性作两两比较得到如下的判断矩阵：

$$
\begin{pmatrix}
1 & 1/2 & 4 & 1/2 & 5 \\
2 & 1 & 7 & 2 & 5 \\
1/4 & 1/7 & 1 & 1/3 & 1/2 \\
2 & 1/2 & 3 & 1 & 2 \\
1/5 & 1/5 & 2 & 1/2 & 1
\end{pmatrix},
$$

利用前述的方根近似法，求得权重向量为

$$
\boldsymbol{w} = (0.216\,2, 0.421\,0, 0.056\,3, 0.224\,2, 0.082\,3)^{\mathrm{T}},
$$

一致性判断系数 CR $= 0.051\,29 < 0.1$，判断矩阵满足一致性要求。

2. 最小平方和法

最小平方和法是由 Cku、Kalaba 和 Spingarn 三人于 1979 年提出的，其基础还是利用决策者的判断矩阵（如 Saaty 矩阵），而原理比 Saaty 的特征向量法要简单。

由于判断矩阵 $\boldsymbol{A}$ 的一致性很难成立，且有 $a_{ij} = \dfrac{w_i}{w_j}$，因此一般情况下，$a_{ij}w_j - w_i$ 的值并不为零，但是可以选择一组权 $(w_1, w_2, \cdots, w_n)$，使误差平方和最小，即

$$
\min \quad z = \sum_{i=1}^{n}\sum_{j=1}^{n}(a_{ij}w_j - w_i)^2,
$$

$$
\text{s.t.} \quad \begin{cases} \displaystyle\sum_{i=1}^{n} w_i = 1, \\ w_i \geqslant 0, \quad i = 1, 2, \cdots, n. \end{cases} \tag{8.3}
$$

上述优化问题可以通过构造拉格朗日函数 L 求解，

$$
L = \sum_{i=1}^{n}\sum_{j=1}^{n}(a_{ij}w_j - w_i)^2 + 2\lambda\left(\sum_{i=1}^{n} w_i - 1\right),
$$

其中 λ 为拉格朗日乘子。

将 L 对 $w_l (l = 1, 2, \cdots, n)$ 求偏导数，并令其为 0，得到 n 个代数方程：

$$\sum_{i=1}^{n}(a_{il}w_l - w_i)a_{il} - \sum_{j=1}^{n}(a_{lj}w_j - w_l) + \lambda = 0. \tag{8.4}$$

由上式及 $\sum_{i=1}^{n}w_i = 1$ 构成 $n+1$ 个非齐次线性方程组，且包含有 n 个未知数 $w_1, w_2, \cdots, w_n$ 及 λ，因此可求得 $\boldsymbol{w} = (w_1, w_2, \cdots, w_n)^{\mathrm{T}}$。式(8.4)还可以表示为一般的线性方程组：

$$\boldsymbol{Bw} = \boldsymbol{e},$$

其中 $\boldsymbol{w} = (w_1, w_2, \cdots, w_n)^{\mathrm{T}}$，$\boldsymbol{e} = (-\lambda, -\lambda, \cdots, -\lambda)^{\mathrm{T}}$，$\boldsymbol{B} = (b_{ij})$ 为系数矩阵，b_{ii} 为 $\boldsymbol{B}$ 的对角线元素，且

$$\begin{cases} b_{11} = \sum_{i=1,\ i\neq 1}^{n} a_{i1}^2 + n - 1, \\ b_{22} = \sum_{i=1,\ i\neq 2}^{n} a_{i2}^2 + n - 1, \\ \cdots, \\ b_{nn} = \sum_{i=1,\ i\neq n}^{n} a_{in}^2 + n - 1, \end{cases} \tag{8.5}$$

而其他元素

$$b_{ij} = -(a_{ij} + a_{ji}), \quad i,j = 1,2,\cdots,n, \tag{8.6}$$

由此即可解得权重向量 $\boldsymbol{w}$。

仍以前述供应选择问题为例，假设判断矩阵 $\boldsymbol{A}$ 为

$$\boldsymbol{A} = \begin{pmatrix} 1 & 1/2 & 4 & 1/2 & 5 \\ 2 & 1 & 7 & 2 & 5 \\ 1/4 & 1/7 & 1 & 1/3 & 1/2 \\ 2 & 1/2 & 3 & 1 & 2 \\ 1/5 & 1/5 & 2 & 1/2 & 1 \end{pmatrix}.$$

根据(8.5), (8.6)可求得系数矩阵 $\boldsymbol{B}$ 如下：

$$\boldsymbol{B} = \begin{pmatrix} 12.1025 & -0.4000 & -0.2353 & -0.4000 & -0.1923 \\ -2.5000 & 4.3104 & -0.1400 & -0.4000 & -0.1923 \\ -4.2500 & -7.1429 & 82.0000 & -0.3000 & -0.4000 \\ -2.5000 & -2.5000 & -3.3333 & 8.6111 & -0.4000 \\ -5.2000 & -5.2000 & -2.5000 & -2.5000 & 58.2500 \end{pmatrix},$$

也即有

$$12.102\,5\,w_1 - 0.400\,0\,w_2 - 0.235\,3\,w_3 - 0.400\,0\,w_4 - 0.192\,3\,w_5 = -\lambda,$$
$$-2.500\,0\,w_1 + 4.310\,4\,w_2 - 0.140\,0\,w_3 - 0.400\,0\,w_4 - 0.192\,3\,w_5 = -\lambda,$$
$$-4.250\,0\,w_1 - 7.142\,9\,w_2 + 82.000\,0\,w_3 - 0.300\,0\,w_4 - 0.400\,0\,w_5 = -\lambda,$$
$$-2.500\,0\,w_1 - 2.500\,0\,w_2 - 3.333\,3\,w_3 + 8.611\,1\,w_4 - 0.400\,0\,w_5 = -\lambda,$$
$$-5.200\,0\,w_1 - 5.200\,0\,w_2 - 2.500\,0\,w_3 - 2.500\,0\,w_4 + 58.250\,0\,w_5 = -\lambda,$$
$$w_1 + w_2 + w_3 + w_4 + w_5 = 1.$$

由此可解得 $\boldsymbol{w} = (0.142\,0, 0.371\,9, 0.059\,1, 0.340\,0, 0.087\,0)^{\mathrm{T}}$.

3. 熵权法

现代信息论的奠基人 C. E. Shannon 在 1941 年首先提出了信息熵的概念，解决了对信息的量化度量问题。按照信息论基本原理的解释，信息是系统有序程度的一个度量，熵是系统无序程度的一个度量，两者绝对值相等，但符号相反。因此，根据这一性质，可以利用多属性决策中各属性的固有信息，计算其熵值。如果指标的信息熵越小，则该指标提供的信息量越大，在多属性决策中所起作用理当越大，权重就应该越高；反之，如果指标的信息熵越大，则该指标提供的信息量越小，其信息的作用就越小，权重也应该越小。

如果某个离散随机变量 X 的概率分布为 $p_j = P\{X = x_j\}$ $(j = 1, 2, \cdots, n)$，则该随机分布所包含的信息量为

$$H(X) = -K \sum_{j=1}^{n} p_j \log p_j,$$

这就是信息熵的计算公式，其中 K 为一正常数，它的值主要依赖于对数取不同的底数。当 X 的概率分布为均匀分布时，$H(X)$ 取得最大值 $\log n$，即均匀分布的熵最大。

下面利用信息熵的概念来进行权重的确定。假设多属性决策矩阵为

$$
\begin{array}{c}
 \\ A_1 \\ A_2 \\ \vdots \\ A_m
\end{array}
\begin{array}{cccc}
X_1 & X_2 & \cdots & X_n \\
\left(\begin{array}{cccc}
x_{11} & x_{12} & \cdots & x_{1n} \\
x_{21} & x_{22} & \cdots & x_{2n} \\
\vdots & \vdots & & \vdots \\
x_{m1} & x_{m2} & \cdots & x_{mn}
\end{array}\right),
\end{array}
\tag{8.7}
$$

其中 A_i $(i = 1, 2, \cdots, m)$ 表示 m 个备选方案，X_j $(j = 1, 2, \cdots, n)$ 表示每

个方案具有 n 个属性，x_{ij} 表示不同方案在不同属性下的取值。用

$$p_{ij} = \frac{x_{ij}}{\sum_{i=1}^{m} x_{ij}}, \quad j = 1, 2, \cdots, n \tag{8.8}$$

表示第 j 个属性 X_j 下第 i 个方案 A_i 的贡献度，这种贡献度可以说是包含有一种信息内容，因此可以用 E_j 来表示所有方案（m 个方案）对属性 X_j 的贡献总量：

$$E_j = -K \sum_{i=1}^{m} p_{ij} \ln p_{ij}, \quad j = 1, 2, \cdots, n, \tag{8.9}$$

其中常数 K 可取为 $K = \dfrac{1}{\ln m}$，这样就能保证 $0 \leqslant E_j \leqslant 1$，即 E_j 最大为 1。

从(8.9)可以看出，当某个属性下各方案的贡献度趋于一致时，E_j 趋于 1，特别是当全相等时，也就可以不考虑该目标的属性在决策中的作用，也即此时属性的权重为零。

如现有一决策矩阵为

$$M = \begin{pmatrix} 5 & 1.4 & 6 & 7 & 5 & 7 \\ 9 & 2 & 30 & 7 & 5 & 9 \\ 8 & 1.8 & 11 & 7 & 7 & 5 \\ 12 & 2.5 & 18 & 7 & 5 & 5 \end{pmatrix},$$

则第 4 个属性的权重为 0。

这样可以看出属性值的权重由所有方案差异大小来决定权系数大小，为此可定义 d_j 为第 j 个属性下各方案贡献度的一致性程度：

$$d_j = 1 - E_j, \tag{8.10}$$

则各属性权重可表示为

$$w_j = \frac{d_j}{\sum_{j=1}^{n} d_j}. \tag{8.11}$$

当 $d_j = 0$ 时，第 j 个属性可以剔除，其权重为零。

如果决策者事先已有一些经验的主观估计权重 λ_j，则可借助上述的 w_j 来对 λ_j 进行修正，即

$$w_j' = \frac{\lambda_j w_j}{\sum_{j=1}^{n} \lambda_j w_j}. \tag{8.12}$$

熵值法的最大特点是利用决策矩阵所给的信息来计算权重，而没有引入决策者的主观判断。

例 8.7 某人在购买汽车的决策问题中，考虑了 4 种车型以及油耗、功率、费用、安全性、维护性、操纵性等 6 个属性，得到相应的决策矩阵如下：

$$M = \begin{pmatrix} 5 & 1.4 & 6 & 3 & 5 & 7 \\ 9 & 2 & 30 & 7 & 5 & 9 \\ 8 & 1.8 & 11 & 5 & 7 & 5 \\ 12 & 2.5 & 18 & 7 & 5 & 5 \end{pmatrix}.$$

首先利用(8.8)计算出贡献度 p_{ij}，如表 8.21 所示。

表 8.21 购买汽车决策问题的贡献度 p_{ij}

	油耗	功率	费用	安全性	维护性	操纵性
车型 1	0.15	0.18	0.09	0.14	0.23	0.27
车型 2	0.26	0.26	0.46	0.32	0.23	0.35
车型 3	0.24	0.23	0.27	0.23	0.32	0.19
车型 4	0.35	0.32	0.28	0.32	0.23	0.19

各属性的熵值 E_j, d_j 及确定的权重 w_j 如表 8.22 所示。

表 8.22 购买汽车决策问题的属性熵值及权重确定

E_j	0.97	0.98	0.89	0.96	0.99	0.98
d_j	0.03	0.02	0.11	0.04	0.01	0.02
w_j	0.14	0.07	0.49	0.16	0.04	0.10

如果决策者事先主观给出的各属性权重为

$$\boldsymbol{\lambda} = (0.1, 0.1, 0.3, 0.2, 0.2, 0.1)^{\mathrm{T}},$$

则经修正后可得 $\boldsymbol{w}' = (0.07, 0.03, 0.68, 0.14, 0.03, 0.05)^{\mathrm{T}}$。

8.6.4 多属性决策的常用方法

目前存在着许多的多属性决策方法，而且这些方法还在不断地发展中。这里介绍两种最为常用的有效方法。

1. 简单加权和法

加权和法的求解步骤比较简单，它利用不同方案各属性的加权和作为方案排序的依据，其具体步骤如下：

(1) 选择前述的适当方法对各属性值进行规范化处理。假设规范化处理后，方案 i 的属性 j 的规范化值为 y_{ij}。

(2) 确定各属性的权重系数 w_j $(j = 1, 2, \cdots, n)$。

(3) 计算各方案的属性值加权和，即令

$$V_i = \sum_{j=1}^{n} w_j y_{ij}, \quad i = 1, 2, \cdots, m,$$

根据 V_i 值的大小对方案进行排序，确定决策结果。

如前述的供应商选择的决策（见表 8.20）中，按上述步骤可以得到如表 8.23 所示的计算结果。

表 8.23　供应商选择决策

属性及权重 供应商	产品质量 (c_1)	产品价格 (c_2)	售后服务 (c_3)	技术水平 (c_4)	供应能力 (c_5)	加权和
	0.1420	0.3719	0.0591	0.3400	0.0870	
A_1	0.0000	0.2642	0.0000	0.4583	1.0000	0.3411
A_2	0.4375	0.8491	0.3478	0.6667	1.0000	0.7121
A_3	1.0000	0.0000	0.4348	0.1250	0.0000	0.2102
A_4	0.5625	1.0000	0.5217	1.0000	1.0000	0.9096
A_5	0.2500	0.5660	1.0000	0.4583	0.8333	0.4609
A_6	0.7500	0.6981	0.6522	0.0000	0.8333	0.4772

由此得到各供应由优到差的排序为 $A_4 \succ A_2 \succ A_6 \succ A_5 \succ A_1 \succ A_3$。

加权和法由于简单、直观，成为最为常用的多属性决策方法。采用加权和法的关键在于确定指标体系，并且设定各属性的权重系数。但在使用加权和法时实际上隐含着如下的基本假设：

(1) 属性（指标）体系呈树状结构；

(2) 每个属性的边际值是线性的，即优劣与属性值大小成比例，每两个属性值都是相互独立的；

(3) 属性间应具有完全可补偿性，即一个方案的某属性无论多差都可用其他相对较好的属性进行补偿。

事实上，以上假设往往并不成立。首先，指标体系通常是网状的。其次，属性的边际值常常是局部线性的，甚至有时最优值为给定区间（或点）；

不同属性间的值极难满足其独立条件,即使满足独立性,有时也极难验证其满足。而且属性间通常只是部分地、有条件地可补偿。所以,使用加权和法要十分谨慎。

2. TOPSIS 方法

TOPSIS 为接近理想点法(Technique for Order Preference by Similarity to Ideal Solution)的缩写。其基本思想为:假想一个理想方案和一个负理想方案,然后分别确定各方案与理想方案和负理想方案的距离,与理想方案最近且与负理想方案最远的方案为最优方案。所以 TOPSIS 是一种基于距离的方案排序方法,该方法所使用的距离为(赋权后的)欧氏距离。TOPSIS 方法的具体步骤如下:

(1) 用向量规范化方法求得规范化决策矩阵。设多属性决策问题的决策矩阵为 $X = (x_{ij})$,规范化决策矩阵为 $Y = (y_{ij})$,则

$$y_{ij} = \frac{x_{ij}}{\sqrt{\sum_{i=1}^m x_{ij}^2}}, \quad i = 1, 2, \cdots, m, \ j = 1, 2, \cdots, n.$$

(2) 构成赋权规范矩阵 $V = (v_{ij})$。若各属性的权重向量为 $w = (w_1, w_2, \cdots, w_n)^{\mathrm{T}}$,则

$$v_{ij} = w_j \cdot y_{ij}, \quad i = 1, 2, \cdots, m, \ j = 1, 2, \cdots, n.$$

(3) 确定理想方案 $a^* = (v_1^*, v_2^*, \cdots, v_n^*)$ 和负理想方案 $a^- = (v_1^-, v_2^-, \cdots, v_n^-)$。当属性值为效益型时,理想方案为每列中的最大值,负理想方案为每列中的最小值;当属性值为成本型时,理想方案为每列中的最小值,负理想方案为每列中的最大值。即

$$v_j^* = \begin{cases} \max_i\{v_{ij}\}, & j \text{ 为效益型属性}, \\ \min_i\{v_{ij}\}, & j \text{ 为成本型属性}, \end{cases} \quad j = 1, 2, \cdots, n,$$

$$v_j^- = \begin{cases} \min_i\{v_{ij}\}, & j \text{ 为效益型属性}, \\ \max_i\{v_{ij}\}, & j \text{ 为成本型属性}, \end{cases} \quad j = 1, 2, \cdots, n.$$

(4) 计算各方案分别到理想方案的距离 d_i^* 和到负理想方案的距离 d_i^-:

$$d_i^* = \sqrt{\sum_{j=1}^n (v_{ij} - v_j^*)^2}, \ d_i^- = \sqrt{\sum_{j=1}^n (v_{ij} - v_j^-)^2}, \quad i = 1, 2, \cdots, m.$$

(5) 计算各方案的相对接近度,令

$$C_i = \frac{d_i^-}{d_i^- + d_i^*}, \quad i = 1, 2, \cdots, m.$$

(6) 根据相对接近度 C_i 值对各方案进行排序。

以前述供应商选择问题为例，首先根据表 8.19 的数据，利用向量规范化方法得到规范后的矩阵如表 8.24 所示。

表 8.24　规范化处理后的数据

供应商 \ 属性	产品质量 (c_1)	产品价格 (c_2)	售后服务 (c_3)	技术水平 (c_4)	供应能力 (c_5)
A_1	0.3718	0.4284	0.5990	0.3822	0.4741
A_2	0.4031	0.3876	0.4492	0.4777	0.3414
A_3	0.4434	0.4468	0.4118	0.2293	0.5690
A_4	0.4121	0.3771	0.3744	0.6305	0.3793
A_5	0.3897	0.4073	0.1685	0.3822	0.2845
A_6	0.4255	0.3981	0.3182	0.1720	0.3319

若各属性的权重为 $\boldsymbol{w} = (0.1420, 0.3719, 0.0591, 0.3400, 0.0870)^{\mathrm{T}}$，则得到赋权后的规范矩阵如表 8.25 所示。

表 8.25　赋权规范化处理后的数据

供应商 \ 属性	产品质量 (c_1)	产品价格 (c_2)	售后服务 (c_3)	技术水平 (c_4)	供应能力 (c_5)
A_1	0.0528	0.1593	0.0354	0.1299	0.0412
A_2	0.0572	0.1442	0.0266	0.1624	0.0297
A_3	0.0630	0.1661	0.0243	0.0780	0.0495
A_4	0.0585	0.1402	0.0221	0.2144	0.0330
A_5	0.0553	0.1515	0.0100	0.1299	0.0247
A_6	0.0604	0.1481	0.0188	0.0585	0.0289

在 5 个考察属性中，产品质量、技术水平、供应能力为效益型属性，产品价格与售后服务为成本型属性，所以得到理想方案和负思想方案分别为

$$\boldsymbol{a}^* = (0.0630, 0.1402, 0.0100, 0.2144, 0.0495),$$
$$\boldsymbol{a}^- = (0.0528, 0.1661, 0.0354, 0.0585, 0.0247).$$

然后分别计算各方案到理想方案与负理想方案的距离，以及各方案的相对接近度。结果如表 8.26 所示。

表 8.26　各方案分别到理想方案与负理想方案的距离及相对接近度

供应商	d_i^*	d_i^-	C_i
A_1	0.0912	0.0737	0.4468
A_2	0.0585	0.1068	0.6463
A_3	0.1396	0.0349	0.2000
A_4	0.0210	0.1589	0.8834
A_5	0.0890	0.0773	0.4647
A_6	0.1577	0.0260	0.1416

由此得到各供应商的排序为 $A_4 \succ A_2 \succ A_5 \succ A_1 \succ A_3 \succ A_6$。

第九章 对策分析

内容提要 本章主要介绍对策分析的基本模型，重点讲解二人零和对策的纯策略均衡与混合策略均衡的求解方法。

9.1 对策分析的基本概念

在现实社会中经常会遇到带有竞赛或斗争性质的现象，像下棋、打扑克、体育比赛、军事斗争等。这类现象的共同特点是参加的往往是利益互相冲突的双方或多方，而对抗的结局并不取决于某一方所选择的策略，而是由双方或者多方所选择的策略决定，这类带有对抗性质的策略称为**对策**。在这类行为中，参加斗争或竞争的各方各自有不同的目标和利益。为了达到各自的目标和利益，各方必须考虑对手的各种可能的行动方案，并力图选取对自己最有利或最合理的方案。**对策论**就是研究对策行为中斗争各方是否存在着最合理的行动方案，以及如何找到最合理的行动方案的数学理论和方法。

对策论（Game Theory）也叫**博弈论**，是自古以来的政治家和军事家都很注意研究的问题。作为一门正式学科，是在 20 世纪 40 年代形成并发展起来的。直到 1944 年冯·诺依曼（von Neumann）与摩根斯坦恩（O. Morgenstern）的《博弈论与经济行为》一书出版，标志着现代系统博弈理论的初步形成。书中提出的标准型、扩展型和合作型博弈模型解的概念和分析框架，奠定了这门学科的理论基础，成为使用严谨的数学模型研究冲突对抗条件下最优决策问题的理论。然而，冯·诺依曼的博弈论过于抽象，使应用范围受到很大限制，所以影响力很有限。20 世纪 50 年代，纳什（Nash）建立了非合作博弈的"纳什均衡"理论，标志着博弈论的新时代开始，是纳什在经济博弈论领域划时代的贡献，是继冯·诺依曼之后最伟大的博弈论大师之一。纳什提出的著名的纳什均衡概念在非合作博弈理论中起着核心作用。由于纳什均衡的提出和不断完善，为博弈论广泛应用于经济学、管理学、社会学、政治学、军事科学等领域奠定了坚实的理论基础。

9.1.1 对策模型的基本要素

最初用数学方法来研究对策现象的是数家 E. Eermelo，他于 1912 年发表的"关于集合论在象棋对策中的应用"一文中，证明三种着法必定存在一种不依赖黑方（对手）如何行动，白方（自己一方）总取胜的着法，或者黑方总取胜的着法，或者有一方总能保证达到和局的着法（究竟存在的是哪一种并没能指出来）。此后，1921 年法国数学 E. Borel 讨论了个别几种对策现象，并引入了"最优策略"的概念，证明对于这些对策现象存在着最优策略，并猜出了一些结果。1928 年，德国数学家 von Neumann 证明了这些结果。

20 世纪 40 年代以来，由于战争和生产的需要，提出不少"对策问题"，像飞机如何侦察潜水艇的活动、护航商船队的组织形式等。这些问题引起了一些科学家的兴趣，进而对"对策现象"进行了研究，同时许多经济问题使经济学和对策论的研究结合起来，为对策论的应用提供了广泛的场所，也加快了对策论体系的形成。1944 年 von Neumann 和 Morgenstern 总结了对策论的研究成果，合著了《对策论与经济行为》一书。从此，对策论的研究开始走向系统化和公理化。20 世纪 50 年代，纳什（Nash）建立了非合作博弈的"纳什均衡"理论，标志着博弈论的新时代的开始。

对策是决策主体在他们的策略相互依存情形下相互作用状态的抽象表述，即在对策局势下，各方的利益不仅取决于自身的行为，而且也取决于其他对策参与者的行为。进而言之，一方所采取最优策略取决于他对对手将采取策略的预期，而对策论则是研究上述情况下决策主体的理性行为选择的理论。

在我国古代，"齐王赛马"就是一个典型的对策论研究的例子。战国时期，有一次齐王要与他的大将田忌赛马，双方约定，比赛三局，每局各出赛马一匹，负者要付胜者千金，双方都有上、中、下三个等级的马。已知在同等级的马中，田忌的马不如齐王的马，但如果田忌的马比齐王的马高一等级，则田忌的马就能取胜，如果田忌与齐王的同等级的马比赛，则田忌要连输三局而输掉三千金。当时田忌手下的一位谋士出了一个好对策，每局比赛时先让齐王牵出他的马，然后用下马对齐王的上马，用中马对齐王的下马，用上马对齐王的中马，结果田忌二胜一负，得了千金。这是我国历史上一个最为经典的对策问题。田忌的那位谋士叫孙膑，他后来留下传世的经典著作《孙子兵法》，其中不乏这样对策问题的解决思路。

现实生活中的对策现象是很多的，除了竞赛、战争等对策现象，还有许多其他方面的例子。例如在农业方面，在对大自然规律还没有完全掌握的条件下（如气候、自然灾害等），如何对施肥、选种、投资等进行决策，就是人与大自然之间进行的对策。又例如工厂企业之间的合作、兼并以及资金的投入等也是一种对策行为。不管是什么形式的对策现象，任何一个对策模型都必须包括以下三个基本要素。

1. 局中人（Player）

参加对策的每一方称为**局中人**。通常用 I 表示局中人的集合，如果有 n 个局中人，则 $I = \{1, 2, \cdots, n\}$。一般要求局中人集合是一个至少包含两个元素的可列集合。如在"齐王赛马"中，局中人就是齐王和田忌。

对策中的局中人的概念是广义的。局中人除了可理解为个人外，还可理解为某一集体，如企业、公司、小组、国家等。当研究不确定的自然条件下进行某项与自然条件有关的生产决策时，就可把大自然当做一个局中人。另外，需要注意的是，在对策中总是假定每一个局中人都是"理性的"的决策者，即对任一局中人来讲，都是个人利益最大化或损失最小化的个体，或者说，不存在利用其他局中人决策失误来扩大自身利益的可能性。

2. 策略集合（Strategy Set）

每个局中人在竞争的过程中，总期望自己取得尽可能好的结果。这样每个局中人都在想法挑选能达到目的的"方法"，我们把这种"方法"称为**局中人的策略**。如在乒乓球团体赛中运动员的出场次序就是一个策略。把一个局中人拥有的策略全体称为该局中人的**策略集**，如第 i 个局中人的策略集用 S_i 表示。一般来说，每一局中人的策略集中至少应该包括两个策略。当每个局中人在一局对策中都在自己的策略集中选定一个策略后，这局对策的结果就被决定了。每个局中人所选定的策略放在一起称为一个**局势**。

在"齐王赛马"的例子中，如果用（上, 中, 下）表示以上马、中马、下马依次参赛这样一个次序，这是一个完整的行动方案，即为一个策略。可以得到，局中人齐王和田忌各自都有 6 个策略：（上, 中, 下）、（上, 下, 中）、（中, 上, 下）、（中, 下, 上）、（下, 中, 上）和（下, 上, 中）。

要注意的是，策略是指局中人在整个竞争过程中对付他方的一个完整方法，并非指竞争过程中某一步所采用的局部行动。如"人不犯我，我不犯人；人若犯我，我必犯人"这是一个策略，而"不犯人"和"犯人"则是行动，不能称之为策略。同样在"齐王赛马"中，选择上马参赛是一个行动，而（上, 中, 下）这才是一个策略。

3. 支付函数（Payoff）

对策的结局用数量来表示，称为**支付函数**（或**赢得函数**），所以支付函数是定义在局势集合上的数值函数，用符合 H_i 表示局中人 i 的支付函数。

在"齐王赛马"的例子中，当齐王选择（上，中，下）这样的策略而田忌也选择（上，中，下）的策略时，齐王可以赢得 3 千金，而田忌会失去 3 千金，此时齐王的赢得是 3，而田忌的赢得为 -3。同样我们也可以得到其他局势下双方的赢得情况，如表 9.1 所示。

表 9.1 "齐王赛马"问题的收益矩阵

S_1 ＼ S_2	β_1 (上,中,下)	β_2 (上,下,中)	β_3 (中,上,下)	β_4 (中,下,上)	β_5 (下,上,中)	β_6 (下,中,上)
α_1（上,中,下）	3	1	1	1	-1	1
α_2（上,下,中）	1	3	1	1	1	-1
α_3（中,上,下）	1	-1	3	1	1	1
α_4（中,下,上）	-1	1	1	3	1	1
α_5（下,上,中）	1	1	1	-1	3	1
α_6（下,中,上）	1	1	-1	1	1	3

在表 9.1 中，局中人齐王的策略集为 $S_1 = \{\alpha_1, \alpha_2, \cdots, \alpha_6\}$，局中人田忌的策略集为 $S_2 = \{\beta_1, \beta_2, \cdots, \beta_6\}$，把表 9.1 中的数值矩阵

$$A = \begin{pmatrix} 3 & 1 & 1 & 1 & -1 & 1 \\ 1 & 3 & 1 & 1 & 1 & -1 \\ 1 & -1 & 3 & 1 & 1 & 1 \\ -1 & 1 & 1 & 3 & 1 & 1 \\ 1 & 1 & 1 & -1 & 3 & 1 \\ 1 & 1 & -1 & 1 & 1 & 3 \end{pmatrix}$$

称为局中人齐王的支付函数。

一般而言，当上述三个基本因素确定后一个对策模型也就确定了。

9.1.2 对策问题建模举例

对策问题建模主要是明确上述三个基本要素。

例 9.1 (**猜硬币游戏**) 两个参加者 A，B 各出示一枚硬币，在不让对方看见的情况下，将硬币放在桌上。若两个硬币都呈正面或都是反面，则 A 得

1 分，B 付出 1 分；若两个硬币一正一反，则 B 得 1 分，而 A 付出 1 分。

这时 A，B 分别是局中人 1 和局中人 2，他们各有两个策略，出示硬币的正面或反面。用 α_1, α_2 分别表示局中人 1 出示正面和反面这两个策略；用 β_1, β_2 分别表示局中人 2 出示正面和反面这两个策略，这样

$$S_1 = \{\alpha_1, \alpha_2\}, \quad S_2 = \{\beta_1, \beta_2\}.$$

当两个局中人分别从自己的策略集中选定一个策略以后，就得到一个局势。这个游戏的局势集合是

$$S_1 \times S_2 = \{(\alpha_1, \beta_1), (\alpha_1, \beta_2), (\alpha_2, \beta_1), (\alpha_2, \beta_2)\}.$$

两个局中人的支付函数分别为 H_1 和 H_2，是定义在局势集合上的函数，由给定的规则可得到

$$H_1(\alpha_1, \beta_1) = 1, \ H_1(\alpha_1, \beta_2) = -1, \ H_1(\alpha_2, \beta_1) = -1, \ H_1(\alpha_2, \beta_2) = 1,$$

$$H_2(\alpha_1, \beta_1) = -1, \ H_2(\alpha_1, \beta_2) = 1, \ H_2(\alpha_2, \beta_1) = 1, \ H_2(\alpha_2, \beta_2) = -1.$$

例 9.2（两人对决问题） 两个人决斗，都拿着已经装上子弹的手枪，站在相隔距离是 1 单位的地方，然后面对面走近（假如双方前进速度一样），在每一步他们都可以决定是否打出唯一的一发子弹。当然，离得越近，打得越准。假如其中一个开枪而未打中，按规则，他仍要继续往前走，双方各在什么时机开枪好呢？

这个对策中只有两个局中人：局中人 1 和局中人 2。局中人 1 的策略是选择在双方距离为 $x \, (0 \leqslant x \leqslant 1)$ 时开枪，所以局中人 1 的策略集合为 $S_1 = \{x | 0 \leqslant x \leqslant 1\}$。同样，局中人 2 选择在双方距离为 $y \, (0 \leqslant y \leqslant 1)$ 时开枪，则 $S_2 = \{y | 0 \leqslant y \leqslant 1\}$。局势集合为

$$S_1 \times S_2 = \{(x, y) | 0 \leqslant x \leqslant 1, \ 0 \leqslant y \leqslant 1\}.$$

现在再来看定义在局势集合上的支付函数是什么？假设局中人 1 的命中率函数是 $p_1(x)$，它表示当距离是 x 时，击中对方的概率；设局中人 2 在双方相距为 y 时开枪击中对方的概率是 $p_2(y)$。规定击中对方而自己未被击中得 1 分，被对方击中但自己没有击中对方得 -1 分，双方都没有被对方击中或者都被对方击中各得 0 分。以 $H_1(x, y)$ 表示局中人 1 的支付函数，则

$$H_1(x,y) = \begin{cases} 1 \times p_1(x) + (-1) \times (1 - p_1(x)), & x > y, \\ 1 \times p_1(x)\big(1 - p_2(y)\big) + (-1) \times \big(1 - p_1(x)\big)p_2(y), & x = y, \\ (-1) \times p_2(y) + 1 \times \big(1 - p_2(y)\big), & x < y \end{cases}$$

$$= \begin{cases} 2p_1(x) - 1, & x > y, \\ p_1(x) - p_2(y), & x = y, \\ 1 - 2p_2(y), & x < y. \end{cases}$$

在上式中，局中人 1 在双方相距为 x 时开枪，$x > y$ 表示局中人 1 先开枪。$p_1(x)$ 是局中人 2 被击中的概率，若局中人 2 被击中，则局中人 1 得到的支付为 1。$1 - p_1(x)$ 是局中人 2 没有被击中的概率，若局中人 2 没有被击中，则局中人 1 必被击中，他得到的支付是 -1。所以 $1 \times p_1(x)$ 与 $(-1) \times (1 - p_1(x))$ 这两项之和是局中人 1 的期望支付。

$x = y$ 是两个局中人同时开枪的情形。其中 $1 \times p_1(x)(1 - p_2(y))$ 表示局中人 2 被击中而局中人 1 没有被击中时，局中人 1 的期望支付；$(-1) \times (1 - p_1(x))p_2(y)$ 则是局中人 2 没有被击中而局中人 1 被击中时，局中人 1 的期望支付。两个人都击中对方或都没有被对方击中时支付为 0。

$x < y$ 是局中人 2 先开枪的情况。$p_2(y)$ 是局中人 1 被击中的概率，这时他得到的支付是 -1。$1 - p_2(y)$ 是局中人 1 没有被击中的概率，按规则局中人 2 将继续向前走，一定被击中，这时局中人 1 得到的支付是 1。所以局中人 1 的期望支付是 $(-1) \times p_2(y) + 1 \times (1 - p_2(y))$。

同样可以写出局中人 2 的支付函数。

例 9.3 (三人硬币游戏) 三个人作一个游戏，每个人同时出示一个硬币的正面或反面。如果三个人出示的全是正面或反面，则三个人的支付都是 0；如果有两个人出示正面，一个人出示反面，则出示反面的人扣两分，两个出示正面的人每人各得一分；如果有两个人出示反面，一个人出示正面，则出示正面的人扣两分，两个出示反面的人每人各得一分。

这是一个 3 人对策，局中人集合 $I = \{1, 2, 3\}$，每个局中人有两个策略：出示正面或反面。如果用 1 代表出示正面，用 0 表示出示反面，那么 $S_i = \{0, 1\}$ ($i = 1, 2, 3$) 是局中人 1、局中人 2、局中人 3 的策略集合，局势为

$$S_1 \times S_2 \times S_3 = \{(x_1, x_2, x_3) | x_i = 0, 1, \ i = 1, 2, 3\}.$$

用 $H_1(x_1, x_2, x_3)$ 表示局中人 1 的支付函数，则

$$H_1(0,0,0) = 0, \ H_1(0,1,0) = 1, \ H_1(0,1,1) = -2, \ H_1(0,0,1) = 1,$$

$$H_1(1,0,0) = -2, \ H_1(1,1,0) = 1, \ H_1(1,1,1) = 0, \ H_1(1,0,1) = 1.$$

同样可以写出局中人 2、局中人 3 的支付函数，从而确定这个问题的对策模型。

9.1.3　对策的分类

从上面的例子可以发现，现实生活众多的对策问题中，有些是二人对策，有些是多人对策；有些是有限对策，有些是无限对策；有些是零和对策，有些是非零和对策；有些是合作对策，有些是非合作对策；等等。为了便于对不同的对策问题进行研究，可以根据不同的方式进行分类，通常的分类方式如下：

(1) 根据局中人的个数，分为二人对策和多人对策。

(2) 根据各局中人的赢得函数的代数和是否为零，分为零和对策和非零和对策。

(3) 根据各局中人之间是否允许合作，分为合作对策和非合作对策。

(4) 根据局中人的策略集中的策略个数，分为有限对策和无限对策。

此外，还有许多其他的分类方式。例如根据策略的选择是否与时间有关，可分为静态对策和动态对策；根据对策模型的数学特征，可分为矩阵对策、连续对策、微分对策、阵地对策、凸对策、随机对策等。

下面我们主要介绍二人零和对策问题。

9.1.4　矩阵对策的数学模型

在众多对策模型中，占有重要地位的是二人有限零和对策，也称为**矩阵对策**。这类对策是到目前为止在理论研究和求解方法都较完善的一个对策分支。矩阵对策可以说是一类最简单的对策模型，其研究思想和方法十分具有代表性，体现了对策论的一般思想和方法，且矩阵对策的基本结果也是研究其他对策模型的基础。

在矩阵对策中，一般用 I, II 分别表示两个局中人，并设局中人 I 有 m 个纯策略，局中人 II 有 n 个纯策略，则局中人 I, II 的策略集分别为

$$S_1 = \{\alpha_1, \alpha_2, \cdots, \alpha_m\}, \quad S_2 = \{\beta_1, \beta_2, \cdots, \beta_n\}.$$

当局中人 I 选定纯策略 α_i 和局中人 II 选定纯策略 β_j 后，就形成了一个纯局势 (α_i, β_j)。可见这样的纯局势共有 $m \times n$ 个。对任一纯局势 (α_i, β_j)，记局中人 I 的赢得值为 a_{ij}，并称

$$A = \begin{pmatrix} a_{11} & a_{12} & \cdots & a_{1n} \\ a_{21} & a_{22} & \cdots & a_{2n} \\ \vdots & \vdots & & \vdots \\ a_{m1} & a_{m2} & \cdots & a_{mn} \end{pmatrix}$$

为局中人 I 的**赢得矩阵**。由于假定对策为零和的，故局中人 II 的赢得矩阵为 $-\boldsymbol{A}$，即上述矩阵取负值即为局中人 II 的赢得矩阵。

当局中人 I, II 和策略集 S_1, S_2 及局中人 I 的赢得矩阵 $\boldsymbol{A}$ 确定后，一个矩阵对策也就确定了。通常将一个矩阵对策记为 $G = \{\text{I}, \text{II}; S_1, S_2; \boldsymbol{A}\}$，或简记为 $G = \{S_1, S_2; \boldsymbol{A}\}$。

9.2 矩阵对策的纯策略均衡

当矩阵对策模型确定后，各局中人面临的问题便是如何选择对自己最有利的纯策略，以谋取最大的赢得（或最小损失）。下面通过一个具体例子来分析应如何求解各局中人的最优策略。

例 9.4 (**矩阵对策**) 设有一矩阵对策 $G = \{S_1, S_2; \boldsymbol{A}\}$，其中 $S_1 = \{\alpha_1, \alpha_2, \alpha_3\}$，$S_2 = \{\beta_1, \beta_2, \beta_3\}$，且

$$\boldsymbol{A} = \begin{pmatrix} 3 & 1 & 2 \\ -4 & -1 & 4 \\ 2 & -2 & -1 \end{pmatrix}.$$

试求双方的最优策略。

解 由局中人 I 的赢得矩阵 $\boldsymbol{A}$ 可以看出，局中人 I 的最大赢得是 4，要想得到这个赢得，他应选择策略 α_2。由于局中人 II 也是理智的，他考虑到局中人 I 打算选择 α_2 的心理，于是他会准备用 β_1 对付局中人 I，使他不仅得不到 4 反面失去 4。由于局中人 I 也是理智的，当然也会猜到局中人 II 的这一心理，所以他会用 α_1 来对付，使局中人 II 得不到 4 反而失去 3……所以，如果双方都不想冒险，都不存在侥幸心理，而是考虑到对方必然会设法使自己的所得最少这一点，就应该从各自可能出现的最不利的情形中选择一种最有利的情形作为决策的依据，这是一种稳妥的方式，也是所谓的"理智行为"。

这样，局中人 I 的三种策略可能带来的最少赢得，即矩阵 $\boldsymbol{A}$ 中每行的最小元素分别为 $1, -4, -2$，在这些最少赢得中最好的结果是赢得 1。所以，局中人 I 只要以 α_1 参加对策，无论局中人 II 选取什么样的策略，都能保证局中人 I 的收入不会少于 1；而出其他任何策略，其收入都有可能少于 1，甚至输给对方。同理，对局中人 II 来说，各策略可能带来的最不利的结果，即矩阵 $\boldsymbol{A}$ 中每列的最大元素分别为 $3, 1, 4$，在这些最不利的结果中最好的结

果（输得最少）是 1。即局中人 II 只要选择策略 β_2，无论局中人 I 采取什么样的策略，都能保证自己的损失不会多于 1；而采取其他任何策略，其损失都有可能多于 1。

上面的分析表明，局中人 I, II 的"理智行为"分别是选取纯策略 α_1 和 β_2，这时局中人 I 的所得和局中人 II 的所失相等，均为 1。局中人 I 是按最大最小原则，局中人 II 是按最小最大原则选择各自的策略，这对双方来说都是一种最为稳妥的行为。因此 α_1 和 β_2 分别为局中人 I, II 的最优策略。

一般地，对于矩阵对策问题 $G = \{S_1, S_2; \boldsymbol{A}\}$，其中 $S_1 = \{\alpha_1, \alpha_2, \cdots, \alpha_m\}$，$S_2 = \{\beta_1, \beta_2, \cdots, \beta_n\}$，且 $\boldsymbol{A} = (a_{ij})_{m \times n}$，若存在

$$\max_i \min_j a_{ij} = \min_j \max_i a_{ij} = a_{i^* j^*},$$

则 $V_G = a_{i^* j^*}$ 称为**对策 G 的值**，称使上式成立的局势 $(\alpha_{i^*}, \beta_{j^*})$ 为 G **在纯策略下的解**，α_{i^*} 和 β_{j^*} 分别称为局中人 I, II 的**最优纯策略**。

注意到，根据对策值的定义，它具有这样的特征：它是所在行的最小值，也是所在列的最大值。如例 9.4 中，对策值 $V_G = 1$ 既是第一行的最小值，也是第二列的最大值。另外，这样可使得 α_{i^*} 和 β_{j^*} 成为矩阵对策的最优策略，因为此时对策双方都没有动机偏离现有这个策略。如在例 9.4 中，当局中人 II 选择 β_2 作为最优策略时，局中人 I 不会偏离策略 α_1，不然他的收益会更低，所以 α_1 成为局中人 I 的最优策略。反过来，当局中人 I 选择 α_1 作为其最优策略时，局中人 II 也没动机偏离 β_2 这个策略，不然他损失的会更多，所以 β_2 成为局中人 II 的最优策略。可见，此时对策处于一种均衡状态，因此局势 $(\alpha_{i^*}, \beta_{j^*})$ 也称为**对策的均衡解**。

例 9.5　已知 A, B 两对策时，A 的赢得矩阵如下：

$$\begin{pmatrix} 2 & -3 & 1 & -4 \\ 6 & -4 & 1 & -5 \\ 4 & 3 & 3 & 2 \\ 2 & -3 & 2 & -4 \end{pmatrix}.$$

求双方的最优策略及对策的值。

解　根据前述定义，对于 A 的赢得矩阵按行小中取大，按列大中取小，如果它们的值相等且与交叉点的值相等，即可得到对策的最优策略与对策值。将求解过程列于表 9.2 中。

由此得到，局中人 A 的最优策略为 α_3，局中人 B 的最优策略为 β_4，对策值 $V_G = 2$。

上述矩阵对策的思路也可用于某些连续对策问题中。

表 9.2 矩阵对策求解

S_2 S_1	β_1	β_2	β_3	β_4	min
α_1	2	-3	1	-4	-4
α_2	6	-4	1	-5	-5
α_3	4	3	3	**2**	$2\surd$
α_4	2	-3	2	-4	-4
max	6	3	3	$2\surd$	

例 9.6 A 和 B 进行一种游戏，A 先在横坐标 x 轴的 $[0,1]$ 区间内任选一个数，但让 B 知道，然后 B 在纵坐标 y 轴的 $[0,1]$ 区间内任选一个数，双方选定后，B 对 A 的支付为

$$p(x,y) = \frac{1}{2}y^2 - 2x^2 - 2xy + \frac{7}{2}x + \frac{5}{4}y.$$

求 A,B 各自的最优策略和对策值。

解 由于分别要对 A,B 确定其收益极值，所以令

$$\begin{cases} \dfrac{\partial p}{\partial x} = -4x - 2y + \dfrac{7}{2} = 0, \\ \dfrac{\partial p}{\partial y} = -2x + y + \dfrac{5}{4} = 0. \end{cases}$$

解得 $x = \dfrac{3}{4}$, $y = \dfrac{1}{4}$。由于

$$p\left(x, \frac{1}{4}\right) \leqslant p\left(\frac{3}{4}, \frac{1}{4}\right) \leqslant p\left(\frac{3}{4}, y\right),$$

所以，$x^* = \dfrac{3}{4}$, $y^* = \dfrac{1}{4}$ 为 A,B 各自的最优策略，对策值 $V_G = \dfrac{47}{32}$。

9.3 矩阵对策的混合策略均衡

9.3.1 混合策略的概念

根据上述矩阵对策的解法，并不是所有的对策都存在着纯策略意义下的解。如某矩阵对策的支付矩阵为

$$A = \begin{pmatrix} 1 & 5 \\ 4 & 2 \end{pmatrix},$$

根据前述方法,这时可以求得

$$\max_i \min_j a_{ij} = 2, \quad \min_j \max_i a_{ij} = 4,$$

两者并不相等,不满足对策解的概念。这种情况下,我们说该对策不存在纯策略意义下的均衡局势和解。也就是说,局中人不能单独地使用某一个策略,以不变应万变。一个比较自然且合乎实际的想法是:既然局中人不能单纯使用一个策略,他是否可依照在策略集上的某一概率分布来选取自己的策略,以使得局中人的平均赢得(或损失)最多(或最少)。我们把这种策略称为**混合策略**。解一个混合策略问题就是求两个局中人各自选取不同策略的概率分布。

如上述对策中,若局中人 I 选择策略 α_1 的概率为 p,则他选择策略 α_2 的概率为 $1-p$。若局中人 II 选择策略 β_1 的概率为 q,则他选择策略 β_2 的概率为 $1-q$。这样对策就变成局中人如何确定其在策略集上的概率分布了。在当前的概率假设下,局中人 I 选择 α_1 和 α_2 时的期望收益分别为

$$E_{\alpha_1} = 1 \times q + 5 \times (1-q), \quad E_{\alpha_2} = 4 \times q + 2 \times (1-q).$$

为了不使局中人 II 得知自己的策略选择,局中人 I 应该使得自己在无论选择 α_1 或 α_2 时的期望收益相等,即

$$E_{\alpha_1} = E_{\alpha_2} \Rightarrow q = \frac{1}{2}.$$

同样地,局中人 II 选择 β_1 和 β_2 时的期望损失分别为

$$E_{\beta_1} = 1 \times p + 4 \times (1-p), \quad E_{\beta_2} = 5 \times p + 2 \times (1-p).$$

为了不使局中人 I 得知自己的策略选择,局中人 II 应该使得自己在无论选择 β_1 或 β_2 时的期望损失相等,即

$$E_{\beta_1} = E_{\beta_2} \Rightarrow p = \frac{1}{3}.$$

此时,对策的值为 $V_G = 3$,即为局中人 I 的期望收益,或局中人 II 的期望损失。

一般地,对于矩阵对策问题 $G = \{S_1, S_2; A\}$,其中 $S_1 = \{\alpha_1, \alpha_2, \cdots, \alpha_m\}$,$S_2 = \{\beta_1, \beta_2, \cdots, \beta_n\}$,且 $A = (a_{ij})_{m \times n}$,记

$$S_1^* = \left\{ x \in E^m \mid x_i \geqslant 0,\ i = 1, 2, \cdots, m,\ \sum_{i=1}^m x_i = 1 \right\},$$

$$S_2^* = \left\{ \boldsymbol{y} \in E^n | y_j \geqslant 0,\ j = 1, 2, \cdots, n,\ \sum_{j=1}^{n} y_j = 1 \right\},$$

则 S_1^* 和 S_2^* 分别称为局中人 I 和局中人 II 的**混合策略集**；$\boldsymbol{x} \in S_1^*$ 和 $\boldsymbol{y} \in S_2^*$ 分别为局中人 I 和局中人 II 的**混合策略**，称 $(\boldsymbol{x}, \boldsymbol{y})$ 为一个**混合局势**。将局中人 I 的赢得函数记为

$$E(\boldsymbol{x}, \boldsymbol{y}) = \boldsymbol{x}^{\mathrm{T}} A \boldsymbol{y} = \sum_{i=1}^{m} \sum_{j=1}^{n} a_{ij} x_i y_j,$$

这样得到一个新对策，记为 $G^* = \{S_1^*, S_2^*; E(\boldsymbol{x}, \boldsymbol{y})\}$，称其为对策 G 的**混合扩充**。对于 $G^* = \{S_1^*, S_2^*; E(\boldsymbol{x}, \boldsymbol{y})\}$，如果存在

$$\max_{\boldsymbol{x} \in S_1^*} \min_{\boldsymbol{y} \in S_2^*} E(\boldsymbol{x}, \boldsymbol{y}) = \min_{\boldsymbol{y} \in S_2^*} \max_{\boldsymbol{x} \in S_1^*} E(\boldsymbol{x}, \boldsymbol{y}),$$

记其值为 V_G，则称其为**对策 G^* 的值**，称使得上式成立的混合局势 $(\boldsymbol{x}^*, \boldsymbol{y}^*)$ 为 **G 在混合策略意义下的解**，$\boldsymbol{x}^*$ 和 $\boldsymbol{y}^*$ 分别称为局中人 I 和局中人 II 的**最优混合策略**。

有定理保证，在混合策略意义下所有对策问题都存在着至少一个解。事实上，前述的纯策略本质上也可看成是混合策略的一个特例，只是局中人选择某个策略的概率为 1，其他为 0 而已。所以后面我们对 G 和 G^* 不作严格区分。

9.3.2　矩阵对策中的优超原则

在矩阵对策中，对于某个局中人而言，某些策略是不优于其他策略或其他策略的组合的，这些策略在对策时局中人是不会考虑的，所以应当将其从局中人的策略集中去除。如在下面的对策问题中，

$$A = \begin{pmatrix} 3 & 2 & 4 & 0 \\ 3 & 4 & 2 & 3 \\ 4 & 3 & 4 & 2 \\ 0 & 4 & 0 & 8 \end{pmatrix},$$

局中人 I 是不会选择第一个策略的，这是因为不论局中人 II 选择什么策略，局中人 I 的第三个策略的收益总是不小于第一个策略的收益，所以对于局中人 I 而言，第三个策略是优超于第一个策略的，在进行对策分析时不需要考虑局中人 I 的第一个策略，可以将其从矩阵对策中去掉，从而得到

$$A_1 = \begin{pmatrix} 3 & 4 & 2 & 3 \\ 4 & 3 & 4 & 2 \\ 0 & 4 & 0 & 8 \end{pmatrix}.$$

这时在 A_1 中，从局中人 II 角度来看，第一个策略的损失都不小于第三个策略的损失，所以对于局中人 II 而言，策略三优超于策略一，应划去第 1 列，得到

$$A_2 = \begin{pmatrix} 4 & 2 & 3 \\ 3 & 4 & 2 \\ 4 & 0 & 8 \end{pmatrix}.$$

在 A_2 所示的对策中，存在

$$\begin{pmatrix} 4 \\ 3 \\ 4 \end{pmatrix} \geqslant \frac{1}{2}\begin{pmatrix} 2 \\ 4 \\ 0 \end{pmatrix} + \frac{1}{2}\begin{pmatrix} 3 \\ 2 \\ 8 \end{pmatrix},$$

即局中人 II 的第二个策略与第三个策略按概率分布 $\left(\frac{1}{2}, \frac{1}{2}\right)$ 得到的一个混合策略还是优超于第一个策略的，所以应划去第 1 列，得到

$$A_3 = \begin{pmatrix} 2 & 3 \\ 4 & 2 \\ 0 & 8 \end{pmatrix}.$$

在 A_3 中，第一行元素被第二、第三行元素的一个凸线性组合所优超，即有

$$(2,3) \leqslant \frac{1}{2}(4,2) + \frac{1}{2}(0,8),$$

所以，可以划去 A_3 中的第一行，得到

$$A_4 = \begin{pmatrix} 4 & 2 \\ 0 & 8 \end{pmatrix}.$$

此时，再没有办法简化原始对策了，求解这个对策问题与求解原对策问题的解是一致的。

9.3.3　混合策略的图解法

图解法适用于赢得矩阵为 $2 \times n$ 或 $m \times 2$ 型的对策问题。首先看 $2 \times n$ 矩阵对策问题的图解方法。

例 9.7 (混合策略的图解法)　求下面矩阵对策问题的解:

$$A = \begin{pmatrix} 1 & 3 & 5 \\ 4 & 2 & 1 \end{pmatrix}.$$

解　首先判断这个矩阵对策问题已经最简化了, 而且不存在纯策略意义上的解。

设局中人 I 的混合策略为 $(x, 1-x)^{\mathrm{T}}$。过数轴上为 $(0,0)$ 和 $(1,0)$ 点分别作两条垂线 I–I 和 II–II, 垂线上点的纵坐标值分别表示局中人 I 采取纯策略 α_1 和 α_2 时, 局中人 II 采取各纯策略时的赢得值, 如图 9-1 所示。当局中人 I 选择每一策略 $(x, 1-x)^{\mathrm{T}}$ 时, 他的最少可能的收入为局中人 II 选择 $\beta_1, \beta_2, \beta_3$ 时所确定的三条直线:

$$l_1: x + 4(1-x) = V,$$
$$l_2: 3x + 2(1-x) = V,$$
$$l_3: 5x + (1-x) = V$$

在 x 处的纵坐标中最小者, 即图 9-1 中折线 $B_1 B_2 B B_3$ 所示。

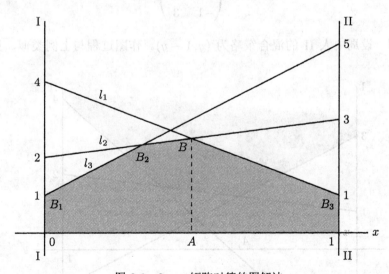

图 9-1　$2 \times n$ 矩阵对策的图解法

所以, 对局中人 I 来说, 他的最优选择就是确定 x 使他的收入尽可能地多, 从图 9-1 可知, 按最小最大原则应选择 $x = OA$, 而 AB 的长度即为对策值。为求出点 x 和对策值 V_G, 可联立过 B 点的两条线段 l_1 和 l_2 所确定的方程组:

$$\begin{cases} x + 4(1-x) = V_G, \\ 3x + 2(1-x) = V_G. \end{cases}$$

解得 $x = 0.5$，$V_G = 2.5$。所以，局中人 I 的最优策略为 $\boldsymbol{x}^* = (0.5, 0.5)^\mathrm{T}$。

此外，从图 9-1 上还可以看出，局中人 II 的最优混合策略只由 β_1 和 β_2 构成。设 $\boldsymbol{y}^* = (y_1^*, y_2^*, y_3^*)$ 为局中人 II 的最优混合策略，则

$$\begin{cases} y_3^* = 0, \\ y_1^* + 3y_2^* = V_G, \\ 4y_1^* + 2y_2^* = V_G, \\ y_1^* + y_2^* = 1. \end{cases}$$

解得 $\boldsymbol{y}^* = (0.25, 0.75, 0)$，$V_G = 2.5$ 为局中人 II 的最优混合策略与对策值。

对于 $m \times 2$ 型的矩阵对策，其图解思路与 $2 \times n$ 型类似。

例 9.8 求下面矩阵对策问题的解：

$$\boldsymbol{A} = \begin{pmatrix} 4 & -3 \\ 2 & 1 \\ -1 & 3 \end{pmatrix}.$$

解 设局中人 II 的混合策略为 $(y, 1-y)$。作图过程与上例类似，见图 9-2。

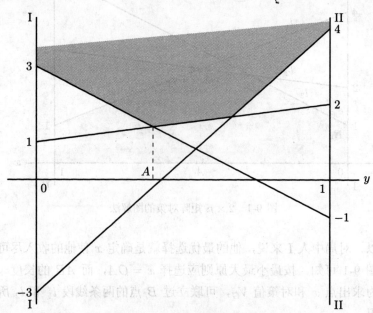

图 9-2 $m \times 2$ 矩阵对策的图解法

图 9-2 中 A 为 y^*, 解方程组

$$\begin{cases} 2y + (1-y) = V_G, \\ -y + 3(1-y) = V_G, \end{cases}$$

得到 $y^* = \dfrac{2}{5}$, $V_G = \dfrac{7}{5}$。注意到局中人 I 的最优混合策略中只由 α_2 和 α_3 构成, 所以得到如下方程组:

$$\begin{cases} x_1^* = 0, \\ 2x_2^* - x_3^* = V_G, \\ x_2^* + 3x_3^* = V_G, \\ x_2^* + x_3^* = 1. \end{cases}$$

解之得到局中人 I 的最优策略为 $x_1^* = 0$, $x_2^* = \dfrac{2}{3}$, $x_3^* = \dfrac{1}{3}$。

9.3.4 混合策略的线性规划解法

图解法虽然直观简单, 但对于高维的一般矩阵对策问题却无能为力, 所以这时线性规划解法就显得尤其重要。下面我们以下述矩阵对策来介绍线性规划解法。如某矩阵对策中局中人 I 的赢得矩阵为

$$\boldsymbol{A} = \begin{pmatrix} 1 & 3 & 3 \\ 4 & 2 & 1 \\ 3 & 2 & 2 \end{pmatrix}.$$

容易得知该对策问题不存在纯策略均衡。为求其混合策略均衡, 设局中人 I 的混合策略为 $(x_1, x_2, x_3)^{\mathrm{T}}$, 局中人 II 的混合策略为 (y_1, y_2, y_3), V 为局中人 II 选择最有利的策略下局中人 I 的期望收益。

当局中人 II 使用 β_1 时, 局中人 I 的期望收益为 $x_1 + 4x_2 + 3x_3$, 它应不小于 V, 即

$$x_1 + 4x_2 + 3x_3 \geqslant V.$$

同样, 当局中人 II 使用 β_2 和 β_3 时, 有

$$3x_1 + 2x_2 + 2x_3 \geqslant V,$$
$$3x_1 + x_2 + 2x_3 \geqslant V.$$

此外, 有概率的正则性与非负性要求, 即

$$x_1 + x_2 + x_3 = 1; \quad x_i \geqslant 0, \ i = 1, 2, 3.$$

现令 $x_i' = \dfrac{x_i}{V}$（不妨设 $V > 0$，如果 $V > 0$ 不成立，可以将所有的矩阵元素加上一个适当大的数 K 来实现这一要求。有定理保证，变化后的矩阵对策与原矩阵对策同解，只是对策的值差了一个 K），这样上述的关系式就变为

$$x_1' + x_2' + x_3' = \frac{1}{V},$$
$$x_1' + 4x_2' + 3x_3' \geqslant 1,$$
$$3x_1' + 2x_2' + 2x_3' \geqslant 1,$$
$$3x_1' + x_2' + 2x_3' \geqslant 1.$$

对局中人 I 来说，他希望 V 值越大越好，也就是希望 $\dfrac{1}{V}$ 越小越好，为了实现这一目标，可以建立起局中人 I 的最优混合策略的线性规划模型如下：

$$(\text{P})\quad\begin{cases}\min\quad z = x_1' + x_2' + x_3',\\[4pt]\text{s.t.}\begin{cases}x_1' + 4x_2' + 3x_3' \geqslant 1,\\[3pt]3x_1' + 2x_2' + 2x_3' \geqslant 1,\\[3pt]3x_1' + x_2' + 2x_3' \geqslant 1,\\[3pt]x_1', x_2', x_3' \geqslant 0.\end{cases}\end{cases}$$

基于同样的思路，可以建立起局中人 II 的最优混合策略的线性规划模型如下：

$$(\text{D})\quad\begin{cases}\max\quad w = y_1' + y_2' + y_3',\\[4pt]\text{s.t.}\begin{cases}y_1' + 3y_2' + 3y_3' \leqslant 1,\\[3pt]4y_1' + 2y_2' + y_3' \leqslant 1,\\[3pt]3y_1' + 2y_2' + 2y_3' \leqslant 1,\\[3pt]y_1', y_2', y_3' \geqslant 0.\end{cases}\end{cases}$$

显然，问题（P）和（D）是互为对偶的线性规划，故可利用单纯形法或对偶单纯形法来解。通常先求解问题（D），之后（P）的结果也相应地确定了。然后再利用前述的变换关系就可以得到原问题的解了。如该例中，求解（D）问题得到

$$\left(y'_1, y'_2, y'_3\right) = \left(\frac{1}{7}, \frac{1}{7}, \frac{1}{7}\right), \quad \left(x'_1, x'_2, x'_3\right)^{\mathrm{T}} = \left(\frac{1}{7}, 0, \frac{2}{7}\right), \quad \frac{1}{V} = \frac{3}{7},$$

所以，局中人 I 的最优策略为

$$(x_1, x_2, x_3)^{\mathrm{T}} = V(x'_1, x'_2, x'_3)^{\mathrm{T}} = \frac{7}{3} \times \left(\frac{1}{7}, 0, \frac{2}{7}\right) = \left(\frac{1}{3}, 0, \frac{2}{3}\right),$$

局中人 II 的最优策略为

$$(y_1, y_2, y_3) = V(y'_1, y'_2, y'_3) = \frac{7}{3} \times \left(\frac{1}{7}, \frac{1}{7}, \frac{1}{7}\right) = \left(\frac{1}{3}, \frac{1}{3}, \frac{1}{3}\right),$$

对策值为 $V = \frac{7}{3}$。

上述就是利用线性规划求解矩阵对策问题的基本过程。总结一下求解矩阵对策的一般过程如下：

(1) 利用优超原则对矩阵对策进行化简。

(2) 若化简后的矩阵对策为 $2 \times n$ 或 $m \times 2$ 类型，则用图解法进行求解。

(3) 否则，检查矩阵中是否存在负值。若有，则将整个矩阵加一个常数，使其不包含负值，然后利用线性规划进行求解，但要注意对求解结果的变换。若无，则直接使用线性规划进行求解，同样求解结果要进行变换。

9.4 矩阵对策分析的典型应用

下面介绍一些实例来说明利用矩阵对策分析与解决问题。

例 9.9 某城市由汇合的三条河分割为三个区，如图 9-3 所示。图中的比例为城市居民分布情况。目前该市还没有溜冰场，所以有两家公司准备投

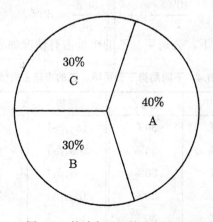

图 9-3 某城市居民的分布情况

资建设溜冰场，其中公司甲打算建两个，而公司乙只准备建一个。每个公司都知道，如果在城市的某一个区域只有一个溜冰场，则该溜冰场独揽该区全部业务；如果有两个溜冰场，则平分市场；若没有溜冰场，则该区的业务将平均分散到三个溜冰场中。每个公司都想把溜冰场设在营业额最多的地方。试分析两个公司的策略及均衡结果。

解　在这个对策问题中，有两个局中人：公司甲和公司乙。每家公司的策略有 3 个，如表 9.3 所示。

表 9.3　公司甲、乙的策略

公司甲的策略				公司乙的策略			
策略　　地区	A	B	C	策略　　地区	A	B	C
α_1	1	1	0	β_1	1	0	0
α_2	1	0	1	β_1	0	1	0
α_3	0	1	1	β_3	0	0	1

表 9.3 中，"1"表示在该区建溜冰场，"0"表示不在该区建溜冰场。当公司甲选择策略 α_1 时，即在区域 A 和 B 建立溜冰场，如果公司乙选择策略 β_1（即在区域 A 建溜冰场）时，也就是在局势 (α_1, β_1) 的情况下，公司甲所占有的市场份额为

$$\frac{40\%}{2} + 30\% + 2 \times \frac{30\%}{3} = 70\%,$$

公司乙所占有的市场份额为

$$\frac{40\%}{2} + 0 + 1 \times \frac{30\%}{3} = 30\%.$$

同样可得到其他局势下，公司甲、乙的市场占有情况如表 9.4 所示。

表 9.4　不同局势下公司甲、乙的市场占有情况

局势	公司甲	公司乙	局势	公司甲	公司乙
(α_1, β_1)	70%	30%	(α_2, β_3)	75%	25%
(α_1, β_2)	75%	25%	(α_3, β_1)	60%	40%
(α_1, β_3)	70%	30%	(α_3, β_2)	72%	28%
(α_2, β_1)	70%	30%	(α_3, β_3)	72%	28%
(α_2, β_2)	70%	30%			

可以发现，两个局中人的收益之和并不是零。为了将其转化为零和对策，我们将甲、乙公司的市场份额都减去 50% 后，得到了一个零和对策问题，如表 9.5 所示。

表 9.5　公司甲、乙的矩阵对策

甲＼乙	β_1	β_2	β_3	$\min_j a_{ij}$
α_1	**20%**	25%	20%	20%*
α_2	**20%**	20%	25%	20%*
α_3	10%	22%	22%	10%
$\max_i a_{ij}$	20%*	25%	25%	

由表 9.5 可以得到

$$\max_i \min_j a_{ij} = \min_j \max_i a_{ij} = a_{11}或a_{21} = 20\%,$$

所以，对策分析的结果是公司甲的最优策略是在 A, B 或 A, C 两个区域建溜冰场，而公司乙的最优策略是在 A 区建设自己的溜冰场。这样公司甲占有 70% 的市场份额，而公司乙将占 30% 的市场份额。

例 9.10　市场中只有甲、乙两个企业生产手机，它们都想在经营管理上采取一定措施而获得更多的市场份额。甲企业可以采用的措施有：（1）降低产品价格；（2）提高产品质量；（3）推出新产品。乙企业考虑采取的策略措施有：（1）增加广告费用；（2）增设维修网点，加强售后服务；（3）改进产品性能。由于两家企业的财力有限，都只能采取一个措施。假定两家企业所占的市场总份额一定，由于各自采取的措施不同，通过预测今后两个企业的市场占有份额变动情况如表 9.6 所示（表中正值为甲企业所增加的市场份额，负值为甲企业所减少的市场份额）。试求这两个企业各自的最优策略。

表 9.6　甲、乙企业的措施与收益

甲＼乙	β_1（措施 1）	β_2（措施 2）	β_3（措施 3）
α_1（措施 1）	10	−6	3
α_2（措施 2）	8	5	−5
α_3（措施 3）	−12	10	8

247

解 易见，此对策无法简化且无纯策略意义下的解。因为甲的赢得矩阵 $\boldsymbol{A}$ 中有负元素，所以令 $K = 12$，把 K 加到 $\boldsymbol{A}$ 中的每一个元素上得 $\boldsymbol{A}'$，

$$\boldsymbol{A}' = \begin{pmatrix} 22 & 6 & 15 \\ 20 & 17 & 7 \\ 0 & 22 & 20 \end{pmatrix}.$$

建立相应的两个互为对偶的线性规划模型如下：

$$\min \quad z = x_1 + x_2 + x_3,$$
$$\text{s.t.} \begin{cases} 22x_1 + 20x_2 \geqslant 1, \\ 6x_1 + 17x_2 + 22x_3 \geqslant 1, \\ 15x_1 + 7x_2 + 20x_3 \geqslant 1, \\ x_1, x_2, x_3 \geqslant 0; \end{cases}$$

$$\max \quad w = y_1 + y_2 + y_3,$$
$$\text{s.t.} \begin{cases} 22y_1 + 6y_2 + 15y_3 \geqslant 1, \\ 20y_1 + 17y_2 + 7y_3 \geqslant 1, \\ 22y_2 + 20y_3 \geqslant 1, \\ y_1, y_2, y_3 \geqslant 0. \end{cases}$$

求解得到

$$x_1 = 0.027\,3, \; x_2 = 0.200\,0, \; x_3 = 0.026\,6, \; z = 0.069\,8;$$
$$y_1 = 0.022\,1, \; y_2 = 0.022\,4, \; y_3 = 0.025\,3, \; w = 0.069\,8;$$
$$V = \frac{1}{z} = 14.321\,2.$$

所以，对策的解为

$$\boldsymbol{x}^* = V(x_1, x_2, x_3)^{\mathrm{T}} = (0.390\,3, 0.286\,7, 0.323\,0)^{\mathrm{T}},$$
$$\boldsymbol{y}^* = V(y_1, y_2, y_3) = (0.316\,1, 0.321\,2, 0.362\,7),$$
$$V_G = V - K = 2.321\,2.$$

9.5 其他类型的对策问题简介

在这一部分里，主要给大家介绍现代经济博弈论的一些基本内容。现代博弈论从信息和时间两个方面将非合作博弈划分为四大类型，如表 9.7 所示。

表 9.7 博弈的分类及其对应的均衡概念

时间 信息	静态	动态
完全信息	完全信息静态博弈 纳什均衡 Nash（1950—1951）	完全信息动态博弈 子博弈精炼纳什均衡 Selten（1965）
不完全信息	不完全信息静态博弈 贝叶斯–纳什均衡 Harsanyi（1967—1968）	不完全信息动态博弈 Selten（1975） Kreps 和 Wilson（1982） Fudenberg 和 Tirole（1991）

9.5.1 完全信息静态对策

纳什均衡是完全信息静态博弈的基本均衡概念。完全信息静态博弈（Static Games of Complete Information）是指博弈的每个局中人对所有其他局中人的特征（策略空间、支付函数等）有完全的了解，而且所有局中人同时选择行动且只选择一次（这里的"同时"强调的是，每个局中人选择行动时并不知道其他局中人的选择）。作为其基本均衡概念的**纳什均衡**是指在其他局中人的策略选择既定的前提下，每个局中人都会选择自己的最优策略（每个局中人的个人选择均依赖于其他局中人的选择，不依赖的情况只是例外），所有局中人的最优策略组合就是纳什均衡。它意味着，在给定别人策略的情况下，任何一个局中人都不能通过改变自己的策略得到更大的效用或收益，从而没有任何人有积极性打破这个均衡。如果一个策略组合不是纳什均衡，则至少有一个局中人认为，在其他局中人都遵守这一组合的规定下，他可以比现在做得更好。

纳什均衡被认为是局中人个人理性选择达成一致的结果。博弈过程也是局中人个人理性选择的过程，当且仅当所有局中人预测一个特定的纳什均衡会出现时，有且仅有这个纳什均衡构成博弈均衡，即个人理性选择达成了对均衡的一致性预测。进一步，纳什均衡深刻地揭示了个人理性与集体理性之间存在的内在矛盾。纳什均衡是理性局中人之间利益冲突与妥协达到的一种相对稳定的状态，而这种状态没有一个行为主体可以单方面地加以改变。但是，个人理性选择的结果在总体上可能并不是帕雷托最优的结果。在此基础上，人们后来又提出了加以改进的其他均衡概念。

9.5.2 完全信息动态对策

纳什均衡求解中，假定别人的策略选择是既定的，分析局中人如何选择自己的最优策略。这时，局中人并不考虑自己的选择对别人的影响，这样纳什均衡就允许了不可置信策略威胁的存在，而含有不可置信威胁的策略是不会实际发生的。针对纳什均衡的这一缺陷，Selten 在引入动态分析并提出完全信息动态博弈的同时，提出了子博弈精炼纳什均衡的概念，第一次对纳什均衡进行了改进。

博弈树是动态博弈分析常用的树状分析图。它由节、枝和信息集组成。节可分为起始节、决策节和终点节。起始节是博弈树的起点，决策节是局中人的决策变量，终点节是博弈树的终点。枝是节的连线，对应于局中人的行动。处于博弈同一阶段的决策节被分为不同的信息集，在每一个信息集上，局中人仅知道博弈进入其中的某一个决策节，但并不知道自己具体处于哪一个决策节上。子博弈是指从某一个决策节起始的后续博弈，包含该后续博弈的决策节的信息集，不包含不属于这个后续博弈的决策节，这个后续博弈的所有决策节都包含在这些信息集中。

完全信息动态博弈（Dynamic Games of Complete Information）是指，博弈中的每个局中人对所有其他局中人的特征有完全的了解，局中人的行动有先后顺序。**子博弈精炼纳什均衡**是完全信息动态博弈的基本均衡概念，其核心思想是：剔除纳什均衡中包含不可置信威胁的均衡策略；当且仅当局中人的策略在每一个子博弈中都构成纳什均衡时，亦即当且仅当均衡策略在每一个子博弈中都是最优时，纳什均衡就构成了子博弈精炼纳什均衡。构成子博弈精炼纳什均衡的策略不仅在均衡路径（均衡路径是均衡策略组合在博弈树上对应的枝和节的连线）的决策节上是最优的，而且在非均衡路径的决策节上也是最优的。任何有限（局中人的个数有限，策略空间有限）完全信息动态博弈都存在子博弈精炼纳什均衡。

理性人假定是达成子博弈精炼纳什均衡的一个重要保证。由于局中人是理性的，根据对先行动者行动的观察，后行动者能够并且必然对先行动者的策略选择做出合乎理性的反应；先行动者也知道这一点；这就保证了将包含不可置信威胁的不合理均衡策略剔除出去，将合理纳什均衡和不合理纳什均衡分离开来。

9.5.3 不完全信息静态对策

纳什均衡是完全信息条件下的均衡概念，从而适用性受到限制。为此，Harsany 构建了不完全信息博弈的基本理论，提出了不完全信息静态博弈的基本均衡概念——贝叶斯–纳什均衡。不完全信息（静态和动态）博弈的分析是在 Harsany 转换的基础上进行的。

不完全信息静态博弈是指，至少有一个局中人不知道其他局中人的支付函数，所有局中人同时行动。Harsany 转换是不完全信息（静态和动态）博弈分析的基本概念。通过该转换，Harsany 在不完全信息静态博弈上附加了一定的分析前提，将不完全信息静态博弈转化为"包含同时行动的完全但不完美信息动态博弈"，使得不完全信息静态博弈的分析可以在已经讨论过的完全信息动态博弈的分析框架下进行，而在 Harsany 转换提出之前，人们是无法对不完全信息博弈进行分析的。Harsany 转换借助于三个新增的概念展开，它们是：局中人的类型（局中人个人特征的完备描述，简化起见，一般将其等同于局中人的支付函数）、自然（局中人的类型是由先天因素或博弈之外的客观因素决定的，为便于分析，Harsany 将这些因素归结为一个虚拟的局中人"自然"，由于是虚拟的，因而他不获得支付并且对于所有博弈结果具有同等偏好，其作用仅在于决定局中人的类型，具体作用过程见下面对 Harsany 转换具体做法的分析（1））和局中人的信念（局中人根据其他局中人各种可能类型的概率分布对其类型所作出的判断，即条件概率）。Harsany 转换的具体做法是：（1）自然选择局中人的类型，并将局中人的真实类型告知他自己，而不告知其他局中人，同时并不对每个局中人的各种可能类型及其概率分布保密；这样，每个局中人知道自己的类型，不知道别人的真实类型，仅知道其各种可能类型的概率分布，被选择的局中人也知道其他局中人心目中的这个分布函数；（2）自然之外的每个局中人根据其他局中人可能类型的概率分布对其类型作出先验判断，并各自同时选择行动，博弈终了，除自然以外，各个局中人得到对各自的支付。通过 Harsany 转换，不完全信息静态博弈转化为包含同时行动的完全但不完美信息动态博弈（把对支付函数的不了解转化为对局中人类型的不了解）。其动态性在于，整个博弈被转化为两阶段动态博弈，即自然选择的阶段和其他局中人同时行动的阶段，前者实际上是为了使原博弈能够进行分析而虚构的，集中体现了 Harsany 转换对原博弈附加的分析前提，后者是一个静态博弈，它实际上等同于原来的不完全信息静态博弈；其信息的完全性在于，每个局中人都知道其他局中人的各种可能类型，而每个局中人的支付和策略都依赖于其类型，这样，每个局中人都知道其他局中人的各种可能类型的支付函数和策略空间；其信息的不完美性表现在，局中人对自然的选择没有完全的了解，亦即局中人对每个局中人的可能类型及其概率分布具有完全的了解，而对他们的真实类型并没有完全的了解。贝叶斯–纳什均衡是不完全信息静态博弈的基本均衡概念。在自然选择之后，各个局中人同时行动，没有机会观察到别人的选择。如果给定别人的策略选择，每个局中人的最优策略依赖于自己的类型（以下简称类型依赖策略）。由于每个局中人仅知道其他局中人的类型的概率分布而不知道其真实类型，他就不可能准确地知道其他局中人实际上会选择什么策略；但他能正确地预测到其他局中人的选择是如何依赖于其各自类型的；这样，他决策的目标就是，在局中人类型的概率分布是完全信息的前提下，给定自己的类型依赖策略和别人的类型依赖策略，最大化自己的期望效用。**贝叶斯–纳什均衡**就是这样一种类型依赖策略组合：在给定自己的类型和别人类型的概率分布的情况下，每个局中人的期望效用达到了最大化，没有人有选择其他策略的积极性。

9.5.4 不完全信息动态对策

贝叶斯–纳什均衡仅仅局限于静态分析，从而其适用性也受到了限制。为此，弗得伯格和泰勒尔对它进行了改进，定义了不完全信息动态博弈的基本均衡概念——精炼贝叶斯–纳什均衡。

不完全信息动态博弈是指，在博弈中至少有一个局中人不知道其他局中人的支付函数；局中人的行动有先后之分，后行动者能观察到先行动者的行动。不完全信息动态博弈分析也是在 Harsany 转换的框架下进行的。具体讲，自然首先选择局中人的类型，局中人自己知道自己的真实类型，其他局中人不知道被选择的局中人的真实类型，仅知道其各种可能类型的概率分布；之后，局中人开始行动，局中人的行动有先后顺序，后行动者能观察到先行动者的行动，但不能观察到先行动者的类型。但是，由于局中人的行动依赖于其类型，每个局中人的行动都传递着有关自己类型的某种信息，所以后行动者便可以通过观察先行动者的行动来推断其类型或修正对其类型的信念（按"贝叶斯法则"将先验概率转化为后验概率），然后选择自己的最优行动。先行动者预测到自己的行动将被后行动者所利用，也就会设法选择传递有利信息，避免传递不利信息。因此，博弈过程不仅是局中人选择行动的过程，而且是局中人不断修正信念的学习过程。精炼贝叶斯–纳什均衡是不完全信息动态博弈的基本均衡概念，它要求，给定有关其他局中人类型的信念，局中人的策略在每一个信息集开始的"后续博弈"上构成贝叶斯–纳什均衡；并且，在所有可能的情况下，局中人要根据所观察到的其他局中人的行为，按照贝叶斯法则来修正自己有关后者类型的信念，进而据此选择并最优化自己的行动。**精炼贝叶斯–纳什均衡**是所有局中人策略和信念的一种结合，它满足如下条件：（1）在给定每个局中人有关其他局中人类型的信念的情况下，他的策略选择是最优的；（2）每个人有关他人类型的信念都是使用贝叶斯法则从所观察到的行动中获得的。精炼贝叶斯–纳什均衡不仅定义在策略组合上，还强调了局中人的信念，因为最优策略是相对于信念而言的。

在不完全信息范围内，还有一些均衡概念，如：Selten 的"颤抖手均衡"（Trembling Hand Equilibrium，1975）、Myerson 的"恰当均衡"（Proper Equilibrium，1978）、Kreps 和 Willson 的"序贯均衡"（Sequential Equilibrium，1982）、Kohlberg 和 Merten 的"稳定均衡"（Stable Equilibrium，1986）等。

综上所述，经济博弈论的一系列均衡概念都是在纳什均衡的基础上发展起来的，其基本思路都是通过逐步剔除不合理均衡而得到更为精确和合理的均衡概念。根据约束条件的强弱，均衡概念由弱到强依次是：纳什均衡，子博弈精炼纳什均衡，贝叶斯–纳什均衡，精炼贝叶斯–纳什均衡，序贯均衡，颤抖手均衡，恰当均衡，稳定均衡。每一个较强均衡概念都是在较弱均衡概念基础上发展而来，因此，强概念自然也适用于弱概念的分析环境。

第十章　存　储　论

内容提要　存储论是利用定量方法研究经济资源最佳存储策略的理论与方法，确定经济上最为合理的存储策略。本章主要介绍存储的基本理论，重点讲解确定性存储模型的求解。同时也对随机存储模型进行了介绍。

10.1　存储模型的基本概念

在企业的生产、经营过程中，往往将所需的物资、用品等暂时地储存起来，以备将来使用或消费。如工厂为了保证生产，必须储存一定量的原材料；商店必须储存一定量的商品，营业时卖掉一部分商品会使存储量减少，到一定时候又必须进货对存储进行补充，不然库存售空后将无法继续营业。这种储存物品的现象是为了解决供应（生产）与需求（消费）之间的不协调的一种措施，这种不协调性一般表现为供应量与需求以及供应时期与需求时期的不一致性上，出现供不应求或供过于求。人们在供应与需求这两个环节之间加入储存这一环节，用来缓解供应与需求之间的不协调。以此为研究对象，利用运筹学的方法，以期能够最合理、最经济地解决储存问题。

但是，储存物资会增加企业的成本，这些成本主要来自于两个方面：其一，如库房建设、使用、维护、占用现金产生的利息等，这类成本与存储量通常是正向变化关系；其二，如果储存物资较少，不能保证企业生产的顺利进行或不能满足顾客需求，也会给企业带来损失。所以，必须研究如何确定合理的储存策略以保证企业在储存方面的费用最优。所谓**存储论**（Inventory）是专门研究经济资源最佳存储策略的理论与方法，它用定量方法描述存储物品的存储状态和动态供求关系，研究不同状态和不同供应关系情况下的存储费用结构，从而确定经济上最为合理的存储策略。这是运筹学在实际应用方面获得成效最为显著的一个分支之一。

10.1.1 存储系统模型

通常情况下，一个存储系统模型可用如图 10-1 所示的形式来描述。

图 10-1　存储系统模型示意图

在图 10-1 中，存储系统的一端为输入，即向存储系统补充物资；另一端为输出，表现为物资的需求。在存储系统中存储量因需求而减少，因补充而增加。供应与需求之间经常是不平衡的，这种不平衡产生了一些额外的费用，如存储费用、缺货费用等。而存储论就是研究合理地处理供应、存储、需求之间的关系，以确定最佳的存储策略。

10.1.2 存储模型的基本概念

1. 需求

对存储来说，由于需求的存在，从存储中取出一定数量的物资，使存储量减少，这便是存储系统的输出。存储系统的需求呈现出多种形态，如有的需求是间断式的，有的需求是连续均匀的。如图 10-2 所示。

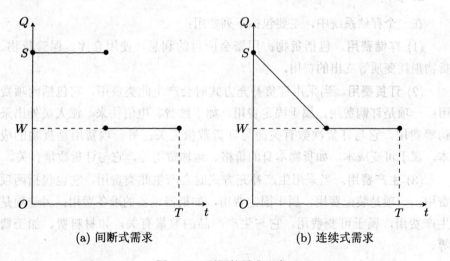

(a) 间断式需求　　　　　　(b) 连续式需求

图 10-2　不同的需求形态

图 10-2 中，在时间 T 内，存储系统中的存储量均由 S 变为了 W，但两者的减少方式不同。在图 10-2 (a) 中是一种间断式的变化，系统存储量在某一时刻减少，而图 10-2 (b) 中系统存储量是一定时间内连续均匀地减少。不同的需求形态造成了存储量变化规律不同，从而也使得存储系统的存储费用不同。

此外，需求可能是确定的，如工厂按合同要求进行生产，每月提供确定数量的产品；需求也可能是随机的，如商店中某种商品每天的需求量。总之，需求使得存储系统的存储量减少，不同的需求形态影响着系统的存储费用，进而影响着存储策略的选择。

2. 补充（订货或生产）

存储量由于需求而不断减少，必须加以补充，否则最终将无法满足需求。补充就是向存储系统输入物资，补充的办法可能是向其他工厂订货，也可能是企业自行组织生产。

从订货到货物进入存储系统往往需要一定时间，这段时间称为**备货时间**。或者说，为了在某一时刻能补充存储，必须提前订货，所以这段时间也称为**提前时间**。对于生产补充方式而言，同样存在着生产准备时间或生产提前时间。

备货时间可能很长，也可能很短，可能是随机的，也可能是确定的。补充存储的形态不同，同样影响着存储系统总的费用，影响着存储策略的选择。

3. 费用

在一个存储系统中，主要包括下列费用：

(1) **存储费用**。包括货物占用资金应付的利息、使用仓库、保管货物、货物损耗变质等支出的费用。

(2) **订货费用**。当采用订货补充方式时会产生此类费用，它包括两项费用：一项是订购费用，属于固定费用，如手续费、电信往来、派人员外出采购等费用，它与订货次数有关而与订货数量无关；另一项费用是货物的成本，属于可变成本，如货物本身的价格、运输费用等，它与订货数量有关。

(3) **生产费用**。当采用生产补充方式时会产生此类费用，它也包括两项费用：一项是装配费用，属于固定费用，如机器设备的准备费用；另一项是生产费用，属于可变费用，它与生产产品的数量有关，如材料费、加工费等。

(4) **缺货费用**。当存储系统出现供不应求时所引起的损失，如失去销售机会的损失、停工待料的损失、不能履行合同而缴纳的赔偿金等。

费用是存储论研究的核心问题，它也是判断存储策略优劣的标准。

4. 存储策略

存储论要解决的问题是多少时间补充一次货物以及每次补充的数量应该是多少，从而使得存储的总费用最低。多少时间补充一次以及每次补充数量的策略称为**存储策略**。常见的存储策略有三种基本类型：

(1) t_0-循环策略。每隔 t_0 时间补充固定存储量 Q_0，这是一种最简单的存储策略。t_0 称为订货周期，Q_0 称为订货量。

(2) (s, S) 策略。当系统存储量 $x > s$ 时不补充，而一旦 $x \leqslant s$ 时补充存储，补充量为 $Q = S - x$，即将系统存储量补充到 S。这种策略要求实时监测存储量的变化，订货周期可能不确定。

(3) (t, s, S) 策略，这是前述两种策略的混合形式。每经过 t 时间检查系统存储量，当存储量 $x > s$ 时不补充，而一旦当 $x \leqslant s$ 时补充存储量至 S。

不同的存储策略的费用是不同的，一个好的存储策略，既可以使总费用最小，又应避免因缺货影响生产或对顾客失去信用。

10.2　确定性存储模型

通常把存储模型中需求、补充、费用等参数数据皆为确定数值的模型称为**确定性存储模型**，而把含有随机变量因素的模型称为**随机存储模型**。

10.2.1　模型一：不允许缺货，备货时间很短

在该模型中，假设：

(1) 不允许缺货，即认为缺货费用为无穷大；

(2) 当存储量降至 0 时，可以立即得到补充，即不考虑备货时间；

(3) 需求是连续的、均匀的，即若需求速度为 R，则 t 时间内的需求量为 Rt；

(4) 每次订货量固定，订购费用不变；

(5) 单位存储费用不变。

该模型是存储论中最基本的模型，也是最简单的模型，该存储系统中存储量的变化情况如图 10-3 所示。

一个好的存储策略应使得系统的总费用最低，通常有两种思路来实现这一目标。一是使每个订货周期内的单位时间费用最低，另一种是使每个订货

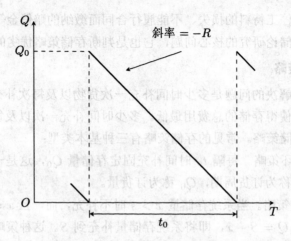

图 10-3　模型一存储量变化示意图

周期内的单位货物费用最少。实际上，这两种方法是等效的。

在该模型中，假设每隔 t 时间长度补充一次存储，由于不允许缺货，所以每次订货应能满足下期内的需求量，而已知需求速度为 R，所以订货量为 $Q = Rt$。设订购的固定费用为 C_3，货物单价为 K，这样每一次订货的总费用为 $C_3 + KRt$，所以 t 时间内的平均订货费用为 $\dfrac{C_3}{t} + KR$。此外，t 时间内的存储量处于连续、均匀变化的过程中，为了得到 t 时间内的存储费用，应使用平均存储量来计算，易知，在 t 时间内的平均存储量为

$$\frac{1}{t}\int_0^t RT\,\mathrm{d}T = \frac{1}{2}Rt.$$

设单位时间内单位货物的存储费用为 C_1，则 t 时间内所需平均存储费用为 $\dfrac{1}{2}RtC_1$。所以，上述两项之和即为 t 时间内的总平均费用，记为 $C(t)$，则

$$C(t) = \frac{C_3}{t} + KR + \frac{1}{2}C_1Rt.$$

这样，要确定最优存储策略只需让 $C(t)$ 达到最小。根据一阶导数条件，令

$$\frac{\mathrm{d}C(t)}{\mathrm{d}t} = -\frac{C_3}{t^2} + \frac{1}{2}C_1R = 0,$$

得到 $t_0 = \sqrt{\dfrac{2C_3}{C_1R}}$。由于可以验证

$$\left.\frac{\mathrm{d}^2C(t)}{\mathrm{d}t^2}\right|_{t=t_0} > 0,$$

所以上述 t_0 值使得 $C(t)$ 最小，即每隔 t_0 时间订货一次可使 $C(t)$ 最小，订

货批量为

$$Q_0 = Rt_0 = \sqrt{\frac{2C_3R}{C_1}}.$$

上式就量存储论中著名的**经济订货批量公式**（Economic Ordering Quantity, EOQ），也称为平方根公式或简称为经济批量公式。

由于 Q_0, t_0 皆与货物单价 K 无关，所以此后在货物单位为既定常数时，可在费用函数中略去 KR 这项费用。这样模型一的费用函数为

$$C(t) = \frac{C_3}{t} + \frac{1}{2}C_1Rt.$$

将 t_0 代入上式可得到 EOQ 的最低费用为 $C_0 = \sqrt{2C_1C_3R}$。

也可根据费用函数曲线来求解模型一的最优存储策略，如图 10-4 所示。

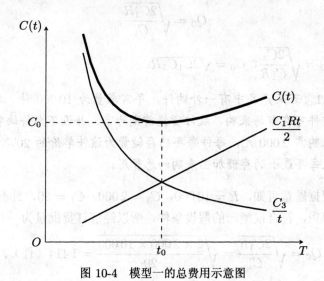

图 10-4 模型一的总费用示意图

图 10-4 中存储费用函数曲线 $\dfrac{C_1Rt}{2}$ 为一单调上升函数，订购费用曲线 $\dfrac{C_3}{t}$ 为一反曲线函数，总费用曲线 $C(t)$ 为两者的叠加，其最低点即为最低费用，易知最低点为两条件曲线的交点，所以有

$$\frac{C_3}{t} = \frac{1}{2}C_1Rt,$$

解得 $t_0 = \sqrt{\dfrac{2C_3}{C_1R}}$。同样可以得到

$$Q_0 = Rt_0 = \sqrt{\frac{2C_3R}{C_1}}, \quad C_0 = \sqrt{2C_1C_3R}.$$

上述分析结果是基于订货周期作为决策变量得到的，如果选取订货批量 Q 作为决策变量也可以得到同样的结果。首先，一个订货周期内单位货物的存储费用为

$$C_1 \cdot \frac{1}{2}Q = \frac{1}{2}QC_1,$$

一个订货周期内单位货物的订货费用为

$$C_3 \cdot \frac{R}{Q} = \frac{R}{Q}C_3,$$

则单位货物的总费用为

$$C(Q) = \frac{1}{2}QC_1 + \frac{R}{Q}C_3.$$

利用一阶导数条件求其最小值，得到

$$Q_0 = \sqrt{\frac{2C_3R}{C_1}},$$

进而得到 $t_0 = \sqrt{\dfrac{2C_3}{C_1R}}$，$C_0 = \sqrt{2C_1C_3R}$。

例 10.1 若某产品中有一外购件，年需求量为 10 000 件，单价为 100 元。由于该件可在市场采购，故订货提前期为零，并设不允许缺货。已知每组织一次采购需 2 000 元，每件每年的存储费为该件单价的 20%，试求经济订货批量及每年最小的存储加上采购的总费用。

解 根据题意可知，$R = 10\,000$，$C_3 = 2\,000$，$C_1 = 20$，且不允许缺货，备货时间很短，符合模型一的假设条件，所以经济订货批量为

$$Q_0 = \sqrt{\frac{2C_3R}{C_1}} = \sqrt{\frac{2 \times 2\,000 \times 10\,000}{20}} = 1\,414 \text{（件）},$$

订货周期为

$$t_0 = \sqrt{\frac{2C_3}{C_1R}} = \sqrt{\frac{2 \times 2\,000}{20 \times 10\,000}} = 0.141\,4 \text{（年）},$$

最小总费用为

$$C_0 = \sqrt{2C_1C_3R} = \sqrt{2 \times 20 \times 2\,000 \times 10\,000} = 28\,284.27 \text{（元）}.$$

10.2.2 模型二：不允许缺货，备货需要一定时间

模型二的假设条件与模型一的相比，变化的是生产需要一定时间这一假设。

设生产批量为 Q，所需生产时间为 T，则生产速度为 $P = \dfrac{Q}{T}$。已知需

求速度为 R $(R < P)$，生产的产品一部分满足需求，剩余部分才作为存储，这时存储量变化如图 10-5 所示。

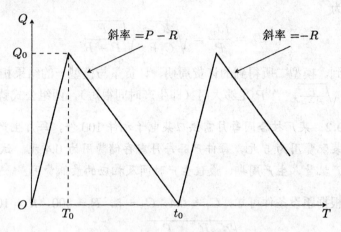

图 10-5 模型二存储量变化示意图

在图 10-5 中，在 $[0, T_0]$ 区间内，存储量以 $P - R$ 的速度增加，在 $[T_0, t_0]$ 区间内，存储量以速度 R 减少，其中 T_0 为生产时间长度，t_0 为订货周期，它们均为待定的决策变量。由于在 T_0 时间长度内的生产量，一方面要满足当前需求，而且还要增加存储以备 $t_0 - T_0$ 时间段内的需求，所以

$$(P - R)T_0 = R(t_0 - T_0) \Rightarrow PT_0 = Rt_0,$$

即在 T_0 时间段内的所有产量应满足 t_0 时间内的需求。由于在 t_0 时间内的平均存储量为 $\frac{1}{2}(P - R)T_0$，在 t_0 时间内所需的存储费用为 $\frac{1}{2}C_1(P - R)T_0$，在 t_0 时间内所需的装配费用为 C_3，所以，单位时间内总费用（平均费用）$C(t_0)$ 为

$$C(t_0) = \frac{1}{t_0}\left[\frac{1}{2}C_1(P - R)T_0 t_0 + C_3\right] = \frac{1}{t_0}\left[\frac{1}{2}C_1(P - R)\frac{Rt_0^2}{P} + C_3\right].$$

为求其最小值，根据一阶导数条件可以解得

$$t_0 = \sqrt{\frac{2C_3}{C_1 R}} \cdot \sqrt{\frac{P}{P - R}},$$

即为最优订货周期，相应的生产（订货）批量为

$$Q_0 = \sqrt{\frac{2C_3 R}{C_1}} \cdot \sqrt{\frac{P}{P - R}},$$

最低费用为

$$C(t_0) = \sqrt{2C_1C_3R} \cdot \sqrt{\frac{P-R}{P}},$$

最优时间为

$$T_0 = \frac{Rt_0}{P} = \sqrt{\frac{2C_3}{C_1R}} \cdot \sqrt{\frac{P}{P-R}}.$$

注意到，模型二所得到的订货周期、订货量与模型一的结果相比只相差一个因子 $\sqrt{\frac{P}{P-R}}$，当 P 足够大时（即生产时间很短），两组公式就相同了。

例 10.2 某厂按合同每月需供应某电子元件 100 件，每月生产率为 500 件，每批装配费用为 5 元，每件产品每月需存储费用为 0.4 元。试确定该厂的经济生产批量、生产周期、最佳生产时间及相应的最低费用。

解 根据题设条件可知，$C_1 = 0.4$，$C_3 = 5$，$P = 500$，$R = 100$，故有

$$Q_0 = \sqrt{\frac{2C_3R}{C_1} \cdot \frac{P}{P-R}} \approx 56 \text{ 件},$$

$$t_0 = \sqrt{\frac{2C_3}{C_1R} \cdot \frac{P}{P-R}} = 0.599 \text{ 月},$$

$$T_0 = \sqrt{\frac{2C_3}{C_1R} \cdot \frac{P}{P-R}} = 0.1118 \text{ 月},$$

$$C(t_0) = \sqrt{2C_1C_3R \cdot \frac{P-R}{P}} = 17.8885 \text{ 元/月}.$$

10.2.3 模型三：允许缺货，备货时间很短

在模型三中，允许缺货，并把缺货损失定量化研究。由于允许缺货，所以企业在存储降至零后，还可以再等一段时间然后订货。这样，企业可以减少支付的订货固定费用和存储费用。但一般情况下另一方面也需要承担一定的缺货损失。所以，当顾客遇到缺货时不受损失或损失很小时，而企业除支付少量的缺货费外也无其他损失时，适度缺货可能对企业是有利的。

假设单位缺货损失为 C_2，其他符号含义如前。该模型的存储量变化示意图如图 10-6 所示。

在图 10-6 中，假设系统最初存储量为 S，可以满足 t_1 时间段内的需求，所以存在 $S = rt_1$，且 t_1 时间段内的平均存储量为 $\frac{1}{2}S$，在 $t - t_1$ 时间段内的存储量为 0，不产生存储费用，但由于存在缺货损失，所以产生缺货费用，平均缺货量为 $\frac{1}{2}R(t - t_1)$。这样可以得到在 t 时间内所需的存储费用为

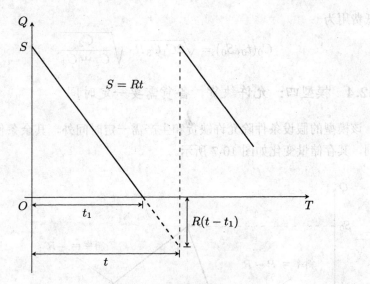

图 10-6   模型三存储量变化示意图

$$\frac{1}{2}C_1St_1 = \frac{1}{2}C_1\frac{S^2}{R},$$

在 t 时间内的缺货损失为

$$\frac{1}{2}C_2R(t-t_1)^2 = \frac{1}{2}C_2\frac{(Rt-S)^2}{R},$$

订购费用为 C_3，所以平均总费用为

$$C(t,S) = \frac{1}{t}\left[\frac{1}{2}C_1\frac{S^2}{R} + \frac{1}{2}C_2\frac{(Rt-S)^2}{R} + C_3\right].$$

上式中，存在两个变量，可利用多元函数求极值的方法来求 $C(t,S)$ 的最小值。令

$$\begin{cases} \dfrac{\partial C}{\partial S} = \dfrac{1}{t}\left(C_1\dfrac{S}{R} - C_2\dfrac{Rt-S}{R}\right) = 0, \\[3mm] \dfrac{\partial C}{\partial t} = -\dfrac{1}{t^2}\left[C_1\dfrac{S^2}{2R} + C_2\dfrac{(Rt-S)^2}{2R} + C_3\right] + \dfrac{1}{t}[C_2(Rt-S)] = 0, \end{cases}$$

由此可以解得

$$t_0 = \sqrt{\frac{2C_3}{C_1R}} \cdot \sqrt{\frac{C_1+C_2}{C_2}},$$

进而得到最在存储量为

$$S_0 = \sqrt{\frac{2C_3R}{C_1}} \cdot \sqrt{\frac{C_2}{C_1+C_2}},$$

最低费用为

$$C_0(t_0, S_0) = \sqrt{2C_1 C_3 R} \cdot \sqrt{\frac{C_2}{C_1 + C_2}}.$$

10.2.4 模型四：允许缺货，备货需要一定时间

该模型的假设条件除允许缺货和生产需一定时间外，其余条件与模型一相同，其存储量变化如图 10-7 所示。

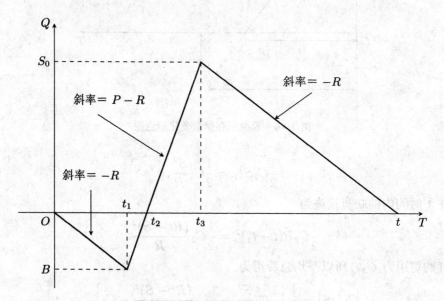

图 10-7　模型四存储量变化示意图

图 10-7 中，t 为一个周期，假设从 0 时刻开始，存储量为 0。t_1 时刻开始生产，t_3 时刻停止生产。存储量的变化过程如下：

$[0, t_1]$ 时间内存储量为 0，存储系统处于缺货状态，需求速度为 R。设 B 为最大缺货量，则有 $B = Rt_1$。

$[t_1, t_2]$ 时间内，企业开始生产，一方面需满足当前需求，同时需补足 $[0, t_1]$ 时间内的缺货，所以存储量仍然为 0，但存在 $B = (P - R)(t_2 - t_1)$。

$[t_2, t_3]$ 时间内，由于生产速度高于需求速度，存储量以 $P - R$ 的速度开始增加。若用 S_0 表示最大存储量，则 $S_0 = (P - R)(t_3 - t_2)$。

$[t_3, t]$ 时间内，企业在 t_3 时刻停止生产，系统存储量开始以 R 的速度减少，到时刻 t 时存储量回到 0，完成一个周期。同样可以得到 $S_0 = R(t - t_3)$。

从上述分析过程中可以发现，由于存在 $B = Rt_1 = (P - R)(t_2 - t_1)$，所

以可以得到

$$t_1 = \frac{P - R}{P} t_2.$$

另外，由于 $S_0 = (P - R)(t_3 - t_2) = R(t - t_3)$，所以

$$t_3 - t_2 = \frac{R}{P}(t - t_2).$$

下面讨论在 $[0, t]$ 时间内的所有费用：

存储费：$\dfrac{1}{2}C_1(P - R)(t_3 - t_2)(t - t_2) = \dfrac{1}{2}C_1(P - R)\dfrac{R}{P}(t - t_2)^2$；

缺货费：$\dfrac{1}{2}C_2 R t_1 t_2 = \dfrac{1}{2}C_2 R\dfrac{P - R}{P}t_2^2$；

装配费：C_3

这样，在 $[0, t]$ 时间内总平均费用为上述三项费用之和除以周期时间，即

$$C(t, t_2) = \frac{1}{t}\left[\frac{1}{2}C_1(P - R)\frac{R}{P}(t - t_2)^2 + \frac{1}{2}C_2 R\frac{P - R}{P}t_2^2 + C_3\right].$$

为求得上式的最小值，令

$$\begin{cases} \dfrac{\partial C(t, t_2)}{\partial t} = 0, \\ \dfrac{\partial C(t, t_2)}{\partial t_2} = 0, \end{cases}$$

得到

$$t = t_0 = \sqrt{\frac{2C_3}{C_1 R}}\sqrt{\frac{C_1 + C_2}{C_2}}\sqrt{\frac{P}{P - R}},$$

$$t_2 = \frac{C_1}{C_1 + C_2}t_0 = \frac{C_1}{C_1 + C_2}\sqrt{\frac{2C_3}{C_1 R}}\sqrt{\frac{C_1 + C_2}{C_2}}\sqrt{\frac{P}{P - R}}.$$

由此可以得到该模型的其他参数分别为订货量

$$Q_0 = R t_0 = \sqrt{\frac{2C_3 R}{C_1}}\sqrt{\frac{C_1 + C_2}{C_2}}\sqrt{\frac{P}{P - R}},$$

最大存储量

$$S_0 = R(t_0 - t_3) = \sqrt{\frac{2C_3 R}{C_1}}\sqrt{\frac{C_2}{C_1 + C_2}}\sqrt{\frac{P - R}{P}},$$

最大缺货量

$$B_0 = R t_1 = \frac{R(P - R)}{P}t_2 = \sqrt{\frac{2C_1 C_3 R}{(C_1 + C_2)C_2}}\sqrt{\frac{P - R}{P}},$$

最低费用为

$$\min C(t_0, t_2) = C_0 = \sqrt{2C_1C_3R}\sqrt{\frac{C_2}{C_1+C_2}}\sqrt{\frac{P-R}{P}}.$$

10.2.5 其他确定性存储模型

在前述的模型中，由于货物单价是一确定量，所以得到的最优存储策略与货物的单价无关。但在现实中如果货物单价是变化的，如常见的量大从优的情况，这时就必须考虑货物单价对存储策略的影响了。下面主要讨论价格有折扣的存储问题，其他类似问题可以借鉴这一思路。

令货物单位为 $K(Q)$，且 $K(Q)$ 按三个数量等级变化，

$$K(Q) = \begin{cases} K_1, & 0 \leqslant Q < Q_1, \\ K_2, & Q_1 \leqslant Q < Q_2, \\ K_3, & Q_2 \leqslant Q, \end{cases}$$

这是一个阶梯函数，如图 10-8 所示。

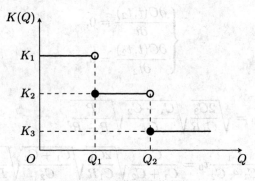

图 10-8 阶梯型货物单价

当订货量为 Q 时，一个周期内所需费用为

$$C(Q) = \frac{1}{2}C_1Q\frac{Q}{R} + C_3 + K(Q)Q,$$

即

$$C(Q) = \begin{cases} \dfrac{1}{2}C_1Q\dfrac{Q}{R} + C_3 + K_1Q, & 0 \leqslant Q < Q_1, \\[2mm] \dfrac{1}{2}C_1Q\dfrac{Q}{R} + C_3 + K_2Q, & Q_1 \leqslant Q < Q_2, \\[2mm] \dfrac{1}{2}C_1Q\dfrac{Q}{R} + C_3 + K_3Q, & Q_2 \leqslant Q, \end{cases}$$

平均每单位货物所需费用为

$$C^{\mathrm{I}}(Q) = \frac{1}{2}C_1\frac{Q}{R} + \frac{C_3}{Q} + K_1, \quad 0 \leqslant Q < Q_1,$$

$$C^{\mathrm{II}}(Q) = \frac{1}{2}C_1\frac{Q}{R} + \frac{C_3}{Q} + K_2, \quad Q_1 \leqslant Q < Q_2,$$

$$C^{\mathrm{III}}(Q) = \frac{1}{2}C_1\frac{Q}{R} + \frac{C_3}{Q} + K_3, \quad Q_2 \leqslant Q.$$

上述成本函数如图 10-9 所示。

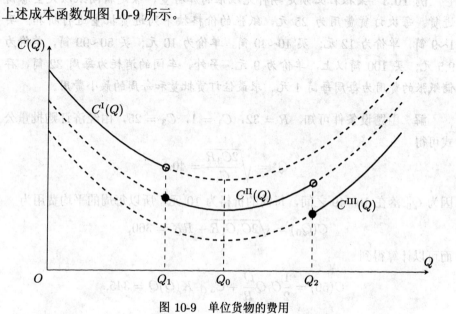

图 10-9 单位货物的费用

如果不考虑 $C^{\mathrm{I}}(Q), C^{\mathrm{II}}(Q), C^{\mathrm{III}}(Q)$ 的定义域，它们之间只差一个常数，因此它们的导函数是相同的。为求得极小值，令导数为 0，可以解得 Q_0，但该值落在哪一个区间，事先无法确定。

假设 $Q_1 < Q_0 < Q_2$，这也不肯定 $C^{\mathrm{II}}(Q)$ 就是最小的。由图 10-9 可知，$C^{\mathrm{III}}(Q_2)$ 的值可能更小。所以，如果设最佳订购批量为 Q^*，在给出价格有折扣的情况下，求解步骤如下：

(1) 对 $C^{\mathrm{I}}(Q)$ 求得极值点为 Q_0（不考虑定义域）。

(2) 若 $Q_0 < Q_1$，计算

$$C^{\mathrm{I}}(Q_0) = \frac{1}{2}C_1\frac{Q_0}{R} + \frac{C_3}{Q_0} + K_1,$$

$$C^{\mathrm{II}}(Q_1) = \frac{1}{2}C_1\frac{Q_1}{R} + \frac{C_3}{Q_1} + K_2,$$

$$C^{\mathrm{III}}(Q_2) = \frac{1}{2}C_1\frac{Q_2}{R} + \frac{C_3}{Q_2} + K_3.$$

由 $\min\{C^{\mathrm{I}}(Q_0), C^{\mathrm{II}}(Q_1), C^{\mathrm{III}}(Q_2)\}$ 得到单位货物最小费用的订购批量 Q^*。

(3) 若 $Q_1 \leqslant Q_0 < Q_2$, 计算 $C^{\mathrm{II}}(Q_0), C^{\mathrm{III}}(Q_2)$, 由 $\min\{C^{\mathrm{II}}(Q_0), C^{\mathrm{III}}(Q_2)\}$ 决定 Q^*。

(4) 若 $Q_2 \leqslant Q_0$, 则 $Q^* = Q_0$。

例 10.3 某报社必须定期补充纸张的库存量，假定新闻纸以大型卷筒进货。每次订货费用为 25 元，纸张的价格按下列进货批量进行折扣：买 1~9 筒，单价为 12 元；买 10~49 筒，单价为 10 元；买 50~99 筒，单价为 9.5 元；买 100 筒以上，单价为 9 元；另外，车间的消耗为每周 32 筒，存储纸张的费用为每周每筒 1 元。求最佳订货批量和每周的最小费用。

解 由题设条件可知，$R = 32$，$C_1 = 1$，$C_3 = 25$，由经济订购批量公式可得

$$Q^* = \sqrt{\frac{2C_3R}{C_1}} = 40.$$

因为 Q_0 落在 10~49 之间，每筒的价格为 10 元，所以每周的平均费用为

$$C(Q_0) = \sqrt{2C_3C_1R} + RK = 360,$$

而可以计算得到

$$C(50) = \frac{1}{2}C_1Q\frac{Q}{R} + C_3 + K(Q)Q = 345,$$

$$C(100) = \frac{1}{2}C_1Q\frac{Q}{R} + C_3 + K(Q)Q = 346,$$

所以最佳订货批量应为 50 筒，费用为 345 元/周。

10.3 随机性存储模型

在前面的一些存储模型中，我们把需求率看成一个已知常量，但在现实的情况中，需求通常是不确定或随机的。随机性存储模型的重要特点是需求为随机的，其概率或分布为已知。在这种情况下可供选择的策略主要有三种：

(1) 定期订货，但订货数量需要根据上一个周期剩下货物的数量决定订货量。如果剩下的数量少，可以多订货；剩下的数量多则可以少订或不订货。这种策略称为**定期订货法**。

(2) 定点订货，降到某一确定的数量时即订货，不再考虑间隔的时间。这一数量值称为订货点，每次订货的数量不变，这种策略称为**定点订货法**。

(3) 把定期订货与定点订货综合起来的方法，隔一定时间检查一次存储量，如果存储数量高于某个数值 s，则不订货；不高于 s 时则订货补充存储量至 S，这种策略称为(s, S) **策略**。

与确定性存储模型不同，不允许缺货的条件只能从概率的意义方面理解，如不缺货的概率为 0.9 等。而存储策略的优劣通常以赢利的期望值的大小作为衡量的标准。

10.3.1 模型五：需求是随机离散

需求为随机离散的存储问题中，最经典的就是报童模型。

报童模型 报童每日售报数量是一个随机变量。报童每售出一份报纸赚 k 元。如报纸未能售出，每份赔 h 元。每日售出报纸份数 r 的概率 $P(r)$ 根据以往的经验是已知的，问报童每日最好准备多少份报纸？

这个问题要求报童每日报纸的订货量 Q 为何值时，赚钱的期望值最大？即如何适当地选择 Q 值，使因不能售出报纸的损失及缺货失去销售机会的损失，两者期望值之和最小。

设报童订购报纸数量为 Q。他的损失来自于两个方面：

情况 1：供过于求时，即 $r \leqslant Q$，这时报纸因不能售出而承担损失，其期望值为

$$\sum_{r=0}^{Q} h(Q-r)P(r);$$

情况 2：供不应求，即 $r > Q$，这时因缺货而少赚钱的损失期望值为

$$\sum_{r=Q+1}^{\infty} k(r-Q)P(r),$$

所以，当订货量为 Q 时，损失的期望值为

$$C(Q) = h\sum_{r=0}^{Q}(Q-r)P(r) + k\sum_{r=Q+1}^{\infty}(r-Q)P(r).$$

现在只需根据上式来确定 Q 值，使得 $C(Q)$ 最小即可。

由于报童订购报纸的数量只能取整数，而 r 是离散变量，所以不能用一阶导数条件求得极小值。所以，我们根据最小值的性质来确定最优值，假设报童每日订购报纸的数量为 Q，则根据最小值的概念可知，其损失期望值应满足下述两个条件：

条件 1：$C(Q) \leqslant C(Q+1)$；

条件 2：$C(Q) \leqslant C(Q-1)$。

从条件 1 出发有

$$h \sum_{r=0}^{Q} (Q-r)P(r) + k \sum_{r=Q+1}^{\infty} (r-Q)P(r)$$

$$\leqslant h \sum_{r=0}^{Q+1} (Q+1-r)P(r) + k \sum_{r=Q+2}^{\infty} (r-Q-1)P(r).$$

化简后，得到

$$(k+h) \sum_{r=0}^{Q} P(r) - k \geqslant 0,$$

即

$$\sum_{r=0}^{Q} P(r) \geqslant \frac{k}{k+h}.$$

从条件 2 出发有

$$h \sum_{r=0}^{Q} (Q-r)P(r) + k \sum_{r=Q+1}^{\infty} (r-Q)P(r)$$

$$\leqslant h \sum_{r=0}^{Q-1} (Q-1-r)P(r) + k \sum_{r=Q}^{\infty} (r-Q+1)P(r).$$

化简后得到

$$(k+h) \sum_{r=0}^{Q-1} P(r) - k \leqslant 0,$$

即

$$\sum_{r=0}^{Q-1} P(r) \leqslant \frac{k}{k+h}.$$

综上，这样报童应订购的报纸的最佳数量 Q 应按下述条件确定

$$\sum_{r=0}^{Q-1} P(r) < \frac{k}{k+h} \leqslant \sum_{r=0}^{Q} P(r).$$

另外，从期望赢利最大的角度也可得到同样的结果。当需求 $r \leqslant Q$ 时，报童只能售出 r 份报纸，每份赚 k 元，共得 kr 元；未售出的报纸，每份赔 h 元，滞销损失为 $h(Q-r)$ 元。此赢利的期望值为

$$\sum_{r=0}^{Q} [kr - h(Q-r)]P(r).$$

当需求 $r > Q$ 时，报童因为只有 Q 份报纸可供销售，赢利的期望值为

$$\sum_{r=Q+1}^{\infty} = kQP(r),$$

无滞销损失。

所以，报童的期望赢利为

$$\Pi(Q) = \sum_{r=0}^{Q} krP(r) - \sum_{r=0}^{Q} h(Q-r)P(r) + \sum_{Q+1}^{\infty} kQP(r).$$

为使订购数量为 Q 时的赢利期望值最大，应满足下述两个条件：

条件 1：$\Pi(Q+1) \leqslant \Pi(Q)$；

条件 2：$\Pi(Q-1) \leqslant \Pi(Q)$。

由条件 1 可以得到

$$k\sum_{r=0}^{Q+1} rP(r) - h\sum_{r=0}^{Q+1}(Q+1-r)P(r) + k\sum_{r=Q+2}^{\infty}(Q+1)P(r)$$

$$\leqslant k\sum_{r=0}^{Q} rP(r) - h\sum_{Q-r} P(r) + k\sum_{r=Q+1}^{\infty} QP(r).$$

化简后得到

$$\sum_{r=0}^{Q} P(r) \geqslant \frac{k}{k+h}.$$

同样方法从条件 2 出发，可以推导出

$$\sum_{r=0}^{Q-1} P(r) \leqslant \frac{k}{k+h},$$

与前述结果相同，报童应准备的报纸最佳数量应满足

$$\sum_{r=0}^{Q-1} P(r) < \frac{k}{k+h} \leqslant \sum_{r=0}^{Q} P(r).$$

例 10.4 某商店拟在新年期间出售一批日历画片，每售出一千张可赢利 700 元。若在新年期间不能售出须削价处理。但由于削价一定可以售完，此时每千张赔损 400 元。根据以往的经验，市场需求的概率如下表所示：

需求量 r (千张)	0	1	2	3	4	5
概率 $P(r)$	0.05	0.10	0.25	0.35	0.15	0.10

每年只能订货一次，问应订购日历画片多少才能使获利最大？

解 由题设条件可知，这一问题与报童模型的条件一致，且 $k = 7$，$h = 4$，所以，$\dfrac{k}{k+h} = 0.637$，而由上表可知

$$\sum_{r=0}^{2} = 0.40 < 0.637 < \sum_{r=0}^{3} = 0.75,$$

所以，该商店应订购的日历画片应为 3 千张。

尽管报童模型是基于需求为随机离散的，但对于一些需求为连续的随机变量的问题，也可借鉴这一思路进行求解，如下例。

例 10.5 对某产品的需求量服从正态分布，已知 $\mu = 150$，$\sigma = 25$。又知每个产品的进价为 8 元，售价为 15 元。如销售不完按每个 5 元退回原单位。问该产品的订货量为多少个可使得预期的利润为最大？

解 由题设条件可知，$k = 15 - 8 = 7$，$h = 8 - 5 = 3$，所以，$\dfrac{k}{k+h} = 0.7$，由于 r 服从正态分布，所以

$$\Phi\left(\frac{Q^* - \mu}{\sigma}\right) = 0.7.$$

由正态分布表，得到 $\dfrac{Q^* - 150}{25} = 0.525$，所以 $Q^* = 163$。

报童模型只解决一次订货问题，模型中有一个严格的约定，即两次订货之间没有联系，都看做独立的一次订货。这种存储策略也可称为定期定量订货策略。

10.3.2 模型六：需求是连续的随机变量

在该模型中，货物单位成本为 K，货物单位售价为 P，单位存储费用为 C_1，需求 r 是连续的随机变量，概率密度函数为 $f(r)$，这样 $f(r)\,\mathrm{d}r$ 表示随机变量在 r 与 $r + \mathrm{d}r$ 之间的概率，其分布函数为 $F(a) = \int_0^a f(r)\,\mathrm{d}r\ (a > 0)$，生产或订购的数量为 Q，为决策变量。

当订购数量为 Q 时，实际销售量应该是 $\min\{r, Q\}$，也就是当需求为 r，而 r 小于 Q 时，实际销售量为 r；当 $r \geqslant Q$ 时，实际销售量只能是 Q。该模型中的存储费用为

$$C_1(Q) = \begin{cases} (Q - r)C_1, & r \leqslant Q, \\ 0, & r > Q, \end{cases}$$

货物的成本为 KQ，本阶段订购量为 Q，赢利为 $W(Q)$，赢利的期望值记为 $E[W(Q)]$。

本阶段的赢利为实际销售收入与货物成本和存储费用之差，即

$$W(Q) = P\min\{r, Q\} - KQ - C_1(Q).$$

当 $r \leqslant Q$ 时，发生概率为 $\int_0^Q f(r)\,\mathrm{d}r$，销售收入为 Pr，货物成本为 KQ，存储费用为 $(Q-r)C_1$。

当 $r > Q$ 时，发生概率为 $\int_Q^\infty f(r)\,\mathrm{d}r$，销售收入为 PQ，货物成本为 KQ，存储费用为 0。

综上，得到赢利的期望值为

$$E[W(Q)] = \int_0^Q Prf(r)\,\mathrm{d}r + \int_Q^\infty PQf(r)\,\mathrm{d}r - KQ - \int_0^Q (Q-r)C_1 f(r)\,\mathrm{d}r.$$

整理后得到

$$E[W(Q)] = PE[r] - \left\{ P\int_Q^\infty (r-Q)f(r)\,\mathrm{d}r + \int_0^Q C_1(Q-r)f(r)\,\mathrm{d}r + KQ \right\}.$$

上式右端项中，$PE[r]$ 为一常量，表示在需求量为随机变量 r 时的平均收益；$P\int_Q^\infty (r-Q)f(r)\,\mathrm{d}r$ 表示因供不应求而失去销售机会损失的期望值；$\int_0^Q C_1(Q-r)f(r)\,\mathrm{d}r$ 表示因供过于求时滞销受到损失的期望值（只考虑了存储费用）；KQ 表示订货量为 Q 时的货物成本。这后三项构成了订货策略的成本的期望值，记其为 $E[C(Q)]$，这样

$$E[C(Q)] = P\int_Q^\infty (r-Q)f(r)\,\mathrm{d}r + \int_0^Q C_1(Q-r)f(r)\,\mathrm{d}r + KQ.$$

为使得赢利期望值最大，有下列等式：

$$\max E[W(Q)] = PE[r] - \min E[C(Q)]$$

或

$$\max E[W(Q)] + \min E[C(Q)] = PE[r].$$

上面两式表明，赢利最大和损失极小所得出的 Q 是相同的，而且两者期望值之和为一常数。这样，求赢利极大可以转化为求损失极小。当 Q 可以连续取值时，$E[C(Q)]$ 是 Q 的连续函数，可利用一阶导数条件求其最小值，即令

$$\frac{\mathrm{d}E[C(Q)]}{\mathrm{d}Q} = 0,$$

得到

$$\frac{\mathrm{d}}{\mathrm{d}Q}\left[P\int_Q^\infty (r-Q)f(r)\,\mathrm{d}r + \int_0^Q C_1(Q-r)f(r)\,\mathrm{d}r + KQ\right]$$

$$= C_1\int_0^Q f(r)\,\mathrm{d}r - P\int_Q^\infty f(r)\,\mathrm{d}r + K = 0.$$

若令 $F(Q) = \int_0^Q f(r)\,\mathrm{d}r$，则

$$C_1 F(Q) - P[1 - F(Q)] + K = 0.$$

进而得到

$$F(Q) = \frac{P - K}{C_1 + P}.$$

由上式即可解出 Q，记其为 Q^*，即为模型的最小值点。

此外，若 $P - K \leqslant 0$，显然由于 $F(Q) \geqslant 0$，等式不成立，此时 Q^* 取零值，即售价低于成本时，不需要订货。

前述过程只考虑了失去销售机会的损失，如缺货时需付出的费用 $C_2 > P$ 时，应用

$$E[C(Q)] = C_2\int_Q^\infty (r-Q)f(r)\,\mathrm{d}r + C_1\int_0^Q (Q-r)f(r)\,\mathrm{d}r + KQ,$$

按上述推导过程可得

$$F(Q) = \frac{C_2 - K}{C_1 + C_2}.$$

另外，模型五及模型六都只解决了一个阶段的问题，从一般情况来看，上一个阶段未售出的货物可以在第二个阶段继续出售，这时的存储策略如下：

设 I 为上一阶段未能售出的货物数量，作为本阶段初的存储量，有

$$\min E[C(Q)] = K(Q-I) + C_2\int_Q^\infty (r-Q)f(r)\,\mathrm{d}r + C_1\int_0^Q (Q-r)f(r)\,\mathrm{d}r$$

$$= -KI + \min\left\{C_2\int_Q^\infty (r-Q)f(r)\,\mathrm{d}r\right.$$

$$\left. + C_1\int_0^Q (Q-r)f(r)\,\mathrm{d}r + KQ\right\}.$$

上式中，右边第一项为常量，第二项与前述成本表达式相同，所以当上期有剩余时，可以利用 $F(Q) = \frac{C_2-K}{C_1+C_2}$，求出 Q^* 值，相应的存储策略为：当 $I \geqslant Q^*$ 时，本阶段不订货；若 $I < Q^*$ 时，本阶段应订货，订货量 $Q - Q^* - I$，使阶段的存储量达到 Q^*，这时的赢利期望值最大。

这种策略也可以称为定期订货，订货量不定的存储策略。

10.3.3　模型七: (s, S) 型存储策略

(s, S) 型存储策略要求隔一定时间检查一次存储量，如果存储量高于某个数值 s，则不订货；若存储量小于 s 则补充存储量至 S。

1. 需求为连续的随机变量

设货物单位成本为 K，单位存储费为 C_1，单位缺货费为 C_2，每次订货费为 C_3，需求 r 是连续的随机变量，概率密度函数为 $f(r)$，分布函数为 $F(a) = \int_0^a f(r)\,\mathrm{d}r$。期初存储量为 I，订货量为 Q。

根据假设条件，期初存量 I 为常量，订货量为 Q，所以期初存储量为 $S = I + Q$。本阶段所需订货费为 $C_3 + KQ$，存储费用的期望值为 $\int_0^S C_1(S - r)f(r)\,\mathrm{d}r$，需支付的缺货费用的期望值为 $\int_S^\infty C_2(r - S)f(r)\,\mathrm{d}r$，所以，本阶段所需的总费用为

$$C(S) = C_3 + KQ + \int_0^S C_1(S - r)f(r)\,\mathrm{d}r + \int_S^\infty C_2(r - S)f(r)\,\mathrm{d}r.$$

整理得到

$$C(S) = C_3 + K(S - I) + \int_0^S C_1(S - r)f(r)\,\mathrm{d}r + \int_S^\infty C_2(r - S)f(r)\,\mathrm{d}r.$$

易知，$C(S)$ 是 S 的连续函数。由一阶导数条件可得

$$\frac{\mathrm{d}C(S)}{\mathrm{d}S} = K + C_1 \int_0^S f(r)\,\mathrm{d}r - C_2 \int_S^\infty f(r)\,\mathrm{d}r = 0,$$

所以得到

$$F(S) = \int_0^S f(r)\,\mathrm{d}r = \frac{C_2 - K}{C_1 + C_2}.$$

令 $N = \frac{C_2 - K}{C_1 + C_2}$，称其为**临界值**。为得出本阶段的存储策略，首先由 $\int_0^S f(r)\,\mathrm{d}r = N$，确定 S 的值，从而得到订货量 $Q = S - I$。

本模型中有订购费用 C_3，如果本阶段不订货可以节省订购费 C_3，因此，设想是否存在一个数值 $s\,(s \leqslant S)$ 使下面不等式成立:

$$Ks + C_1 \int_0^s (s - r)f(r)\,\mathrm{d}r + C_2 \int_s^\infty (r - s)f(r)\,\mathrm{d}r$$
$$\leqslant C_3 + KS + C_1 \int_0^S (S - r)f(r)\,\mathrm{d}r + C_2 \int_S^\infty (r - S)f(r)\,\mathrm{d}r.$$

当 $s = S$ 时，不等式显然成立。

当 $s < S$ 时，不等式右端存储费用期望值大于左端存储费用期望值，右端缺货费用期望值小于左端缺货费用期望值；一增一减后仍然使不等式成立

的可能性是存在的。如有不止一个 s 值使下列不等式成立，则选其中最小值作为模型 (s, S) 存储策略的 s：

$$C_3 + K(S - s) + C_1 \left[\int_0^S (S - r)f(r)\,\mathrm{d}r - \int_0^s (s - r)f(r)\,\mathrm{d}r \right]$$

$$+ C_2 \left[\int_S^\infty (r - S)f(r)\,\mathrm{d}r - \int_s^\infty (r - s)f(r)\,\mathrm{d}r \right] \geqslant 0.$$

相应的存储策略是：每阶段初期检查存储，当库存 $I < s$ 时，需订货，订货的数量为 $Q = S - I$；当库存 $I \geqslant s$ 时，本阶段不订货。这种存储策略是：定期订货但订货量不确定。订货数量的多少视初期末库存 I 来决定订货量 Q。对于不易清点数量的存储，常用两堆法。人们常把存储分两堆存放，一堆的数量为 s，其余的另放一堆。平时从另放的一堆中取用，当使用了数量为 s 的一堆时，期末即订货。如果未使用 s 的一堆时，期末即可不订货。

2. 需求是离散随机变量时

设需求 r 取值为 $r_0, r_1, r_2, \cdots, r_m$，且 $r_i < r_{i+1}$，其相应的概率为 $P(r_0), P(r_1), P(r_2), \cdots, P(r_m)$，且满足 $\sum_{i=1}^m P(r_i) = 1$，$P_i \geqslant 0$。原有存储量为 I，且在本阶段内为一常量，当本阶段开始时，订货量为 Q，存储量达到 $I + Q$，本阶段所需的各种费用包括：

订货费：$C_3 + KQ$；

存储费：当需求 $r < I + Q$ 时，未能售出的存储部分需支付存储费用；当需求 $r \geqslant I + Q$ 时，不需要支付存储费用。这样所需存储费的期望值为 $\sum_{r \leqslant I + Q} C_1(I + Q - r)P(r)$；

缺货费：当需求 $r > I + Q$ 时，$r - I - Q$ 部分需支付缺货费，其期望值为 $\sum_{r > I + Q} C_2(r - I - Q)P(r)$。

这样，本阶段的总费用期望值为

$$C(I + Q) = C_3 + KQ + \sum_{r \leqslant I + Q} C_1(I + Q - r)P(r) + \sum_{r > I + Q} C_2(r - I - Q)P(r).$$

令 $S = I + Q$，表示存储所达到的最高水平，上式可写成

$$C(S) = C_3 + K(S - I) + \sum_{r \leqslant I + Q} C_1(S - r)P(r) + \sum_{r > I + Q} C_2(r - S)P(r).$$

现需确定 S 的值以使得 $C(S)$ 达到最小即可，可以求得最优解为

$$\sum_{r \leqslant S_{i-1}} P(r) < N = \frac{C_2 - K}{C_1 + C_2} \leqslant \sum_{r \leqslant S_i} P(r),$$

其中 S 只从 $r_0, r_1, r_2, \cdots, r_m$ 取值，当 S 取值 r_i 时，记为 S_i。

第十一章　排 队 论

内容提要　排队论是研究系统随机聚散现象和随机服务系统工作过程的数学理论和方法。本章首先介绍排队系统的基本结构，其次在生灭过程的基础上重点介绍了几种典型的排队模型和一般服务时间模型，最后简单介绍排队系统优化的基本思路与方法。

排队在生活中十分常见，如买票，到银行办理业务，超市购物后付款，到医院看病等。一般说来，若要求服务的数量超过服务机构的容量，即到达的顾客不能立即得到服务，就会出现排队现象。

排队令人厌倦。如果增加服务设施，就会增加设备、人员等投资，也可能使得设备发生空闲而产生资源浪费；如果服务设施太少，排队现象就有可能变得严重，可能会造成顾客流失，影响社会稳定等问题，这对于企业而言也是一种机会损失。所以，一个企业必须考虑如何在这两者之间取得平衡，以提高服务质量，降低服务成本。

排队论（Queueing Theory）也称为**随机服务系统理论**，就是为解决上述问题而发展起来的一门学科。**排队论研究的内容主要包括**：(1) 性态问题，即研究各种排队系统的概率规律性，主要是研究队长分布、等待时间分布和忙期分布等，包括了瞬态和稳态两种情形；(2) 最优化问题，进一步可划分为静态最优和动态最优，前者指最优设计，后者指现有排队系统的最优运营；(3) 排队系统的统计推断，即判断一个给定的排队系统符合于哪种模型，以便根据排队理论进行分析研究。

11.1　排队模型的基本结构

11.1.1　基本的排队过程

多数排队模型的基本过程如下：要求得到服务的顾客始终来自一个输入源，顾客进入排队系统后加入队伍，在某一时刻按排队规则从队伍中选择一个成员，由服务机构对该顾客进行服务，顾客结束服务后离开排队系统。这一过程如图 11-1 所示。

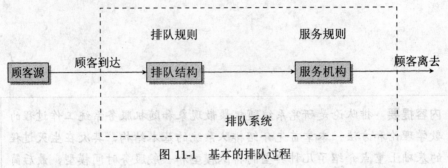

图 11-1　基本的排队过程

图 11-1 中虚线所框出的部分即为排队系统。其中，排队结构指队列的数目和排列方式，排队规则和服务规则是指顾客在排队系统中按怎样的规则、次序接受服务。

现实中的排队现象是多种多样的，对前述的"顾客"和"服务机构"要作广泛地理解，它可以是人，也可以是非生物；队列可以是具体的排列，也可以是无形的。表 11.1 列出一些现实中常见的排队系统。

表 11.1　一些常见的排队系统

到达的顾客	要求服务的内容	服务机构
不能运转的机器	修理	修理技工
修理技工	领取修配零件	发放修配零件的管理员
病人	诊断或手术	医生
电话呼唤	通话	交换台
提货单	提取存货	仓库管理员
到达机场上空的飞机	降落	跑道
上游河水进入水库	放水或调整水位	水闸管理员
进入我方阵地的敌机	我方高射炮射击	我方高射炮

11.1.2　排队系统的组成和特征

一般的排队系统都包括三个基本组成部分：输入过程、排队规则和服务机构。

1. 输入过程

输入指顾客到达排队系统，输入过程可能有下列各种不同情况，也可能是这些情况的混合：

(1) 顾客的总体（顾客源）的组成可能是有限的，也可能是无限的。

(2) 顾客到达服务系统的方式可能是单独的，也可能是成批的。

(3) 顾客相继到达的间隔时间可能是确定型的（如流水线上的产品），也可能是随机型的（如到医院的病人）。通常情况下，顾客到达是随机的，对于随机型的顾客到达，需要知道单位时间内顾客到达数或相继到达的间隔时间的概率分布。

(4) 顾客的到达可能是相互独立的，即以前的到达情况对以后顾客的到来没有影响，否则就是有关联的。

(5) 输入过程可以是平稳的，或称为对时间是齐次的，即描述相继到达的间隔时间的分布和所含参数都是与时间无关的，否则称为非平稳的。

2. 排队规则

当顾客到达排队系统时，若所有服务台都被占用，顾客可能随即离去，也可能排队等候。前种情况称为**即时制**或**损失制**（如电话接入服务），后者称为**等待制**。

对于等待制，为顾客进行服务的次序可以采用下列规则：

(1) 先到先服务：按到达次序接受服务，这是最通常的情形；

(2) 后到先服务：最后到达的顾客最先接受服务，如仓库中出货、电梯乘客的后入先出等；

(3) 随机服务：从等待的顾客中随机地选取一名顾客进行服务，而不管到达的先后，如电话交换台接通呼唤的电话。

(4) 有优先权的服务：等待的顾客中某些顾客具有优先权，到达排队系统后即刻接受服务，如医院的急诊病人。

从占有的空间来看，队列可以排在具体的场所（如候诊室、售票处等），也可以是抽象的（如向电话交换台要求通话的呼唤）。由于空间的限制或其他原因，有的系统要规定容量的最大限制，有的没有这种限制。

从队列的数目来看，队列可以是单列的，也可以是多列的。在多列中，各列间的顾客有的可以相互转移，有的不能。有的排队顾客因等候时间过长而可能中途退出，而有的不允许退出，必须坚持到被服务为止（如高速公路上的汽车）。

3. 服务机构

服务机构可以没有服务员，也可以有一个或多个服务员。如超市购物中，顾客选购商品时可以不需要服务员，但在结账时可能有多个服务员。

在有多个服务台的情形下，它们可以是平行排列（并列）的，可以是前后排列（串列）的，也可以是混合型的。如图 11-2 所示。

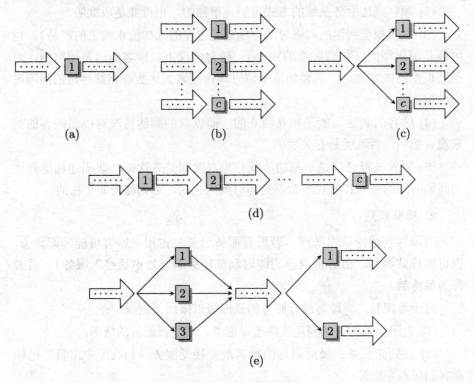

图 11-2 服务台的排列形式

在图 11-2 中，(a) 是单队单服务台的情形，(b) 是多队多服务台（并列）的情形，(c) 是单队多服务台（并列）的情形，(d) 是多服务台（串列）的情形，(e) 是多服务台（混合）的情形。

服务方式可以对单个顾客进行，也可以对成批顾客进行，如公共汽车对站台等候的顾客就是成批地进行服务。

与输入过程一样，服务时间也分为确定型和随机型。但大多数情况下服务时间是随机型的，这种情况下通常需要知道它的概率分布。

服务时间的分布一般情况下假定是平稳的，即分布的期望值、方差等参数不随时间变化。

11.1.3 排队模型的表示方法

从前述排队系统的组成可以发现，排队模型主要由三部分组成。在排队模型的分类方法上主要是依据这三部分的不同特征来进行区分。1953 年

Kendall 提出了按照上述各部分的特征中最主要的、影响最大的三个特征，即相继顾客到达间隔时间的分布、服务时间的分布、服务台个数进行分类，并用一定符号表示，称为 **Kendall 记号**，其基本形式为

$$X/Y/Z,$$

其中 X 表示相继到达间隔时间的分布，Y 表示服务时间的分布，Z 表示并列的服务台数目。

表示相继到达间隔时间和服务时间的各种分布的符号包括：

M——负指数分布；

D——确定型分布；

E_k——k 阶爱乐朗（Erlang）分布；

GI——一般相互独立的时间间隔分布；

G——一般服务时间的分布。

例如，$M/M/1$ 表示相继到达间隔时间分布为负指数分布，服务时间为负指数分布，单服务台的排队模型。$D/M/c$ 表示确定的到达间隔，服务时间为负指数分布，c 个平行服务台（但顾客是单列）的排队模型。

随后，在 1971 年将 Kendall 记号进行了扩充，表示方法为

$$X/Y/Z/A/B/C,$$

前三项意义不变，另外，A 表示系统容量限制 N，B 表示顾客源数目 m，C 表示服务规则，如先到先服务为 FCFS，后到先服务为 LCFS 等。并约定，如果略去后三项，则表示 $X/Y/Z/\infty/\infty/$FCFS 的情况，而且在无特殊说明的情况下，服务规则都为 FCFS。

11.1.4 排队系统的运行指标

求解排队问题的目的在于研究排队系统的运行效率，估计服务质量，确定系统参数的最优值，以确定系统结构是否合理，研究设计改进措施等。所以必须确定用以判断系统运行优劣的基本数量指标，解排队问题就是首先求出这些数量指标的概率分布或特征数。这些指标通常包括：

(1) **队长**　指在系统中的顾客数，它的期望值记为 L_s。

(2) **队列长**　指在系统中排队等候服务的顾客数，它的期望值记为 L_q。

队长与队列长之间的关系可用下式描述：

$$队长 = 队列长 + 正在接受服务的顾客数.$$

一般情况下，L_s（或 L_q）越大，说明服务率越低。

(3) **逗留时间** 指一个顾客在系统中的停留时间，其期望值记为 W_s。

(4) **等待时间** 指一个顾客在系统中排队等待的时间，其期望值记为 W_q。逗留时间与等待时间之间的关系为

$$逗留时间 = 等待时间 + 服务时间.$$

在机器故障问题中，无论是等待修理还是正在修理都使工厂受到停工的损失，所以逗留时间（或停工时间）是主要的。在一般购物、就医等问题中顾客通常最关心的是等待时间。

(5) **忙期** 指从顾客到达空闲服务机构起到服务机构再次空闲为止的这段时间长度，即服务机构连续繁忙的时间长度，它关系到服务员的工作强度。忙期和一个忙期内平均完成服务顾客数都是衡量服务机构效率的指标。

在即时制或排队有限制的排队系统中，还有由于顾客被拒绝而使企业受到损失的**损失率**以及**服务强度**等指标，它们对于排队系统的研究都是重要的指标。

计算这些指标的基础是表达系统状态的概率，**系统状态**指系统中的顾客数，如果系统中有 n 个顾客就说系统的状态为 n，它的可能值有

(1) 队长没有限制时，$n = 0, 1, 2, \cdots$；

(2) 队长有限制，且最大数为 N 时，$n = 0, 1, 2, \cdots, N$；

(3) 即时制，服务台个数为 c 时，$n = 0, 1, 2, \cdots, c$。

系统状态一般随时刻 t 而变化，在时刻 t、系统状态为 n 的概率通常用 $P_t(n)$ 表示。系统状态的概率与时间的关系可用图 11-3 表示。

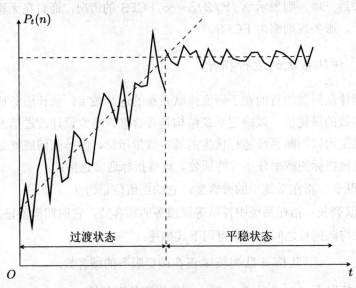

图 11-3 系统状态概率与时间的关系

在排队系统中，由于 t 是连续变量，而 n 只取非负整数，为离散变量，所以建立的求解 $P_t(n)$ 的关系式一般是微分差分方程（关于 t 的微分方程，关于 n 的差分方程），方程的解称为**瞬态（Transient state）解**。求瞬态解是不容易的，而且即使求出也很难利用，所以常常用它的极限（如果存在的话）

$$\lim_{t \to \infty} P_t(n) = P_n$$

求解，称之为**稳态（Steady state）**或**统计平衡状态（Statistical Equilibrium State）的解**。

稳态的物理含义是，当系统运行了无限长的时间后，初始（$t=0$）出发状态的概率分布（$P_n(0)$，$n \geqslant 0$）的影响将消失，而且系统的状态概率分布不再随时间变化。当然，在实际应用的大多数问题中，系统会很快趋于稳态，而无需等到 $t \to \infty$，但永远达不到稳态的情况也确实是存在的。所以，求稳态概率 P_n 时，并不一定求 $t \to \infty$ 的极限，而只需令 $P_n'(t) = 0$ 即可。

11.2 生灭过程

最基本的排队模型通常假定排队系统的输入（到达的顾客）和输出（离去的顾客）的发生服从生灭过程，其中"生"表示一个进入系统的顾客的到达，"灭"指一个服务完毕的顾客的离开。

11.2.1 顾客到达过程

设 $N(t)$ 为在时间区间 $[0, t)$ 内到达的顾客数（$t > 0$），$P_n(t_1, t_2)$ 表示在时间区间 $[t_1, t_2)$（$t_1 < t_2$）内有 n（$\geqslant 0$）个顾客到达的概率，即

$$P_n(t_1, t_2) = P\{N(t_2) - N(t_1) = n\}, \quad t_2 > t_1, \, n \geqslant 0.$$

$P_n(t_1, t_2)$ 的分布可能呈现多种形态，但现实中最为常用的是泊松输入过程。当 $P_n(t_1, t_2)$ 满足下列三个条件时，我们说顾客的到达过程为**泊松输入过程**：

(1) 在不相重叠的时间区间内顾客到达数是相互独立的，即输入过程满足无后效性；

(2) 对充分小的 Δt，在时间区间 $[t, t + \Delta t)$ 内有 1 个顾客到达的概率与 t 无关，而与时间区间长度 Δt 成正比，即

$$P_1(t, t + \Delta t) = \lambda \Delta t + o(\Delta t),$$

其中 $o(\Delta t)$ 当 $\Delta t \to 0$ 时是关于 Δt 的高阶无穷小；$\lambda > 0$ 是常数，它表示

单位时间有一个顾客到达的概率，称为**概率强度**；

(3) 对于充分小的 Δt，在时间区间 $[t, t+\Delta t)$ 内有 2 个顾客或 2 个以上顾客到达的概率极小，可以忽略，即

$$\sum_{n=2}^{\infty} P_n(t, t+\Delta t) = o(\Delta t).$$

根据上述条件，可以确定顾客到达数的概率分布。根据条件 (2)，总可以取初始时间为 0，并简记 $P_n(0, t) = P_n(t)$。而且容易得到在 $[t, t+\Delta t)$ 区间内没有顾客到达的概率为

$$P_0(t, t+\Delta t) = 1 - \lambda \Delta t + o(\Delta t).$$

区间 $[0, t+\Delta t)$ 可以分为两个互不重叠的区间 $[0, t)$ 和 $[t, t+\Delta t)$，若 $[0, t+\Delta t)$ 内顾客到达的总数为 n，则可能出现如表 11.2 所示的三种情况。

表 11.2 $[0, t+\Delta t)$ 区间内到达 n 个顾客的情况

情况	$[0, t)$		$[t, t+\Delta t)$		总概率
	个数	概率	个数	概率	
A	n	$P_n(t)$	0	$1 - \lambda\Delta t + o(\Delta t)$	$P_n(t)(1 - \lambda\Delta t + o(\Delta t))$
B	$n-1$	$P_{n-1}(t)$	1	$\lambda\Delta t$	$P_{n-1}(t)\lambda\Delta t$
C	$n-2$ $\vdots$ 0	$P_{n-2}(t)$ $\vdots$ $P_0(t)$	2 $\vdots$ n	$o(\Delta t)$	$o(\Delta t)$

由于 $[0, t+\Delta t)$ 区间内到达 n 个顾客的三种情况互不相容，所以

$$P_n(t+\Delta t) = P_n(t)(1 - \lambda\Delta t) + P_{n-1}(t)\lambda\Delta t + o(\Delta t).$$

整理得

$$\frac{P_n(t+\Delta t) - P_n(t)}{\Delta t} = -\lambda P_n(t) + \lambda P_{n-1}(t) + \frac{o(\Delta t)}{\Delta t}.$$

令 $\Delta t \to 0$，得到

$$\begin{cases} \dfrac{\mathrm{d}P_n(t)}{\mathrm{d}t} = -\lambda P_n(t) + \lambda P_{n-1}(t), \\ P_n(0) = 0, \end{cases} \quad n \geqslant 1.$$

当 $n = 0$ 时，没有 B, C 两种情况，所以有

$$\begin{cases} \dfrac{\mathrm{d}P_0(t)}{\mathrm{d}t} = -\lambda P_0(t), \\ P_0(0) = 1. \end{cases}$$

求解后可以得到

$$P_n(t) = \dfrac{(\lambda t)^n}{n!} \mathrm{e}^{-\lambda t}, \quad t > 0, \; n = 0, 1, 2, \cdots,$$

此即为长为 t 的时间区间内到达 n 个顾客的概率。所以，随机变量 $\{N(t) = N(s+t) - N(s)\}$ 的数学期望与方差分别为

$$E[N(t)] = \lambda t, \quad \mathrm{Var}[N(t)] = \lambda t.$$

期望值与方差相等，是泊松输入过程的一个重要特征，也可以利用这一性质对一个经验分布是否属于泊松输入过程进行初步的识别。

11.2.2 服务时间的分布

在对排队系统的研究中，服务时间的分布通常采用负指数分布来描述，而且顾客到达过程为泊松过程时，顾客相继到达的间隔时间也为负指数分布。所以，负指数分布在排队系统的分析中有着重要的作用。

负指数分布指随机变量 T 的概率密度为

$$f_T(t) = \begin{cases} \lambda \mathrm{e}^{-\lambda t}, & t \geqslant 0, \\ 0, & t < 0, \end{cases}$$

其分布函数为

$$F_T(t) = \begin{cases} 1 - \mathrm{e}^{-\lambda t}, & t \geqslant 0, \\ 0, & t < 0, \end{cases}$$

其数学期望为 $E[T] = \dfrac{1}{\lambda}$，方差为 $\mathrm{Var}[T] = \dfrac{1}{\lambda^2}$。

负指数分布具有下列性质：

(1) 由条件概率公式容易证明

$$P\{T > t + s \mid T > s\} = P\{T > t\}.$$

该性质称为**无记忆性**或**马尔柯夫性**。若 T 表示排队系统中顾客到达的间隔时间，那么该性质说明一个顾客到来所需的时间与过去一个顾客到来所需的时间无关，所以说这种情况下顾客到达是纯随机的。

(2) 当输入过程是泊松过程时，顾客相继到达的间隔时间 T 必服从负指数分布，这是因为对于泊松过程，在 $[0, t)$ 区间内至少有 1 个顾客到达的概

率是

$$1 - P_0(t) = 1 - \mathrm{e}^{-\lambda t}, \quad t > 0,$$

即

$$P\{T \leqslant t\} = F_T(t).$$

因此，相继到达的间隔时间是独立且同负指数分布（密度函数为 $\lambda \mathrm{e}^{-\lambda t}$，$t \geqslant 0$），与输入过程为泊松过程（参数为 λ）是等价的。所以在 Kendall 记号中都用 M 表示。对于泊松输入过程，λ 表示单位时间平均到达的顾客数，所以 $\dfrac{1}{\lambda}$ 就表示相继顾客到达的平均间隔时间，而这正好与 $E[T]$ 的意义相符。

对一顾客的服务时间也就是在忙期相继离开系统的两顾客的间隔时间，有时也服从负指数分布，这时设它的分布函数和密度分别是

$$F_v(t) = 1 - \mathrm{e}^{-\mu t}, \quad f_v(t) = \mu \mathrm{e}^{-\mu t},$$

其中 μ 表示单位时间能被服务完成的顾客数，称为**平均服务率**，而 $\dfrac{1}{\mu} = E[v]$ 表示一个顾客的平均服务时间。

当考虑 k 个串列的服务台时，若每台服务时间相互独立，服从相同的负指数分布（参数为 $k\mu$），则一个顾客走完这 k 个服务台总共所需要的服务时间就服从 k 阶爱尔朗（Erlang）分布。

设 $v_1, v_2, \cdots, v_k$ 是 k 个相互独立的随机变量，服从相同参数 $k\mu$ 的负指数分布，那么 $T = v_1 + v_2 + \cdots + v_k$ 的概率密度为

$$b_k(t) = \frac{\mu k(\mu k t)^{k-1}}{(k-1)!} \mathrm{e}^{-\mu k t}, \quad t > 0,$$

其均值与方差分别为

$$E[T] = \frac{1}{\mu}, \quad \mathrm{Var}[T] = \frac{1}{k\mu^2}.$$

图 11-4 为 $\mu = 1$，$k = 1, 2, 3$ 时爱尔朗分布的密度函数形态。爱尔朗分布提供了更为广泛的模型类，比指数分布有更大的适应性。当 $k = 1$ 时，爱尔朗分布即为负指数分布，这可看成是完全随机的；当 k 增大时，爱尔朗分布的图形逐渐变为对称的；当 $k \geqslant 30$ 时爱尔朗分布近似于正态分布；当 $k \to \infty$ 时，$\mathrm{Var}[T] \to 0$，这时爱尔朗分布转化为确定型分布。因此一般 k 阶爱尔朗分布可看成完全随机与完全确定的中间型，能对现实世界提供更为广泛的适应性。

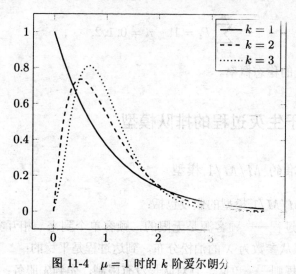

图 11-4 $\mu = 1$ 时的 k 阶爱尔朗分

11.2.3 生灭过程的表示方法

排队系统状态通常可以使用生灭过程图来描述。假设 $N(t) = n$ 到下一个顾客到达（生）的间隔时间服从参数为 λ_n 的负指数分布，到下一个顾客离开（灭）的间隔时间（即服务时间）服从参数为 μ_n 的负指数分布，且两个分布相互独立。λ_n, μ_n 可能是确定的常数，也可能是随 n 变化的。

当排队系统到达稳态时，对于某一系统状态，其输入率与输出率相等，如图 11-5 中，系统状态为 n，$n = 0, 1, 2, \cdots$，各状态的概率为 P_n，则存在

状态 0：$\mu_1 P_1 = \lambda_0 P_0$；

状态 1：$\lambda_0 P_0 + \mu_2 P_2 = (\lambda_1 + \mu_1) P_1$；

$\cdots \cdots$

状态 n：$\lambda_{n-1} P_{n-1} + \mu_{n+1} P_{n+1} = (\lambda_n + \mu_n) P_n$；

$\cdots \cdots$

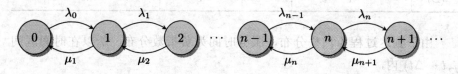

图 11-5 生灭过程的发生率图

再结合概率的规范性条件，即

$$\sum_{i=1}^{n} P_i = 1, \quad n = 0, 1, 2, \cdots,$$

即可求出系统的稳态概率。

11.3 基于生灭过程的排队模型

11.3.1 标准的 $M/M/1$ 模型

标准的 $M/M/1$ 模型的假设包括：

(1) 输入过程——顾客源是无限的，顾客单个到来，相互独立，一定时间的到达数服从参数为 λ 的泊松分布，到达过程是平稳的；

(2) 排队规则——单队，且对队长没有限制，先到先服务；

(3) 服务机构——单服务台，各顾客的服务时间是相互独立的，服从相同的负指数分布，参数为 μ；

(4) 到达间隔时间和服务时间是相互独立的。

为了分析系统运行特征，首先需要确定系统状态的分布。在时间区间 $[t, t + \Delta t)$ 内系统状态如表 11.3 所示（到达或离去两个或两个以上顾客的情况未列出）。

表 11.3 $M/M/1$ 模型不同的系统状态

情况	在时刻 t 的顾客数	在区间 $[t, t + \Delta t)$ 内		在时刻 $t + \Delta t$ 的顾客数
		到达	离去	
(A)	n	无	无	n
(B)	$n+1$	无	1	n
(C)	$n-1$	1	无	n
(D)	n	1	1	n

由于到达过程为泊松分布，服务时间为负指数分布，所以在时间区间 $[t, t + \Delta t)$ 内，

(1) 有 1 个顾客到达的概率为 $\lambda \Delta t + o(\Delta t)$，没有顾客到达的概率为 $1 - \lambda \Delta t + o(\Delta t)$；

(2) 当有顾客在接受服务时，1 个顾客被服务完了离去的概率是 $\mu \Delta t +$

$o(\Delta t)$，没有离去的概率为 $1 - \mu\Delta t + o(\Delta t)$；

(3) 多于一个顾客的到达或离去的概率是 $o(\Delta t)$，可以忽略。

这样，表 11.3 中的 4 种情况的概率分别为（略去了 $o(\Delta t)$ 项）：

$$\text{(A)} \quad P_n(t)(1 - \lambda\Delta t)(1 - \mu\Delta t);$$

$$\text{(B)} \quad P_{n+1}(t)(1 - \lambda\Delta t) \cdot \mu\Delta t;$$

$$\text{(C)} \quad P_{n-1}(t) \cdot \lambda\Delta t\,(1 - \mu\Delta t);$$

$$\text{(D)} \quad P_n(t) \cdot \lambda\Delta t \cdot \mu\Delta t.$$

由于这 4 种情况是互不相容的，所以 $P_n(t + \Delta t)$ 应是这 4 项之和（合并了 $o(\Delta t)$ 项）：

$$P_n(t + \Delta t) = P_n(t)(1 - \lambda\Delta t - \mu\Delta t) + P_{n+1}(t)\mu\Delta t + P_{n-1}(t)\lambda\Delta t + o(\Delta t).$$

整理后可以得到

$$\frac{P_n(t + \Delta t) - P_n(t)}{\Delta t} = \lambda P_{n-1}(t) + \mu P_{n+1}(t) - (\lambda + \mu)P_n(t) + \frac{o(\Delta t)}{\Delta t}.$$

令 $\Delta t \to 0$，得到关于 $P_n(t)$ 的微分差分方程为

$$\frac{\mathrm{d}P_n(t)}{\mathrm{d}t} = \lambda P_{n-1}(t) + \mu P_{n+1}(t) - (\lambda + \mu)P_n(t), \quad n = 1, 2, \cdots.$$

此外，当 $n = 0$ 时，有

$$P_0(t + \Delta t) = P_0(t)(1 - \lambda\Delta t) + P_1(t)(1 - \lambda\Delta t)\mu\Delta t.$$

类似地可以得到

$$\frac{\mathrm{d}P_0(t)}{\mathrm{d}t} = -\lambda P_0(t) + \mu P_1(t).$$

解上述微分差分方程可以得到系统的瞬态解，但如前所述瞬态解的现实应用意义不大，所以我们只求其稳态解，此时 $P_n(t)$ 与 t 无关，用 P_n 表示，它的导数为 0，这样前述的微分差分方程变为

$$\begin{cases} \lambda P_0 = \mu P_1, \\ \lambda P_{n-1} + \mu P_{n+1} = (\lambda + \mu)P_n, \quad n \geqslant 1. \end{cases} \tag{11.1}$$

该方程组是关于 P_n 的差分方程，它表明了各状态间的转移关系，可用生灭过程描述如图 11-6 所示。

根据生灭过程的平衡状态，同样可以得到(11.1)式所示的差分方程组。由(11.1)式可得

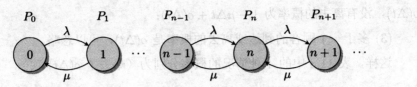

图 11-6 $M/M/1$ 模型的生灭过程

$$P_1 = \frac{\lambda}{\mu}P_0.$$

当 $n = 1$ 时，可以得到

$$\mu P_2 = (\lambda + \mu)\frac{\lambda}{\mu}P_0 - \lambda P_0 \Rightarrow P_2 = \left(\frac{\lambda}{\mu}\right)^2 P_0.$$

同理依次可得

$$P_n = \left(\frac{\lambda}{\mu}\right)^n P_0.$$

此外，由概率性质可知 $\sum\limits_{n=0}^{\infty} P_n = 1$，这样可以解得

$$\begin{cases} P_0 = 1 - \rho, \\ P_n = (1 - \rho)\rho^n, & n \geqslant 1, \end{cases} \tag{11.2}$$

其中 $\rho = \dfrac{\lambda}{\mu} < 1$（否则队列将排至无限长）。

以(11.2)式为基础，可以得到 $M/M/1$ 系统的运行指标：

(1) 在系统中的平均顾客数（队长期望值）

$$\begin{aligned}
L_s &= \sum_{n=0}^{\infty} n P_n = \sum_{n=1}^{\infty} n(1 - \rho)\rho^n \\
&= (\rho + 2\rho^2 + 3\rho^3 + \cdots) - (\rho^2 + 2\rho^3 + 3\rho^4 + \cdots) \\
&= \frac{\rho}{1 - \rho} \quad (0 < \rho < 1) \\
&= \frac{\lambda}{\mu - \lambda}.
\end{aligned}$$

(2) 在队列中等待的平均顾客数（队列长期望值）

$$\begin{aligned}
L_q &= \sum_{n=1}^{\infty} (n - 1) P_n = \sum_{n=1}^{\infty} n P_n - \sum_{n=1}^{\infty} P_n = L_s - \rho \\
&= \frac{\rho^2}{1 - \rho} = \frac{\rho\lambda}{\mu - \lambda}.
\end{aligned}$$

(3) 顾客在系统中的逗留时间 W 为一随机变量，在 $M/M/1$ 模型中，它服从参数为 $\mu - \lambda$ 的负指数分布，即

$$\text{分布函数：} F(w) = 1 - \mathrm{e}^{-(\mu-\lambda)w}, \quad w \geqslant 0;$$

$$\text{概率密度：} f(w) = (\mu - \lambda)\mathrm{e}^{-(\mu-\lambda)w}.$$

这样可以得到在系统中顾客逗留时间的期望值为

$$W_s = E[W] = \frac{1}{\mu - \lambda},$$

在队列中顾客等待时间的期望值为

$$W_q = W_s - \frac{1}{\mu} = \frac{\rho}{\mu - \lambda}.$$

现将以上各式归纳如下：

$$L_s = \frac{\lambda}{\mu - \lambda}, \ L_q = \frac{\rho\lambda}{\mu - \lambda}, \ W_s = \frac{1}{\mu - \lambda}, \ W_q = \frac{\rho}{\mu - \lambda}.$$

它们之间的关系为

$$L_s = \lambda W_s, \ L_q = \lambda W_q, \ W_s = W_q + \frac{1}{\mu}, \ L_s = L_q + \frac{\lambda}{\mu}.$$

上式称为 **Little 公式**，也可以用下图表示：

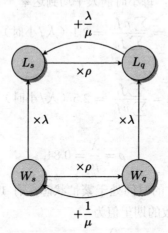

在 $M/M/1$ 模型中，ρ 有其现实意义。由于 $\rho = \dfrac{\lambda}{\mu}$，$\rho$ 是平均到达率与平均服务率之比，即在相同时间内顾客到达的平均数与被服务的平均数之比；又 $\rho = \dfrac{1}{\mu} \bigg/ \dfrac{1}{\lambda}$，它是一个顾客的服务时间与到达间隔时间之比，称为**服务强度**；再由 (11.2) 知 $\rho = 1 - P_0$，它指服务机构的繁忙程度，所以 ρ 也称**服务机构的利用率**。

例 **11.1** 某医院手术室根据病人来诊以及完成手术时间的记录，任意抽查了 100 个工作小时，每小时来就诊的病人数 n 的出现次数如表 11.4 所示。又任意抽取了 100 个完成手术的病历，所用时间 v（小时）出现的次数如表 11.5 所示。试根据上述数据计算该服务系统的运行指标。

表 **11.4** 病人到达情况

病人到达数（n）	0	1	2	3	4	5	>6
频数（f_n）	10	28	29	16	10	6	1

表 **11.5** 手术时间情况

手术时间（v）	0.0~0.2	0.2~0.4	0.4~0.6	0.6~0.8	0.8~1.0	1.0~1.2	>1.2
频数（f_v）	38	25	17	9	6	5	0

解 假设病人到达服从泊松过程，手术时间服从负指数分布。根据表 11.4 和表 11.5 可以得到，每小时病人平均到达率

$$\lambda = \frac{\sum n f_n}{\sum f_n} = 2.1 \text{（人/小时）},$$

每小时完成手术人数为

$$\mu = \frac{\sum f_v}{\sum v f_v} = 2.5 \text{（人/小时）},$$

所以，

$$\rho = \frac{\lambda}{\mu} = 0.84,$$

即说明，手术室有 84% 的时间处于繁忙状态，有 16% 的时间处于空闲中。同时，在病房中的病人数的期望值为

$$L_s = \frac{\lambda}{\mu - \lambda} = 5.25 \text{（人）},$$

排队等待手术的病人数的期望值为

$$L_q = \rho L_s = 4.41 \text{（人）},$$

病人在手术室逗留时间的期望值为

$$W_s = \frac{1}{\mu - \lambda} = 2.5 \text{（小时）},$$

病人排队等候治疗的时间期望值为

$$W_q = \rho W_s = 2.1 \text{（小时）}.$$

11.3.2 系统容量有限的 $M/M/1/N/\infty$ 模型

$M/M/1/N/\infty$ 模型表示，系统的最大容量为 N，而且为单服务台，这样排队等待的顾客最多为 $N-1$ 个。在某一时刻，顾客到达排队系统，若系统中已有 N 个顾客，该顾客则被拒绝进入系统，该排队系统如图 11-7 所示。显然，当 $N=1$ 时为即时制的情形；当 $N \to \infty$ 时为容量无限制的情况。该系统的生灭过程如图 11-8 所示。

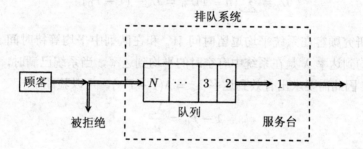

图 11-7 $M/M/1/N/\infty$ 模型图示

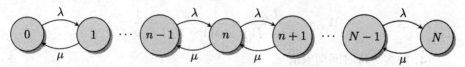

图 11-8 $M/M/1/N/\infty$ 模型的生灭过程

由图 11-8 可得该排队系统的系统状态概率的稳态方程为

$$\begin{cases} \mu P_1 = \lambda P_0, \\ \mu P_{n+1} + \lambda P_{n-1} = (\lambda + \mu) P_n, & 1 \leqslant n \leqslant N-1, \\ \mu P_N = \lambda P_{N-1}. \end{cases}$$

另外有 $\sum\limits_{i=0}^{N} P_i = 1$。令 $\rho = \dfrac{\lambda}{\mu}$，可以得到

$$\begin{cases} P_0 = \dfrac{1-\rho}{1-\rho^{N+1}}, & \rho \neq 1, \\ P_n = \dfrac{1-\rho}{1-\rho^{N+1}} \rho^n, & 1 \leqslant n \leqslant N. \end{cases}$$

容易知道，当 $\rho = 1$ 时，系统状态为均匀分布。在对容量没有限制的情况

下，要求 $\rho < 1$，这不仅是实际问题的需要，也是无穷级数收敛的需要。在容量为 N 时，这个条件就不是必需的了。但当 $\rho > 1$ 时，表示损失率 P_N（或表示被拒绝进入排队系统的顾客平均数 λP_N）将会很大。

与前述方法类似，可以得到该排队系统的运行指标如下：

(1) 队长期望值

$$L_s = \frac{\rho}{1-\rho} - \frac{(N+1)\rho^{N+1}}{1-\rho^{N+1}}, \quad \rho \neq 1;$$

(2) 队列长期望值

$$L_q = \sum_{n=1}^{N}(n-1)P_n = L_s - (1-P_0).$$

当研究顾客在系统平均逗留时间 W_s 和在队列中平均等待时间 W_q 时，注意平均到达率 λ 是在系统中有空时的平均到达率，当系统已满时，则到达率为 0，因此需要求出有效到达率 $\lambda_e = \lambda(1-P_N)$，可以验证

$$1 - P_0 = \frac{\lambda_e}{\mu},$$

所以

(3) 顾客逗留时间期望值

$$W_s = \frac{L_s}{\mu(1-P_0)} = \frac{L_q}{\lambda(1-P_N)} + \frac{1}{\mu};$$

(4) 顾客等待时间期望值

$$W_q = W_s - \frac{1}{\mu}.$$

例 11.2 单人理发店有 6 个椅子接待人们排队等待理发。当 6 个椅子都坐满时，后来的顾客不进店就离开。顾客平均到达率为 3 人/小时，理发需时平均 15 分钟。求

(1) 某顾客一到达就能理发的概率；

(2) 需要等待的顾客数的期望值；

(3) 有效到达率；

(4) 一顾客在理发店逗留的期望时间；

(5) 到达的顾客不等待就离开的概率。

解 根据题意，$\lambda = 3$ 人/小时，$\mu = 4$ 人/小时，$N = 7$。

(1) 某顾客一到达就能理发，意味着理发店没有顾客，即

$$P_0 = \frac{1-\rho}{1-\rho^{N+1}} = \frac{1-3/4}{1-(3/4)^8} = 0.277\,8.$$

(2) 需要等待的顾客数的期望值为

$$L_s = \frac{\rho}{1-\rho} - \frac{(N+1)\rho^{N+1}}{1-\rho^{N+1}} = \frac{3/4}{1-3/4} - \frac{8 \times (3/4)^8}{1-(3/4)^8}$$

$$= 2.11\ (\text{人}),$$

$$L_q = L_s - (1-P_0) = 2.11 - (1-0.277\,8) = 1.39\ (\text{人}).$$

(3) 有效到达率

$$\lambda_e = \mu(1-P_0) = 4 \times (1-0.227\,8) = 2.89\ (\text{人}/\text{小时}).$$

(4) 一顾客在理发店内逗留时间的期望值为

$$W_s = \frac{L_s}{\lambda_e} = \frac{2.11}{2.89} = 0.73\ (\text{小时}) = 43.8\ (\text{分钟}).$$

(5) 到达的顾客不等待就离开的概率，即系统中有 7 个顾客的概率

$$P_7 = \frac{1-\lambda/\mu}{1-(\lambda/\mu)^8}\left(\frac{\lambda}{\mu}\right)^7 \approx 3.7\%,$$

这也是理发店的顾客损失率。

11.3.3 顾客源有限的 $M/M/1/\infty/m$ 模型

$M/M/1/\infty/m$ 模型表示顾客到达与服务时间均服从负指数分布，单服务台，且顾客源有限的情况。典型的例子如机器因故障停机待修的问题。设共有 m 台机器，机器因故障停机表示"到达"，待修的机器形成队列，修理工人是服务员。由于同一台机器出故障并经修好后，仍可再出故障，如图 11-9 所示，所以系统的容量不会超过 m，所以与写成 $M/M/1/m/m$ 没有区别。

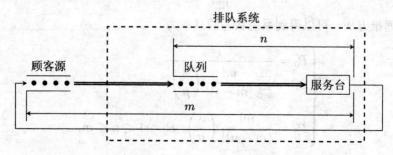

图 11-9 $M/M/1/\infty/m$ 模型图示

对于 $M/M/1/\infty/m$ 模型，设各个顾客的到达率都是相同的 λ，这时在系统外的顾客平均数为 $m - L_s$，所以系统的有效到达率就为

$$\lambda_e = \lambda(m - L_s).$$

与前述分析思路类似，$M/M/1/\infty/m$ 模型的系统状态稳态情况下的生灭过程如图 11-10 所示。

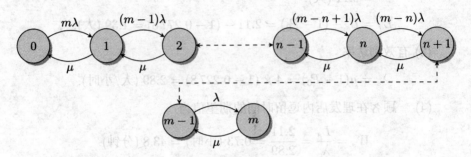

图 11-10　$M/M/1/\infty/m$ 模型的生灭过程

在稳态情况下，当由状态 0 转移到状态 1 时，每台设备由正常状态转移为故障状态，其转移率为 λP_0，现有 m 台设备由无故障状态转移为有一台设备发生故障，其转移率为 $m\lambda P_0$。由状态 1 转移到状态 0，其状态转移率为 μP_1，所以在状态 0 时有平衡方程 $m\lambda P_0 = \mu P_1$。依次类推，可以得到如下状态间转移的差分方程：

$$\begin{cases} \mu P_1 = m\lambda P_0, \\ \mu P_{n+1} + (m-n+1)\lambda P_{n-1} = \big[(m-n)\lambda + \mu\big]P_n, & 1 \leqslant n \leqslant m-1, \\ \mu P_m = \lambda P_{m-1}, \end{cases}$$

且存在

$$\sum_{i=0}^{m} P_i = 1.$$

利用递推方法，可以得到系统状态的概率为

$$\begin{cases} P_0 = \dfrac{1}{\displaystyle\sum_{i=0}^{m} \dfrac{m!}{(m-i)!} \left(\dfrac{\lambda}{\mu}\right)^{i}}, \\ P_n = \dfrac{m!}{(m-n)!} \left(\dfrac{\lambda}{\mu}\right)^{n} P_0, & 1 \leqslant n \leqslant m. \end{cases}$$

进而可以求得系统运行指标为

$$
\begin{cases}
L_s = m - \dfrac{\mu}{\lambda}(1 - P_0), \\[2mm]
L_q = L_s - (1 - P_0) = m - \dfrac{(\lambda + \mu)(1 - P_0)}{\lambda}, \\[2mm]
W_s = \dfrac{m}{\mu(1 - P_0)} - \dfrac{1}{\lambda}, \\[2mm]
W_q = W_s - \dfrac{1}{\mu}.
\end{cases}
$$

例 11.3 某车间有 5 台机器，每台机器的连续运转时间服从负指数分布，平均连续运转时间 15 分钟，有一名修理工，每次修理时间服从负指数分布，平均每次 12 分钟。求

(1) 修理工空闲的概率；

(2) 5 台机器都出故障的概率；

(3) 出故障的平均台数；

(4) 等待修理的平均台数；

(5) 平均停工时间；

(6) 平均等待修理时间。

解 根据题意，$m = 5$，$\lambda = \dfrac{1}{15}$，$\mu = \dfrac{1}{12}$，$\dfrac{\lambda}{\mu} = 0.8$。

(1) 修理工空闲的概率

$$
P_0 = \frac{1}{\displaystyle\sum_{i=0}^{m} \frac{m!}{(m-i)!} \left(\frac{\lambda}{\mu}\right)^i} = 0.0073.
$$

(2) 5 台机器都出故障的概率

$$
P_5 = \frac{m!}{(m-5)!} \left(\frac{\lambda}{\mu}\right)^5 P_0 = \frac{5!}{0!}(0.8)^5 P_0 = 0.287.
$$

(3) 出故障的平均台数

$$
L_s = m - \frac{\mu}{\lambda}(1 - P_0) = 5 - \frac{1}{0.8}(1 - 0.0073) = 3.76 \ (台).
$$

(4) 等待修理的平均台数

$$
L_q == L_s - (1 - P_0) = 3.76 - (1 - 0.0073) = 2.77 \ (台).
$$

(5) 平均停工时间

$$
W_s = \frac{m}{\mu(1 - P_0)} - \frac{1}{\lambda} = \frac{5}{\frac{1}{12}(1 - 0.0073)} - 15 = 46 \ (分钟).
$$

(6) 平均等待修理时间

$$W_q = W_s - \frac{1}{\mu} = 46 - 12 = 34\,(\text{分钟}).$$

从上述参数来看，机器停工时间较长，修理工几乎没有空闲时间，应当提高服务率减少修理时间或增加修理工人。

11.3.4　标准的 $M/M/c$ 模型

标准的 $M/M/c$ 模型的各种特征的规定与标准的 $M/M/1$ 模型的假设相同，另外假设各服务台工作是相互独立的，且平均服务率相同，即 $\mu_1 = \mu_2 = \cdots = \mu_c = \mu$。这样，当 $n \geqslant c$ 时，整个服务机构的平均服务率为 $c\mu$；而当 $n < c$ 时，整个服务机构的平均服务率为 $n\mu$。令 $\rho = \dfrac{\lambda}{c\mu}$，只有当 $\rho < 1$ 时不会排成无限的队列，称它为这个系统的**服务强度**或称**服务机构的平均利用率**。该系统的图示如图 11-11 所示。

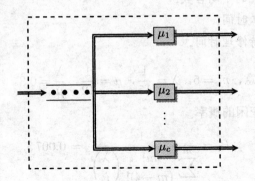

图 11-11　标准的 $M/M/c$ 模型

该系统的生灭过程如图 11-12 所示。状态 1 转移到状态 0 时，即系统中有一名顾客被服务完了的转移率为 μP_1，状态 2 转移到状态 1 时，这就是

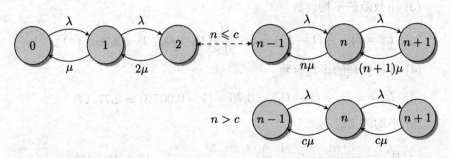

图 11-12　标准的 $M/M/c$ 模型的生灭过程

在两个服务台上被服务的顾客中有一个被服务完成而离去，这时状态的转移率为 $2\mu P_2$。同样，对状态 n 转移到 $n-1$ 的情况，若 $n\leqslant c$ 时，状态转移率为 $n\mu P_n$；当 $n>c$ 时，因为只有 c 个服务台，最多有 c 个顾客在被服务，$n-c$ 个顾客在等待，因此这时状态转移率为 $c\mu P_n$。

根据上述生灭过程，得到系统状态转移方程为

$$\begin{cases} \mu P_1 = \lambda P_0, \\ (n+1)\mu P_{n+1} + \lambda P_{n-1} = (\lambda + n\mu)P_n, & 1\leqslant n\leqslant c, \\ c\mu P_{n+1} + \lambda P_{n-1} = (\lambda + c\mu)P_n, & n>c, \\ \sum_{i=0}^{\infty} P_i = 1, & \rho\leqslant 1. \end{cases}$$

利用递推法求得状态概率为

$$\begin{cases} P_0 = \left[\sum_{k=0}^{c-1} \frac{1}{k!}\left(\frac{\lambda}{\mu}\right)^k + \frac{1}{c!}\cdot\frac{1}{1-\rho}\cdot\left(\frac{\lambda}{\mu}\right)^c \right]^{-1}, \\ P_n = \begin{cases} \dfrac{1}{n!}\left(\dfrac{\lambda}{\mu}\right)^n P_0, & n\leqslant c, \\ \dfrac{1}{c!c^{n-c}}\left(\dfrac{\lambda}{\mu}\right)^n P_0, & n>c. \end{cases} \end{cases}$$

进而得到系统的运行指标为

$$L_s = L_q + \frac{\lambda}{\mu}, \quad W_s = \frac{L_s}{\lambda},$$

$$L_q = \sum_{n=c+1}^{\infty}(n-c)P_n = \frac{(c\rho)^c\rho}{c!(1-\rho)^2}P_0, \quad W_q = \frac{L_q}{\lambda}.$$

例 11.4 某售票处有三个窗口，顾客的到达服从泊松过程，平均到达率 $\lambda = 0.9$ 人/分钟，服务时间服从负指数分布，平均服务率为 $\mu = 0.4$ 人/分钟。现顾客到达后排成一队，依次向空闲的窗口购票。求

(1) 整个售票处空闲的概率；

(2) 系统运行指标；

(3) 顾客到达后必须等待的概率。

解 这是一个标准的 $M/M/c$ 模型，其中 $c=3$，$\frac{\lambda}{\mu}=2.25$，$\rho=\frac{\lambda}{c\mu}=\frac{2.25}{3}<1$。

(1) 整个售票处空闲的概率为

$$P_0 = \left[\sum_{k=0}^{c-1} \frac{1}{k!} \left(\frac{\lambda}{\mu} \right)^k + \frac{1}{c!} \cdot \frac{1}{1-\rho} \cdot \left(\frac{\lambda}{\mu} \right)^c \right]^{-1}$$

$$= \cfrac{1}{\cfrac{(2.25)^0}{0!} + \cfrac{(2.25)^1}{1!} + \cfrac{(2.25)^2}{2!} + \cfrac{(2.25)^3}{3!} \cdot \cfrac{1}{1 - 2.25/3}}$$

$$= 0.074\,8.$$

(2) 系统运行指标

$$L_q = \frac{(c\rho)^c \rho}{c! \, (1-\rho)^2} P_0 = \frac{(2.25)^3 \cdot 3/4}{3!(1/4)^2} \times 0.074\,8 = 1.70,$$

$$L_s = L_q + \frac{\lambda}{\mu} = 1.70 + 2.25 = 3.95,$$

$$W_q = \frac{L_q}{\lambda} = \frac{1.70}{0.9} = 1.89 \,（分钟），$$

$$W_s = W_q + \frac{1}{\mu} = 1.89 + \frac{1}{0.4} = 4.39 \,（分钟）.$$

(3) 顾客到达后必须等待的概率为

$$P\{n \geqslant 3\} = \sum_{n=3}^{\infty} \frac{1}{3! 3^{n-3}} \left(\frac{\lambda}{\mu} \right)^n P_0 = \frac{(2.25)^3}{3! \cdot 1/4} \times 0.074\,8 = 0.57.$$

在上面的例子中，如果原题除排队方式外其他条件不变，但顾客到达后在每个窗口前各排一队，且进入队列后坚持不换，这就形成了 3 个 $M/M/1$ 模型队列，每个队列的平均到达率为 $\lambda_1 = \lambda_2 = \lambda_3 = 0.3$。两类模型的运行指标的对比如表 11.6 所示。

表 11.6 $M/M/3$ 模型与 $M/M/1$ 模型的比较

指标	$M/M/3$ 模型	$M/M/1$ 模型
服务台空闲的概率 P_0	0.074 8	0.25（每个子系统）
顾客必须等待的概率	$P\{n \geqslant 3\} = 0.57$	0.75
平均队列长 L_q	1.70	2.25（每个子系统）
平均队长 L_s	3.95	9.00（整个系统）
平均逗留时间 W_s	4.39	10
平均等待时间 W_q	1.89	7.5

从表 11.6 中各指标的对比可以看出单队比多队有显著优越性，在安排排队方式时应注意选择适当的排队方式。

11.3.5　系统容量有限的 $M/M/c/N/\infty$ 模型

在 $M/M/c/N/\infty$ 模型中，系统容量限制为 N（$N \geqslant c$），当系统中顾客数 n 达到 N（即队列中顾客数已达 $N - c$）时，再到达的顾客将被系统拒绝，其他条件与标准的 $M/M/c$ 模型相同。

分析与计算过程与前类似，这里直接给出系统的状态概率和运行指标如下：

$$
\begin{cases}
P_0 = \dfrac{1}{\displaystyle\sum_{k=0}^{c} \dfrac{(c\rho)^k}{k!} + \dfrac{c^c}{c!} \cdot \dfrac{\rho(\rho^c - \rho^N)}{1 - \rho}}, \quad \rho = \dfrac{\lambda}{c\mu} \neq 1, \\[4ex]
P_n = \begin{cases}
\dfrac{(c\rho)^n}{n!} P_0, & 0 \leqslant n \leqslant c, \\[2ex]
\dfrac{c^c}{c!} \rho^n P_0, & c \leqslant n \leqslant N,
\end{cases}
\end{cases}
$$

以及

$$
\begin{cases}
L_q = \dfrac{P_0 \rho (c\rho)^c}{c!(1 - \rho)^2} \left[1 - \rho^{N-c} - (N - c)\rho^{N-c}(1 - \rho) \right], \\[3ex]
L_s = L_q + c\rho(1 - P_N), \\[2ex]
W_q = \dfrac{L_q}{\lambda(1 - P_N)}, \\[3ex]
W_s = W_q + \dfrac{1}{\mu}.
\end{cases}
$$

对于 $M/M/c/N/\infty$ 模型，当 $N = c$ 时为即时制服务系统，如停车场就不允许排队等待空位，这时有

$$
\begin{cases}
P_0 = \dfrac{1}{\displaystyle\sum_{k=0}^{c} \dfrac{(c\rho)^k}{k!}}, \\[4ex]
P_n = \dfrac{(c\rho)^n}{n!} P_0, \quad 0 \leqslant n \leqslant c,
\end{cases}
$$

其中，当 $n = c$ 时关于 P_c 的公式（被称为**爱尔朗呼唤损失公式**），是 A. K. Erlang 在 1917 年发现的，并广泛地应用于电话系统的设计中。

这时的运行指标为 $L_q = 0$，$W_q = 0$，$W_s = \dfrac{1}{\mu}$，

$$
L_s = \sum_{n=1}^{c} nP_n = c\rho(1 - P_c).
$$

由于公式的复杂性，现在已有一些专门图表可供使用。

11.3.6　顾客源为有限的 $M/M/c/\infty/m$ 模型

设顾客总体为有限数 m，且 $m > c$，与单服务台情形一样，顾客到达率 λ 是按每个顾客来考虑的。如在机器管理问题中，意味着共有 m 台机器，有 c 个修理工人，顾客到达就是机器出了故障，而每个顾客的到达率 λ 是指每台机器每单位运转时间出故障的期望次数。系统中顾客数 n 就是出故障的机器台数，当 $n \leqslant c$ 时，所有的故障机器都在被修理，有 $c-n$ 个修理工人处于空闲状态；当 $c < n \leqslant m$ 时，有 $n-c$ 台机器在停机等待修理，而修理工人均处在繁忙状态。假定这 c 个工人修理技术相同，修理时间都服从参数为 μ 的负指数分布，并假定故障的修复时间和正在生产的机器是否发生故障是相互独立的。

分析与计算过程与前类似，这里直接给出 $M/M/c/\infty/m$ 系统的状态概率和运行指标如下：

$$\begin{cases} P_0 = \dfrac{1}{m!} \cdot \dfrac{1}{\displaystyle\sum_{k=0}^{c} \dfrac{1}{k!(m-k)!} \left(\dfrac{c\rho}{m}\right)^k + \dfrac{c^c}{c!} \sum_{k=c+1}^{m} \dfrac{1}{(m-k)!} \left(\dfrac{\rho}{m}\right)^k}, \\[4mm] P_n = \begin{cases} \dfrac{m!}{(m-n)!n!} \left(\dfrac{\lambda}{\mu}\right)^n P_0, & 0 \leqslant n \leqslant c, \\[3mm] \dfrac{m!}{(m-n)!c!c^{n-c}} \left(\dfrac{\lambda}{\mu}\right)^n P_0, & c+1 \leqslant n \leqslant m, \end{cases} \end{cases}$$

其中，$\rho = \dfrac{m\lambda}{c\mu}$，以及

$$\begin{cases} L_s = L_q + \dfrac{\lambda_e}{\mu} = L_q + \dfrac{\lambda}{\mu}(m - L_s), \\[3mm] W_s = \dfrac{L_s}{\lambda_e}, \\[3mm] W_q = \dfrac{L_q}{\lambda_e}, \end{cases}$$

有效到达率 λ_e 应等于每个顾客的到达率 λ 乘以在系统外（即正常生产）的机器期望数，即

$$\lambda_e = \lambda(m - L_s).$$

这样系统运行指标之间的关系仍然满足 Little 公式。

11.4 一般服务时间 $M/G/1$ 模型

一般服务时间通常是指服务时间是任意分布的情况，但总是存在

$$\begin{cases} L_s = L_q + L_{\text{es}}, \\ W_s = W_q + E[T], \\ L_s = \lambda W_s, \\ L_q = \lambda W_q, \end{cases}$$

其中，L_{es} 表示服务机构中顾客数的期望值。另外在有限源和队长有限制时，λ 就换为有效到达率 λ_e。这样上面 7 个变量中只要知道 3 个就可求出其余。

11.4.1 Pollaczek-Khintchine（P-K）公式

对于 $M/G/1$ 模型，服务时间 T 的分布是任意的，但要求期望值 $E[T]$ 和方差都存在，其他条件和标准的 $M/M/1$ 模型相同。为了达到稳态，$\rho = \lambda E[T] < 1$ 条件还是必需的。在这些条件下，有

$$L_s = \rho + \frac{\rho^2 + \lambda^2 \text{Var}[T]}{2(1-\rho)},$$

这就是 **Pollaczek-Khintchine（P-K）公式**。只要知道 $\lambda, E[T], \text{Var}[T]$，不管 T 是什么具体分布，就可求出 L_s，然后通过前述的 Little 公式即可求出其他系统运行指标 L_q, W_q 和 W_s。

例 11.5 有一售票口，已知顾客按平均 2 分 30 秒的时间间隔的负指数分布到达。顾客在售票口前服务时间平均为 2 分钟。

(1) 若服务时间也服从负指数分布，求顾客为购票所需的平均逗留时间和等待时间。

(2) 若经过调查，顾客在售票口前至少要占用 1 分钟，且认为服务时间服从负指数分布是不恰当的，而服从以下概率分布，再求顾客的逗留时间和等待时间：

$$f(y) = \begin{cases} e^{-y+1}, & y \geqslant 1, \\ 0, & y < 1. \end{cases}$$

解 (1) 若服务时间服从负指数分布，则该排队系统为 $M/M/1$ 模型，而且

$$\lambda = \frac{1}{2.5} = 0.4, \quad \mu = \frac{1}{2} = 0.5, \quad \rho = \frac{\lambda}{\mu} = 0.8,$$

所以

$$W_s = \frac{1}{\mu - \lambda} = 10 \text{ (分钟)}, \quad W_q = \frac{\rho}{\mu - \lambda} = 8 \text{ (分钟)}.$$

(2) 若服务时间 Y 的分布为

$$f(y) = \begin{cases} e^{1-y}, & y \geqslant 1, \\ 0, & y < 1, \end{cases}$$

则

$$E[Y] = 2, \quad \text{Var}[Y] = 1, \quad \rho = \lambda E[Y] = 0.8.$$

代入 P-K 公式, 可以得到

$$L_s = 0.8 + \frac{0.8^2 + 0.4^2 \times 1}{2 \times (1 - 0.8)} = 2.8, \quad L_q = L_s - \rho = 2,$$

$$W_s = \frac{L_s}{\lambda} = 7 \text{ (分钟)}, \quad W_q = \frac{L_q}{\lambda} = 5 \text{ (分钟)}.$$

11.4.2 定长服务时间 $M/D/1$ 模型

$M/D/1$ 模型表示服务时间是确定的常数, 如在一条装配线上完成一件工作的时间、自动洗车机冲洗一辆汽车的时间等, 这时

$$T = \frac{1}{\mu}, \quad \text{Var}[T] = 0, \quad L_s = \rho + \frac{\rho}{2(1 - \rho)}.$$

可以证明, 在一般服务时间分布的 L_q 和 W_q 中以定长服务时间的为最小, 即服务时间越有规律, 等候的时间就越短。

例 11.6 某实验室有一台自动检验机器性能的仪器, 要求检验机器的顾客按泊松过程到达, 每小时平均 4 个顾客, 检验每台机器所需时间为 6 分钟. 求

(1) 在检验室内的机器台数 L_s;

(2) 等候检验的机器台数 L_q;

(3) 每台机器在实验室内的逗留时间 W_s;

(4) 每台机器平均等待检验的时间 W_q。

解 根据题意, 可知

$$\lambda = 4, \quad E(T) = \frac{1}{10} \text{小时}, \quad \rho = \frac{4}{10}, \quad \text{Var}[T] = 0.$$

由 P-K 公式得到

$$L_s = 0.4 + \frac{0.4^2}{2(1-0.4)} = 0.533 \text{（台）},$$

$$L_q = 0.533 - 0.4 = 0.133 \text{（台）},$$

$$W_s = \frac{0.533}{4} = 0.133 \text{（小时）} = 8 \text{（分钟）},$$

$$W_q = \frac{0.133}{4} = 0.033 \text{（小时）} = 2 \text{（分钟）}.$$

11.4.3 爱尔朗服务时间 $M/E_k/1$ 模型

如图 11-13 所示，如果顾客必须经过 k 个服务站，在每个服务站的服务时间 T_i 相互独立，并服从相同的负指数分布（参数为 $k\mu$），那么总的服务时间 $T = \sum_{i=1}^{k} T_i$ 服从 k 阶爱尔朗分布。

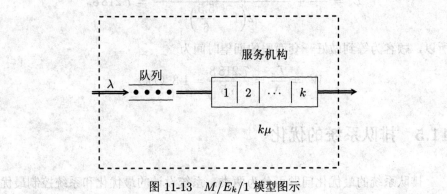

图 11-13 $M/E_k/1$ 模型图示

根据 k 阶爱尔朗分布的性质，可知

$$E[T_i] = \frac{1}{k\mu}, \ \ \text{Var}[T_i] = \frac{1}{k^2\mu^2}, \ \ E[T] = \frac{1}{\mu}, \ \ \text{Var}[T] = \frac{1}{k\mu^2}.$$

于是根据 P-K 公式可得

$$L_s = \rho + \frac{\rho^2 + \dfrac{\lambda^2}{k\mu^2}}{2(1-\rho)} = \rho + \frac{(k+1)\rho^2}{2k(1-\rho)}.$$

进而得到其他系统运行指标如下：

$$L_q = \frac{(k+1)\rho^2}{2k(1-\rho)}, \ \ W_s = \frac{L_s}{\lambda}, \ \ W_q = \frac{L_q}{\lambda}.$$

例 11.7 某单人裁缝店做西服，每套需经过 4 个不同的工序，4 个工序完成后才开始做另一套，每一工序的时间服从负指数分布，期望值为 2 小时。顾客到来服从泊松过程，平均订货率为 5.5 套/周（一周 6 天，每天 8 小时）。问一顾客为等到做好一套西服期望时间多长？

解 顾客到达概率强度 $\lambda = 5.5$ 套/周，设 μ 为平均服务率，即单位时间完成的套数，由题可知：$\frac{1}{4\mu} = 2$ 小时，$\mu = 6$ 套/周，$\rho = \frac{5.5}{6}$，所以

$$E[T_i] = 2\text{小时}, \quad \text{Var}[T_i] = \left(\frac{1}{4 \times 6}\right)^2,$$

$$E[T] = 8\text{小时}, \quad \text{Var}[T] = \frac{1}{4 \times 6^2}.$$

根据 P-K 公式得到

$$L_s = \frac{5.5}{6} + \frac{\left(\frac{5.5}{6}\right)^2 + 5.5^2 \times \frac{1}{4 \times 6^2}}{2\left(1 - \frac{5.5}{6}\right)} = 7.2188.$$

所以，顾客为等到做好一套西服的期望时间为

$$W_s = \frac{L_s}{\lambda} = \frac{7.2188}{5.5} = 1.3 \text{（周）}.$$

11.5 排队系统的优化

排队系统的最优化问题可分为两类：系统设计的最优化和系统控制最优化。前者称为**静态问题**，从排队论一诞生起就成为人们研究的内容，目的在于使设备达到最大效益，或者说，在一定的质量指标下要求机构最为经济。后者称为**动态问题**，是指一个给定的系统如何运营可使某个目标函数得到最优，这是排队论的研究重点之一。我们只讨论静态最优问题。

在一般情况下，提高服务水平（数量、质量）自然会降低顾客的等待费用（损失），但却常常增加了服务机构的成本，所以优化的核心目标是使二者费用之和为最小，同时达到这个目标的最优服务水平。另一个常用的目标函数是使纯收入或使利润（服务收入与服务成本之差）为最大。对于一个排队系统，两类费用的关系如图 11-14 所示。

各种费用在稳态情况下，都是按单位时间来考虑的。一般情况下，服务费用（成本）是可以确切计算或估计的，至于顾客的等待费用就有许多不同

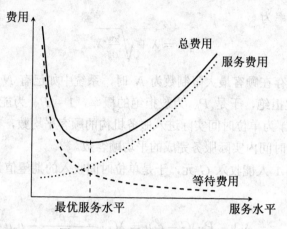

图 11-14 排队系统的两类费用

的情况，像机器故障问题中等待费用是可以确切估计的，但像病人就诊的等待费用，或由于队列过长而失掉潜在顾客所造成的营业损失，就只能根据统计的经验资料来估计。

服务水平也可用不同形式来表示，主要的是平均服务率 μ（代表服务机构的服务能力和经验等），其次是服务设备，如服务台的个数 c，以及由队列所占空间大小而决定队列最大限制数 N 等，服务水平也可以通过服务度 ρ 来表示。

我们常用的求解方法有：对于离散变量常用边际分析法，对于连续变量常用经典的微分法，对于复杂问题可以用非线性规划或动态规划等方法。

11.5.1 $M/M/1$ 模型中最优服务率 μ

首先考虑标准的 $M/M/1$ 模型。

设目标函数 z 为单位时间服务成本与顾客在系统逗留费用之和的期望值，即

$$z = c_s \mu + c_w L_s,$$

其中 c_s 为当 $\mu = 1$ 时服务机构单位时间的费用；c_w 为每个顾客在系统停留单位时间的费用。将 L_s 代入得到

$$z = c_s \mu + c_w \cdot \frac{\lambda}{\mu - \lambda}.$$

为求其极小值，令

$$\frac{\mathrm{d}z}{\mathrm{d}\mu} = c_s - c_w \lambda \cdot \frac{1}{(\mu - \lambda)^2} = 0,$$

解得最优服务率为

$$\mu^* = \lambda + \sqrt{\frac{c_w}{c_s}\lambda}.$$

当系统中存在顾客最大限制数为 N 时，系统中如已有 N 个顾客，则后来的顾客即被拒绝，于是 P_N 为被拒绝的概率，$1 - P_N$ 为能接受服务的概率，$\lambda(1 - P_N)$ 为单位时间实际进入服务机构的顾客平均数，在稳态情况下，它也等于单位时间内实际服务完成的平均顾客数。

设每服务 1 人能收入 G 元，于是单位时间收入的期望值为 $\lambda(1 - P_N)G$ 元，纯利润为

$$z = \lambda(1 - P_N)G - c_s\mu = \lambda G \cdot \frac{1 - \rho^N}{1 - \rho^{N+1}} - c_s\mu$$

$$= \lambda\mu G \cdot \frac{\mu^N - \lambda^N}{\mu^{N+1} - \lambda^{N+1}} - c_s\mu.$$

令 $\dfrac{\mathrm{d}z}{\mathrm{d}\mu} = 0$ 得到

$$\rho^{N+1}\frac{N - (N+1)\rho + \rho^{N+1}}{(1 - \rho^{N+1})^2} = \frac{c_s}{G},$$

最优解 μ^* 应满足上式。式中，c_s, G, λ, N 都是约定的，但要由上式解出 μ^* 却是困难的。通常是通过数值计算求 μ^*，或将上式左方（对一定的 N）作为 ρ 的函数作出图形，对于给定的 $\dfrac{G}{c_s}$ 根据图形可求出 $\dfrac{\mu^*}{\lambda}$。

当顾客源为有限时，仍按机器故障问题来考虑，设共有机器 m 台，各台连续运转时间服从负指数分布，有 1 名修理工人，修理时间服从负指数分布。当服务率 $\mu = 1$ 时的修理费用为 c_s，单位时间每台机器运转可得收入 G 元，平均运转台数为 $m - L_s$，所以单位时间纯利润为

$$z = (m - L_s)G - c_s\mu = \frac{mG}{\rho} \cdot \frac{E_{m-1}\left(\dfrac{m}{\rho}\right)}{E_m\left(\dfrac{m}{\rho}\right)} - c_s\mu,$$

式中 $E_m(x) = \displaystyle\sum_{k=0}^{m} \frac{x^k}{k!}\mathrm{e}^{-x}$，称为**泊松部分和**，$\rho = \dfrac{m\lambda}{\mu}$，而

$$\frac{\mathrm{d}}{\mathrm{d}x}E_m(x) = E_{m-1}(x) - E_m(x).$$

为求最优服务率 μ^*，令 $\dfrac{\mathrm{d}z}{\mathrm{d}\mu} = 0$，得

$$\frac{E_{m-1}\left(\frac{m}{\rho}\right)E_m\left(\frac{m}{\rho}\right)+\frac{m}{\rho}\left[E_m\left(\frac{m}{\rho}\right)E_{m-2}\left(\frac{m}{\rho}\right)-E_{m-1}^2\left(\frac{m}{\rho}\right)\right]}{E_m^2\left(\frac{m}{\rho}\right)}=\frac{c_s\lambda}{G}.$$

当给定 m, G, c_s, λ 时，要由上式解出 μ^* 是困难的，通常利用泊松分布表通过数值计算求得，或将上式左方（对一定的 m）作为 ρ 的函数作出图形，对于给定的 $\frac{c_s\lambda}{G}$ 根据图形可求出 $\frac{\mu^*}{\lambda}$。

11.5.2 $M/M/c$ 模型中最优服务台数 c

在标准的 $M/M/c$ 模型中，稳态情况下，单位时间全部费用的期望值为

$$z = c_s' \cdot c + c_w \cdot L,$$

其中 c 为服务台数，c_s' 是每个服务台单位时间的成本，c_w 为每个顾客在系统停留单位时间的费用，L 是系统中顾客平均数 L_s 或队列中等待的顾客平均数 L_q。由于要求 z 的最小值，所以有

$$\begin{cases} z(c^*) \leqslant z(c^*-1), \\ z(c^*) \leqslant z(c^*+1). \end{cases}$$

求解后可以得到

$$L(c^*) - L(c^*+1) \leqslant \frac{c_s'}{c_w} \leqslant L(c^*-1) - L(c^*).$$

依次求 $c = 1, 2, \cdots$ 时 L 的值，并作两相邻的 L 值之差，因 $\frac{c_s'}{c_w}$ 为已知数，根据这个数落在哪个不等式的区间里就可写出 c^*。

参考文献

[1]　Frederick S Hillier, Gerald J Lieberman. Introduction to Operations Research. 8th Ed. McGraw-Hill Companies, Inc., 2005.

[2]　《运筹学》教材编写组. 运筹学 [M]. 3 版. 北京：清华大学出版社，2005.

[3]　高孝伟，何大义. 运筹学 [M]. 北京：中国大地出版社，2007.

[4]　韩伯棠. 管理运筹学 [M]. 2 版. 北京：高等教育出版社，2005.

[5]　胡运权. 运筹学习题集（修订版）[M]. 北京：清华大学出版社，1995.

[6]　刘满凤，傅波，聂高辉. 运筹学模型与方法教程例题分析与题解 [M]. 北京：清华大学出版社，2001.

[7]　王可定，周献中. 运筹决策理论方法新编 [M]. 北京：清华大学出版社，2010.

[8]　罗党，王淑英. 决策理论与方法 [M]. 北京：机械工业出版社，2010.

[9]　杜栋，庞庆华，吴炎. 现代综合评价方法与案例精选 [M]. 2 版. 北京：清华大学出版社，2008.

图书在版编目(CIP)数据

管理运筹学方法/何大义编著. —武汉：武汉大学出版社,2018.2
经济管理研究方法丛书
ISBN 978-7-307-12699-2

Ⅰ.管… Ⅱ.何… Ⅲ.管理学—运筹学—教材 Ⅳ.C931.1

中国版本图书馆 CIP 数据核字(2014)第 004383 号

责任编辑:顾素萍 责任校对:李孟潇 版式设计:韩闻锦

出版发行:**武汉大学出版社** (430072 武昌 珞珈山)
　　　　(电子邮件：cbs22@whu.edu.cn 网址：www.wdp.com.cn)
印刷:湖北睿智印务公司
开本:720×1000 1/16 印张:20.25 字数:361 千字 插页:1
版次:2018 年 2 月第 1 版 2018 年 2 月第 1 次印刷
ISBN 978-7-307-12699-2 定价:39.00 元